Wilhelm von Bippen

Aus Bremens Vorzeit

Aufsätze zur Geschichte der Stadt Bremen

Wilhelm von Bippen

Aus Bremens Vorzeit

Aufsätze zur Geschichte der Stadt Bremen

ISBN/EAN: 9783955640675

Auflage: 1

Erscheinungsjahr: 2013

Erscheinungsort: Bremen, Deutschland

@ EHV-History in Access Verlag GmbH, Fahrenheitstr. 1, 28359 Bremen. Alle Rechte beim Verlag und bei den jeweiligen Lizenzgebern.

Aus Bremens Vorzeit.

Aufsätze

zur Geschichte der Stadt Bremen

von

Wilhelm von Bippen.

Bremen.
Verlag von Carl Schünemann.
1885.

Vorwort.

Die Blätter, welche ich meinen Mitbürgern und Mitbürgerinnen zu freundlicher Beurteilung vorlege, begleitet der Wunsch, daß sie beitragen möchten, das Interesse an der heimischen Geschichte in möglichst weiten Kreisen wieder zu beleben. Die Aufsätze sind der überwiegenden Mehrzahl nach aus Vorträgen entstanden, welche ich gelegentlich in größerem oder kleinerem Kreise gehalten habe. Sie erzählen daher nur von einzelnen Epochen oder von besonderen Erscheinungen der reichen Vergangenheit unsrer Stadt und bleiben weit entfernt davon, ein Gesammtbild der historischen Entwickelung Bremens zu geben, aber ihrem Ursprunge gemäß streben sie, unter Verzicht auf polemische Erörterungen und die Beigabe eines kritischen Apparates, darnach sich Allen verständlich zu machen. Einige wenige Aufsätze sind schon früher in hiesigen Tagesblättern publicirt worden und damals, wenn ich mich nicht irre, einigem Interesse begegnet. Das hat mich ermuthigt, mit dieser Sammlung hervorzutreten, in welche übrigens auch jene in neu durchgearbeiteter Form aufgenommen worden sind. Wenn sie nun die Theilnahme finden sollten, welche ich für sie erbitte, so würde das mir oder Anderen ein

Ansporn werden, eine neue, den heutigen Bedürfnissen entsprechende Darstellung der gesammten Geschichte unsrer Stadt in Angriff zu nehmen, sobald der Stand der Vorarbeiten dies gestattet.

Bremen, 1. December 1884.

W. v. Bippen.

Inhalt.

		Seite
1.	Die heiligen Willehad und Anskar	1
2.	Geschichte des Raths und der demokratischen Bewegungen bis 1433	15
3.	Bremen um das Jahr 1400	55
4.	Luther und die Reformation in Bremen	89
5.	Neue politische Bahnen und der Syndicus Johann von der Wyck	115
6.	Bremen im Schmalkaldischen Kriege	131
7.	Die Predigt vor der Censur. Eine Erinnerung aus dem Jahre 1819	154
8.	Miscellen:	
	I. Der Bremische Freimarkt	175
	II. Schwägerschaften im Rathe	186
	III. Peter der Große in Bremen	193
	IV. Bremische Ehrenbürger	200

Druckfehler.

S. 1 Z. 5 von unten lies: Gemeinwesen.
S. 10 letzte Z. und S. 11 Z. 10 lies: Horich.
S. 40 Z. 7 von unten lies: abgeordnet.
S. 86 Z. 1 lies: Vogtsgericht.

1.
Die heiligen Willehad und Anskar.

Ein Fremder, der aufmerksamen Sinnes unsere Stadt durchwandert, wird nicht ohne Staunen unter ihren öffentlichen Standbildern zwei Bischöfe und einen Schwedenkönig gewahren. Die schöne Statue des Letzteren, eines der Hauptverfechter der protestantischen Freiheit, wird ihm vielleicht als ein nicht unangemessener Ausdruck des Seelenlebens der Bremischen Bevölkerung erscheinen, die für die Freiheit ihres Glaubens manchen Kampf gekämpft hat. Wie aber kommen die beiden Heiligen der römischen Kirche, denen man doch ihren modernen Ursprung beim ersten Blick ansieht, in eben diese Stadt? Mag es auch erklärlich erscheinen, daß man den heiligen Anskar vor der Kirche, deren Schutzpatron er einst war, ein Denkmal gesetzt hat, wiewol grade diese Kirche zuerst unter ihren Bremischen Genossinnen dem römischen Heiligendienste entsagte, welches Anrecht aber hat die ideale Mönchsgestalt des heiligen Willehad auf den bedeutsamsten Platz der Stadt, wo Dom, Rathhaus und Börse einander anschauen, die Repräsentanten der drei Mächte, unter deren wechselseitigem Einflusse das Bremische Gemeindewesen vorzugsweise erblüht ist? Sind denn trotz der Reformation die ein Jahrtausend alten Erinnerungen hier lebendig genug, um sich noch in der Gegenwart zu volksthümlichen Gestalten zu verdichten?

Dem also Fragenden könnte man erwidern, daß in der That feine Fäden der Volksphantasie sich über entschwundene Bildungsepochen herüber bis in die Jetztzeit fortgesponnen und das Andenken, zwar nicht an den Heiligen, aber doch an den Mann erhalten haben, welcher der Bringer der neuen Cultur, die mit dem Christengotte kam, und in gewissem Sinne der Begründer unserer Stadt gewesen ist.

Der große Kaiser Karl und der liebe heilige Willehad sind unsern Vorfahren lange als die beiden glänzenden Gestirne erschienen, welche den Anfang der städtischen Geschichte freundlich beleuchten. Es ist ein wunderlicher, aber liebenswürdiger Zug des Volkscharakters, daß derselbe Mann, der mit scharfem Schwerte und mit unbeugsamer Härte den Vätern den christlichen Glauben und das fränkische Recht aufgezwungen hatte, und jener andere Mann, der das blutige Werk des Kaisers mit seiner friedlichen Predigt unterstützte, der mit seinen Genossen die alten Heiligthümer des Landes vernichtete und die Gemüther von der Religion der Altvordern ablenkte, der selbst nur mit genauer Noth dem Märtyrertode durch die in ihren heiligsten Empfindungen gekränkten Sachsen entging, daß eben diese Männer den Enkeln als die Gründer ihrer Freiheit galten. Wie die Kirche ihre besten Schätze, so wähnten die freien Bürger späterer Jahrhunderte die köstlichsten Privilegien ihrer Stadt auf Fürbitte des Vaters Willehad von Kaiser Karl als Morgengabe erhalten zu haben. Diese wunderliche Auffassung beherrschte die Gemüther, als man im dreizehnten Jahrhundert auf dem ersten städtischen Siegel Karl den Großen und Willehad darstellte, wie sie den Dom auf ihren Händen tragen. Dieselbe Meinung dauerte noch fort, als man im sechszehnten Jahrhundert die große Halle des Rathhauses mit einem jenem Siegel nachgebildeten Gemälde und den dazu gehörigen Versen schmückte. Die gleiche Gedankenrichtung, welche den heiligen Willehad zum Urheber alles städtischen Segens machte, hat schon in früher Zeit seinen Namen mit dem frischen Quellwasser vor dem Dom verbunden, dem man heilkräftige Wirkung zuschrieb, und so hat sie noch fortgewirkt in der Wahl der Figur, welche den künstlerischen Brunnen schmückt, der nun an die Stelle des alten Quells getreten ist.

Gewiß verdient Willehad die volle Bewunderung der Nachwelt für den entsagungsvollen Muth, mit dem er in die Reihe der Missionare trat, welche seine Heimath, Northumberland, im siebenten und achten Jahrhundert auf das Festland sandte, um unter dem Schutze der fränkischen Waffen, aber oft auch ihnen voraneilend, den friesischen und sächsischen Stammesgenossen das Christenthum zu predigen. Ein Mann, der in nahen Freundschaftsbeziehungen zu Alkuin, dem Meister der berühmten Schule von York und dem Haupte der wissenschaftlichen Bestrebungen unter Karl dem Großen, und der also ohne Zweifel auf der Höhe der Bildung seiner Zeit stand, warf die sichere Ruhe des Lebens, die Vorzüge einer Jahrhunderte alten Cultur von sich, um mit der begeisterungsvollen Hingabe an ein ideales Ziel, welche damals die Angelsachsen vor allen anderen Nationen auszeichnete, und mit jener zähen Ausdauer, welche ihre Nachkommen noch heute bewahrt haben, auf einem von der Cultur der alten Welt noch kaum berührten Boden, unter Mühsal und täglichen Gefahren das Heidenthum zu besiegen. Das Beispiel des heiligen Bonifaz, der vor noch nicht zwanzig Jahren auf eben diesem Boden von den Friesen erschlagen war, schreckte ihn nicht, sondern stählte seinen Muth, als er um 774 von der großen Missionsanstalt zu Utrecht aus nach Dockum geschickt wurde, wo das Blut seines Landsmanns Bonifaz geflossen war. Nach einigen Jahren aber trieb es ihn weiter zu ziehen nach Ostfriesland, das noch frei war von der fränkischen Herrschaft und noch nie einen christlichen Glaubensboten gesehen hatte. Der Widerstand, welchen er hier bei einem Volke fand, das mit gutem Grunde mit der Religion der Väter auch seine Freiheit an die Franken zu verlieren fürchtete, wäre tödtlich für ihn gewesen, wenn nicht die alten Götter selbst in den

Loosen, welche man über ihn warf, ihm ihre Gunst geschenkt und einen sichern Rückzug gewährt hätten. In dem südwärts gelegenen sächsischen Gau Drente ging es noch schlimmer. Mit Knütteln und Schwertern vertheidigte das Volk seine Götter gegen die Angriffe Willehads und seiner Genossen und nur das Wunder, daß ein auf Willehad selbst wolgezielter Schwertstreich, von dem Riemen seiner Reliquienkapsel aufgefangen, ihn unbeschädigt ließ, rettete ihm zum zweiten Male das Leben.

Inmittelst hatte Karl im zweiten und dritten Kriege die Sachsen geschlagen und 779 an der unteren Weser das Gelöbniß der Treue entgegengenommen. Er konnte an die Eintheilung des unterworfenen Landes in Missionssprengel denken und berief zu solchem Zwecke auch Willehad zu sich, welchem er vermuthlich im Juli 780 das Mündungsgebiet zwischen Weser und Elbe und die westwärts und nordwärts angrenzenden friesischen Gebiete als Wirkungskreis zuwies.

Etwa zwei Jahre lang hatte Willehad hier mit einer ziemlich zahlreichen Schaar priesterlicher Genossen unter dem Eindrucke der fränkischen Siege mit gutem Erfolge gepredigt, als Widukind aufs neue daher fuhr und mit rächender Gewalt alles, was fränkisch und christlich war, vernichtete oder verjagte. Eine Reihe von Priestern wurde von Dithmarschen bis tief nach Friesland hinein erschlagen, unter ihnen Gerval mit mehreren Genossen in dem hier zum ersten Male genannten Bremen. Willehad gelang es, vom Butjadingerlande aus zu Schiffe an die fränkische Küste zu entkommen. Von da pilgerte er nach Rom. Nach seiner Rückkehr nahm er Aufenthalt im Kloster Epternach bei Trier und zog sich zeitweise in eine einsame Klause zurück. Erst 785, als der Aufstand völlig gedämpft und mit Widukinds Unterwerfung unter die Taufe der Widerstand der Sachsen für immer gebrochen schien, eilte auch Willehad wieder herbei, um sein Werk aufs neue aufzunehmen.

Nur vier Lebensjahre waren dem in rauher Arbeit muthmaßlich früh Erschöpften noch vergönnt. Sie sind in stiller Thätigkeit ohne bemerkenswerthe Ereignisse verflossen. Eine Anzahl von Kirchenstiftungen und der Dank seines Königs bezeugen uns, daß sein Wirken erfolgreich war. Willehad war der erste unter allen von Karl ausgesandten Missionaren, den er, zu Worms am 13. Juli 787, durch die Verleihung der Bischofswürde ehrte. Seinen regelmäßigen Wohnsitz nahm Willehad, ob erst jetzt oder schon früher ist ungewiß, in Bremen. Hier weihte er am 1. November 789 ein schlichtes hölzernes Gotteshaus unter Anrufung des heiligen Petrus, muthmaßlich an der gleichen Stelle, wo sich heute der Dom erhebt. Genau acht Tage später schon wurde er zu Blexen an der Weser vom Tode ereilt und gleich darnach in der soeben geweihten Kirche zur Ruhe gebracht.

Das ist so ziemlich Alles, was die Geschichte von dem Manne weiß, um welchen Sage und Legende bunte Kränze gewoben haben, in denen schwer oder gar nicht mehr zu entscheiden ist, wie viel davon der freien Erfindung des Volkes, wie viel priesterlicher und stadtpolitischer Tendenz angehört. Die junge Kirche bedurfte eines Ortsheiligen; es war also nothwendig, daß am Grabe des ersten Bischofs, dem der Märtyrertod versagt geblieben war, Zeichen und Wunder geschahen, die zur Legitimation der Heiligkeit unentbehrlich sind. Das eben aus den Fesseln der erzbischöflichen Gewalt sich befreiende Bürgerthum des zwölften Jahrhunderts bedurfte einer historischen Stütze und proclamirte kecken Muthes denselben Mann als Vater seiner Freiheit, der den Voreltern wol das sinnbildliche Joch des Heidenthums von den Schultern genommen, dafür aber die Aufbürdung des praktischen Jochs persönlicher oder dinglicher Unfreiheit angebahnt hatte. Die Leichtgläubigkeit des Mittelalters konnte so seltsame Blüten treiben, sei es in der freien Luft erregter Volksphantasie oder im Treibhaus tendenziöser Pseudoweisheit.

Den Ruhm, die Begründer unserer bürgerlichen Freiheit zu sein, haben Willehad und sein großer Herr längst eingebüßt. Wir wissen, daß sie in schweren Kämpfen langsam hat errungen werden müssen. Es bedurfte dazu der gleichen Energie, welche bisher die großen Schwierigkeiten der örtlichen Lage unserer Stadt so ziemlich zu überwinden gewußt hat. Wir können nur muthmaßen, daß Bremen, als Willehad es zu seiner Residenz erkor, ein zwar wenig bedeutender, aber doch der volkreichste Ort dieser Gegenden war, und daß der verhältnißmäßig leichte Uebergang über den Strom, der weiter unterhalb nicht mehr gleich gut praktikabel war, ihn zur Wahl dieses Ortes bestimmte. Darüber aber kann kein Zweifel sein, daß diese Wahl die Zukunft Bremens entschieden hat. Indem Willehad das wild gewachsene Kind aus der Taufe hob, hat er ihm den Stempel für die Zukunft aufgedrückt. So ist das Dorf zur Stadt erwachsen; durch die Bedeutung, welche die Stadt als Residenz mächtiger Erzbischöfe gewann, ist sie zu einem der großen Handelsemporien des Nordens emporgeblüht.

Darum preisen wir mit Recht in ihm den Patron, der den Namen Bremen aus dem Dunkel der Vorzeit in das Sonnenlicht der Geschichte geführt und ihm die Wege zu welthistorischer Entwickelung gewiesen hat.

* * *

Mit tiefem Mistrauen freilich sahen die heimischen Männer noch lange nach Willehads Tode die fränkisch-christliche Gewalt an, die sie in neue Bahnen lenken sollte. Wie oft wiederhallte der Wichmodesgau, dessen Hauptort Bremen war, noch von dem Rachegeschrei der aufständischen Sachsen, von Klagerufen zum Tode verwundeter Christen! Nach wenigen Jahren lag Willehads Kirchenbau in Asche, waren die Priester aufs neue verjagt. Zweimal mußte Karl persönlich in diese fernen Gegenden vorrücken, um mit der Wucht seiner Persönlichkeit den zähen Widerstand zu brechen, der immer in neuen Kämpfen aufloderte. Und furchtbar traf der Zorn des großen Königs die Vertheidiger ihrer alten Götter; bei Tausenden wurden sie mit Weib und Kind weggeführt, um fern in fränkischen Landen mit Sprache und Sitten der Heimath die Religion ihrer Väter zu vergessen; andere Tausende wurden zur Warnung ihrer Volksgenossen in dem furchtbaren Blutbad an der Aller hingeopfert.

Erst das neue Jahrhundert machte dem dreißigjährigen sächsischen Kriege ein Ende. Wer ihn überlebte, erkannte, wenn auch murrend, die Macht des Christengottes und des Kaisers an. Den heimischen Göttern innerlich zu entsagen und die lieben alten Cultusbräuche aufzugeben, das vermochte freilich nicht jeder. Allein die Götteropfer und andere heidnische Feste zogen sich vom Lichte des Tages in stille Haine zurück, wo noch nach zwei Jahrhunderten Erzbischof Unwan sie wahrnahm. Zu einer kriegerischen, heidnischen Reaction aber kam es nach dem Jahre 804 nicht mehr. Die Gründung des Bisthums Bremen fällt mit der beendigten Unterwerfung des sächsischen Volkes zusammen.

Denn Willehad war nicht Bischof von Bremen gewesen, wenn er auch hier seine Residenz gehabt hatte. Er war Missionar unter den Heiden, dem als königliche Anerkennung für seine treuen Dienste der Bischofstitel verliehen wurde. Erst nachdem das Christenthum wenigstens äußerlich durchgedrungen und das Land definitiv dem fränkischen Reiche einverleibt worden war, konnte die Etablirung einer regelmäßigen Bischofsgewalt erfolgen. Man nennt daher vom rein formalen Standpunkt Willehad mit Unrecht den ersten Bischof von Bremen, historisch betrachtet dennoch mit vollem Rechte. Denn eben dasselbe Gebiet, welches ihm zur Mission überwiesen worden war, wurde nun als Bremer Diöcese in den Kreis der organisirten Kirchengewalten einbezogen; auf eben demselben Platze, wo Willehads Kirche auf dem Rücken der Bremischen Weserdüne gestanden hatte, erbaute sein Nachfolger, Bischof Willerich, seine Kathedrale, ein Gotteshaus

aus Stein, das bis ins elfte Jahrhundert stehen blieb, bis nach seiner Einäscherung höhere Anforderungen der Kunst und des Lebens zum Bau einer größeren Kirche drängten.

* * *

Der zweite Nachfolger Willerichs auf dem Bremischen Bischofssitze wurde durch eine eigenthümliche Wendung der Dinge Anskar, der Erzbischof von Hamburg, ein Mann, dessen Geschicke manche Aehnlichkeit mit denen Willehads zeigen, wenn sie auch auf einer größeren Bühne sich vollzogen und ihm eine höhere Unsterblichkeit erwarben.

Grade wie Willehad hatte Anskar, zu Beginn des neunten Jahrhunderts aus deutschem Blute geboren, früh in asketischer Möchszucht das Heil seiner Seele gesucht. Wie jener seine Heimath verließ und an die Utrechter Missionsschule zog, um von hier aus, dem Drange seines muthigen Herzens folgend, das in der Askese kein Genüge fand, die Heilsbotschaft unter die Heiden zu tragen, so vertauschte dieser sein gesichertes Kloster Corbie an der Somme im Jahre 823 mit der Tochteranstalt Corvei an der Weser, dem ersten Kloster auf sächsischem Boden, welches bestimmt war, die äußere Eroberung der Sachsen zum Christenthum in eine innere zu verwandeln, und eben wie jenen drängte es ihn aus der Mönchszelle hinaus in die Welt der Heiden, um unter hundert Gefahren für Leib und Leben fremden Völkern das Evangelium zu verkünden. Wie Willehad der Erste im Sachsenlande war, der mit dem Bischofstitel geehrt wurde, so hat Anskars kühne Missionsarbeit unter Dänen und Schweden das erste Erzbisthum auf sächsischem Boden ins Leben gerufen und damit einen Plan verwirklicht, den schon Karl der Große gehegt haben soll. Und auch darin gleichen sich ihre Geschicke, daß sie beide für den Titel, den ihnen ihr Herr verlieh, das Reich sich erst erwerben sollten.

Wie Anskar dafür gekämpft hat, wie durch ihn ein dauernder Keim christlicher Gesittung unter den Völkern des

Nordens gepflanzt worden ist, wie aber dann seine junge Schöpfung an der Elbe unter dem Sturm einer nationalen Reaction der Skandinaven und unter der Zwietracht des deutschen Reichs zusammenbrach, das gehört der europäischen Geschichte an.

Die Vernichtung Hamburgs im Jahre 845 wurde der Ausgangspunkt für eine neue Entwickelung Bremens. Indem Anskar für den Verlust seiner Metropole, an deren baldige Wiederherstellung nicht zu denken war, mit dem eben durch Leuderichs Tod erledigten Bremischen Bisthum entschädigt wurde, wurde Willehads Schöpfung die Basis des großartigen Planes, die nordgermanische Welt durch das Christenthum in enge Beziehungen zum deutschen Reiche zu setzen.

Dafür war zunächst die Lostrennung Bremens von dem Kölner Metropolitanverbande erforderlich, dem das Bisthum bei seiner Constituirung zugewiesen worden war. Nicht ohne Mühe ist dies bei dem Widerspruche, den Erzbischof Gunthar von Köln erhob, erreicht worden. Die definitive Entscheidung, welche Bremen von Köln trennte und mit Hamburg zu einer ungetheilten Diöcese verschmolz, ist erst in Anskars letztem Lebensjahre durch eine Bulle des Papstes Nicolaus erfolgt. Anskar ließ es eins seiner letzten Geschäfte sein, zahlreiche Abschriften dieser Bulle an den König und die deutschen Bischöfe zu versenden, um die unanfechtbare Grundlage seines Erzbisthums und des mit ihm verbundenen Auftrages zur Mission bei den Völkern des Nordens für alle Zukunft sicher zu stellen.

Der Name des Bisthums Bremen verschwand mit diesem Akte wieder aus der offiziellen Sprache. Bremen war nun ein Theil des Erzbisthums Hamburg und ohne Zweifel war die Meinung, daß es nur so lange der Sitz des Bischofs sein solle, als die wilden Piratenzüge der Normannen den Aufenthalt an der Elbe unmöglich machten. Auch ist in der That Hamburg die bevorzugte Residenz einiger Nachfolger Anskars im zehnten und selbst noch im elften Jahrhundert gewesen, niemals aber hat es die ausschließliche Qualität der erzbischöflichen Metropole gewonnen, sondern zum wenigsten sie mit der Weserstadt theilen müssen und endlich sie ganz an diese verloren. Schon früh wurde es im täglichen Leben üblich, vom Bremischen Erzbischof zu reden, im dreizehnten Jahrhundert verschwand der Name des Erzbisthums Hamburg auch aus dem offiziellen Gebrauche, um die gleiche Zeit, da die letzten Bande sich lösten, mit denen der Norden noch an das Erzbisthum Anskars geknüpft war. Es vollzog sich gleichsam eine Rückbildung zu der Schöpfung Willehads, als die Aufgaben, welche Anskar sich gesteckt und seinen Nachfolgern hinterlassen hatte, erfüllt und die Kirchen des Nordens zu voller Mündigkeit herangereift waren. Nur der Titel des Erzbisthums blieb bestehen. Aber aus der ungeheuren Kirchenprovinz, welche einst Anskar mit seinen Gedanken, seine ausgezeichneten Nachfolger aber in Wirklichkeit umspannt hatten, war die kleinste der deutschen Erzdiöcesen geworden und ihre Kirchenfürsten, deren viele ehedem unter den Mächtigen des Welttheils eine hervorragende Stellung gehabt hatten, spielten in Staat und Kirche nur noch eine unbedeutende Rolle.

Anskar hat sechszehn bis siebenzehn Jahre lang seinen Sitz in Bremen gehabt, auch hier keineswegs immer in gesicherter Ruhe. Mehr als einmal kamen die schnellen Schiffe der Normannen auch die Weser herauf und bedrohten Bremen oder plünderten es gar; von einer Befestigung des Ortes, der den Namen einer Stadt noch entfernt nicht verdiente, war noch nicht die Rede. Seine Missionsthätigkeit, die er mit der tiefen Begeisterung, deren nur eine ganz von idealen Trieben erfüllte Seele fähig ist, erfaßt hatte und bis an sein Ende im Auge behielt, hat er von hier aus wieder aufgenommen, sobald die Zustände des Nordens es gestatteten. Oft ist er an den dänischen Königshof geeilt, wo seine edle Persönlichkeit, seine Wahrhaftigkeit und Treue ihm das volle Vertrauen des Königs Gorich und später das seines gleichnamigen Enkels erwarben, und ihm auch auf die politischen Verhältnisse des Reiches einen weitgehenden Einfluß öffneten. Die Könige selbst konnten sich freilich nicht entschließen, die Religion ihrer Väter abzuschwören, aber sie legten doch der Ausbreitung des Christenthums keine Hindernisse mehr in den Weg und gestatteten selbst die Gründung christlicher Kirchen. Sie sahen mit offnen Augen die Götterdämmerung hereinbrechen, deren Nahen zu den Ueberlieferungen ihres Glaubens gehörte. Aber die milde demüthige Persönlichkeit des Priesters, von welchem der ältere Gorich bezeugte, er habe nie einen Mann so ohne Falsch gesehen, flößte ihnen zu tiefe Ehrfurcht ein, als daß sie gegen ihn und seinen Gott hätten zum Schwerte greifen mögen. Auch nach Schweden ist Anskar von Bremen aus noch einmal hinübergezogen und hat auch dort unter schwierigen Verhältnissen dem Christenthum und der abendländischen Civilisation eine dauernde Pflanzstätte geschaffen.

Wie gerne würden wir die Thätigkeit eines solchen Mannes, der nur durch die Tiefe und Lauterkeit seines Wesens, mit sehr geringen materiellen Mitteln und ohne die Stütze einer imponirenden Gewalt, solche Erfolge erzielte, wie gerne würden wir seine Thätigkeit innerhalb seiner Diöcese uns veranschaulichen können. Leider aber ist uns wenig, fast nichts davon überliefert. Sein trefflicher Schüler, Nachfolger und Biograph, Rimbert, hat uns von der Missionsarbeit Anskars eine leidlich klare, wenn auch für unsere Wißbegier entfernt nicht ausreichende Schilderung hinterlassen, er hat uns in das Seelenleben und in den Charakter seines Meisters einen Einblick gestattet, wie wir ihn bei nur wenigen Männern früherer Jahrhunderte besitzen, aber von seiner praktischen Wirksamkeit in der Bremischen Kirche hat er uns nur dürftige Andeutungen überliefert.

Anskar ist in allem Wechsel seines Lebens der eifrige Mönch geblieben, der mit peinlicher Gewissenhaftigkeit auch die äußeren Zuchtmittel an sich übte. Lebensfreudigkeit war

ihm von den Knabentagen her, da die Nachricht vom Tode
des großen Kaisers Karl die Seele des Vierzehnjährigen aufs
tiefste erschütterte, ein fremder Begriff, an Schaffenslust aber
hat es ihm nie gefehlt. Die Regel Benedikts wollte nicht
eitle Müßiggänger und weltfremde Grübler erziehen, sondern
Männer, die eifrigen Antheil an der geistigen und materiellen
Cultur nähmen. Predigt und Lehre, die schon dem Jüngling
in dem eben begründeten Kloster Corvey übertragen worden
waren, sind bis an das Ende seines Lebens die Mittel
gewesen, mit denen Anskar sein reiches, ganz von religiösen
Vorstellungen erfülltes inneres Leben fruchtbar für die Außen=
welt gemacht hat. Auch in seiner Bremischen Diöcese ist er,
nach Art der alten Bischöfe, predigend umhergezogen, um
die Herzen des Volkes, die zum großen Theile nur erst äußer=
lich dem Christenthum gewonnen waren, auch mit dem inneren
Gehalt desselben zu erfüllen. Und dabei kam ihm ein prakti=
scher Zug, der doch ein genauer Ausdruck eines tiefen Ge=
müthsbedürfnisses war, wesentlich zu Hülfe, seine unausgesetzte
Sorge für die Armuth, für Linderung von Krankheit und
Noth. Den zehnten Theil des Zehnten und der sonstigen Ein=
künfte seiner Kirche bestimmte er für die Pflege der Armen
und nöthigte die Kirchen seines Sprengels sogar zur Abgabe
des vierten Theils der ihnen in Gelde zufließenden Spenden
für den gleichen Zweck. Beständig trug er Geld bei sich, um
sofort helfend eingreifen zu können, wo ihm Noth begegnete.
In den Orten, in denen er predigte, lud er die Aermsten zu
Gaste an seinen Tisch. In Bremen aber hat er durch die
Gründung eines Hospitals für Arme und Kranke ein dauern=
des Gedächtniß seiner Liebesthätigkeit gestiftet. Wir dürfen
auch ohne ausdrückliches Quellenzeugniß mit Bestimmtheit
annehmen, daß er auch hier eine Schule begründet hat, wie
ehedem in Hamburg und in seinem flandrischen Besitze Tur=
holt, und gewiß hat er auch selbst an ihr gelehrt. Es war
nicht eigentlich ein wissenschaftliches Bestreben, welches ihn
dabei leitete, sondern das praktische Bedürfniß, Geistliche

heranzubilden, welche mit und nach ihm der Predigt und Mission pflegen könnten; aber es wurde selbstverständlich durch die Schule doch auch eine Grundlage für wissenschaftliche Bildung geschaffen, die im zehnten und elften Jahrhundert schöne Blüten gezeitigt hat.

Zahlreiche erbauliche Bücher hat Anskar mit eigener Hand für den Gebrauch der Schule abgeschrieben, die lange unter den Schätzen der Bibliothek des Bremischen Domcapitels aufbewahrt worden sind. Er selbst hat Glossen zu den Psalmen verfaßt, welche den Stimmungen seiner Seele einen bald dithyrambisch erhobenen, bald schwermüthig gedrückten Ausdruck gaben. Sie waren wol das Produkt der Stunden, da es ihm Bedürfniß war, sich auf eine Zeit aus dem Lärm der Welt in die Einsamkeit zurückzuziehen und ganz der Prüfung seines Herzens zu leben. Er hatte sich bei Bremen eine kleine Zelle errichtet, in der er, höchstens von einem oder dem anderen seiner nächsten Freunde begleitet, ungestört des Verkehrs mit seinem Gotte sich erfreuen konnte; er nannte sie sein Ruhe- und Wehmuthsheim.*) Aber sobald dieses Bedürfniß befriedigt und er der Welt zurückgegeben war, war auch unermüdliche Thätigkeit sein Element. Man sah ihn in der Kirche, während die Psalmen gesungen wurden, Netze stricken, um nicht müßig zu sein.

Es ist wahrscheinlich, daß zu Anskars Zeiten in der Bremischen Diöcese hie oder da eine neue Kirche erbaut ist, mit Sicherheit wissen wir es von keiner einzigen. Aber wenn auch der äußere Ausbau der Kirche unter den unablässigen Raubzügen der Normannen keinen wesentlichen Fortschritt gemacht haben sollte, gewiß hat die christliche Gesittung durch seine Lehre und sein Beispiel in hohem Maße gewonnen.

Als er am 3. Februar 865 hier in Bremen sein Leben beschloß und bei seinen Vorgängern im Dome bestattet wurde, hinterließ er der Stadt eine geistige und materielle Erbschaft,

---

*) cellam, quam appellabat quietum locum et amicum moerori. Vita Ansk. cap. 35.

deren Bedeutsamkeit freilich nicht zu erweisen ist, aber dennoch behauptet werden darf. Denn, indem Bremen auch unter seinen Nachfolgern der Ausgangspunkt der nordischen Mission und mit nur geringen Unterbrechungen die Capitale des Erzstifts blieb, ist ohne Zweifel das Aufblühen der Stadt zu einem der wichtigsten Emporien des deutschen Handels und zu einer Stätte geistiger Cultur wesentlich gefördert worden. Daß im elften Jahrhundert Adam von Bremen eine geographische und ethnographische Beschreibung Nord-Europas entwerfen konnte, die zu den hervorragendsten Leistungen des Mittelalters auf diesem Gebiete gehört, war eine Folge der Wegweisung, die der Missionar dem Schiffer und Kaufmann gegeben hatte; daß er die Schilderung aus rein wissenschaftlichem Interesse und in einer der Classicität nahe kommenden Sprache niederschrieb, war ein Segen der geistigen Kräfte, welche der erzbischöfliche Hof in sich vereinigte, dessen Gesichtskreis alle jene Länder umspannte.

So dürfen wir Anskar als den zweiten Vater Bremens ansehen, der dem Leben der Stadt höhere und mächtigere Impulse gab. Und sein Andenken, das schon bald nach seinem Tode den offiziellen Stempel der Heiligkeit erhielt, ist nicht minder geehrt, als dasjenige Willehads, von dreißig Generationen dankbar bewahrt worden.

2.
Geschichte des Raths und der demokratischen Bewegungen bis 1433.

Vor nahezu fünfzig Jahren veröffentlichte Ferdinand Donandt in den Bremischen Blättern von Oelrichs und Watermeyer unter dem Titel „Zur Geschichte der Demokratie in der Bremischen Verfassung" einen Aufsatz, der noch heute den Leser in eigenthümlicher Weise fesselt. Er schrieb ihn in der warmen Erregung, welche in den dreißiger Jahren die strebenden Gemüther beherrschte, die von der Zukunft die Verwirklichung ihres politischen Ideals erhofften, beseelt von dem Gedanken, daß er nicht blos eine historisch interessante, sondern auch eine sittlich ergreifende Entwickelung darzustellen habe. Denn das Streben einer Volksklasse, sich aus sozialer Gebundenheit und politischer Bevormundung zur Freiheit emporzuringen, wird immer die Theilnahme des Menschenfreundes herausfordern, auch wenn es von gefährlichen Irrwegen nicht frei ist; und es wird dieser Theilnahme um so gewisser sein, wenn die Betrachtung den Männern gilt, auf deren Schultern noch die gegenwärtige Generation steht.

Donandt schrieb noch unter der Herrschaft der Verfassung, deren Werden und Wesen den Gegenstand seiner Abhandlung bildet, deren baldige Beseitigung aber schon keinem Zweifel mehr unterlag. Seine Betrachtung der Vergangenheit schließt mit einem hoffnungsvollen Ausblick in die Zukunft, und darin liegt das Geheimniß der pathetischen Stimmung, welche seinen Aufsatz durchweht und sich dem Leser wohlthuend mittheilt. Seitdem ist, was die damalige Zeit erhoffte, weit über ihr Hoffen in Erfüllung gegangen, und so stehen wir den längst vergangenen Tagen, da die Bürger unserer Stadt in zum Theil blutigen Kämpfen nach der Theilnahme am Regimente rangen, leidenschaftsloser gegenüber, aber darum doch nicht theilnahmloser.

Im Großen und Ganzen betrachtet ist der Kampf, dessen verschiedene Entwickelungsstufen im Nachfolgenden betrachtet werden sollen, bedingt durch den Gegensatz zwischen Grundbesitz und beweglichem Vermögen, erst im späteren Verlaufe kommt der Gegensatz zwischen dem Handwerk und den höheren Gesellschaftsklassen hinzu. Es ist ein welthistorischer, sozialer Prozeß, der hier im Bilde eines einzelnen Gemeinwesens uns entgegentritt. Die gleichen Erscheinungen wiederholen sich mit unwesentlichen, durch die örtlichen Zustände bedingten Variationen regelmäßig um die gleiche Zeit — hier zehn Jahre früher, dort zehn Jahre später — in allen größeren und selbst in manchen kleineren deutschen Städten, ja in halb Europa. Wie unentwickelt auch gegenüber dem heutigen das Verkehrsleben des Mittelalters war, es verbreitete doch bei den im wesentlichen gleichen sozialen Grundlagen die an einem Orte gegebenen Impulse mit oft überraschender Schnelligkeit über weite Gebiete, und auch wo ein solcher Impuls im Einzelnen nicht nachweisbar ist, muß man ihn voraussetzen. Ein sozialer Prozeß, dessen Ursprung der Gegensatz zwischen Land und Stadt, zwischen Grundbesitz und beweglichem Capital war, konnte natürlich nicht örtlich beschränkt bleiben, sondern mußte überall da zu Tage treten, wo dieser Gegensatz sich herausgebildet hatte.

Er ist unseren deutschen Vorfahren bekanntlich lange fremd geblieben. Erst die Römerherrschaft hat den von ihr betroffenen Stämmen unserer Nation städtische Ansiedlungen gebracht; daher die Rhein- und Donaustädte die ältesten in

Deutschland sind. Dann hat es noch Jahrhunderte gedauert, bis auch die anderen Stämme, zumal das zähe Volk der Sachsen, Städte unter sich duldeten. Die Kirche war es vornemlich, welche ihnen dieses Grab der Freiheit, wie man die Städte ansah, aufzwang. Die Auffassung ist natürlich genug. Denn dem alten Germanen war der Begriff der vollen persönlichen Freiheit untrennbar verbunden mit dem des Grundbesitzes. Nur der Unfreie, der Hörige, hatte keinen Theil am Grundbesitz, er gehörte zum Boden, stand nicht als Herr über ihm, und mußte die niederen Arbeiten, alle Feldarbeit verrichten, die der Freie, als seiner unwürdig, mißachtete. Der Freie war gewohnt inmitten seines Grundbesitzes auf einzelnem Hofe, oder wenn in dorfartigen Ansiedlungen, doch nahe bei seinen Aeckern zu leben; in der ummauerten Stadt mußte er diese nahe Berührung mit seinem Besitze verlieren, konnte er dann hoffen, dem Herrn der Stadt gegenüber seine Freiheit zu behaupten?

Aber die Geschichte geht wunderliche Wege. Anstatt ein Grab der Freiheit sind die Städte nachmals ihr Auferstehungsort geworden.

Die Herrschaft der Franken hatte zum ersten Male aus den deutschen Stämmen ein deutsches Reich und eine deutsche Nation geschaffen; aber neben dieser ruhmreichen That hatte sie auch das große Uebel gebracht, daß ihr Verwaltungsorganismus, die Willkür der königlichen Beamten und der Geistlichkeit die gemeine Freiheit aufs Aeußerste bedrängte. Die freien Grundbesitzer sahen sich schon im achten, mehr noch im neunten Jahrhundert in Massen gezwungen, um dem furchtbaren Steuerdrucke und den endlosen Kriegslasten zu entgehen, die auf ihren Besitz gelegt wurden, diesen auf große Herren zu Eigen zu übertragen, um ihn dann lehnsweise zurück zu empfangen und damit zugleich ihre alte volle Freiheit einzubüßen. Der ungeheure ideelle Schade, der dadurch entstand, daß so die Zahl der altfreien Leute dahinschwand, ist durch die Städte in langen, schweren Kämpfen wieder ausgeglichen, ja weit mehr als ausgeglichen, denn sie haben die persönliche Freiheit für alle Welt erobert, die Hörigkeit vernichtet.

Als Bremen von seinem ersten Bischof zum Sitze auserkoren wurde, unterschied sich der Ort wenig von dem flachen Lande umher. Muthmaßlich saßen auf der Höhe der Düne in einzelnen Gehöften altfreie Bauern mit ihren Zinsleuten und Hörigen, zu ihren Füßen auf der von Weser und Balge umschlossenen Insel freie und zinsbare Fischer. Aber die zahlreichen Exilirungen, welche Karl zur endlichen Bezwingung des Sachsenlandes angeordnet hatte, haben ohne Zweifel auch manchen der hier Angesessenen betroffen und muthmaßlich waren deren Güter von der Krone in Beschlag genommen. Sie wurden von dem königlichen Grafen verwaltet, der in Bremen, als dem Hauptorte des Wichmodesgaus, dreimal jährlich das Gaugericht hielt, in welchem einheimische Freie als Schöffen das Urteil fanden. Mitten unter der alten Bevölkerung hatte sich noch vor dem Grafen, ungern gesehen und mehr als einmal verjagt, die Priesterschaft angesiedelt, welche von hier aus ihr Bekehrungswerk treiben sollte. Sobald das Christenthum Fuß gefaßt hatte und die Kirche sich consolidiren konnte, wurde sie, noch von Karl dem Großen, reichlich mit Grundbesitz beschenkt, der nach Eroberungsrechte dem Könige gehörte. Aber mit den Priestern und den königlichen Beamten zog eine Schaar höriger Diener ein, nicht nur für den persönlichen Dienst in Haus und Hof, sondern auch Handwerker aller Art, welche der Bischofssitz nicht entbehren konnte. Natürlich mußten diese Anfänge der Industrie bald auch Leute anlocken, die Handel trieben. Ein Jahrhundert nach Willehads Tode bestand hier, mit einem der hohen kirchlichen Feste verbunden, ein regelmäßiger Markt, dessen Einkünfte aus Zöllen und anderen Abgaben die Kasse des Bischofs bereicherten. So wuchs allmählich die Stadt heran, bald auch von Graben und Mauern umgeben, als Schutzwehr gegen die Angriffe der

Askomannen, deren Plünderungszüge das neunte und noch das zehnte Jahrhundert in Schrecken setzten.

Aber weder war die Stadt Bremen, wie sie im zehnten Jahrhundert schon genannt wird, ein vom Gau rechtlich geschiedenes Gemeinwesen, noch bildete sie in sich eine Einheit. Diejenigen Bewohner, welche ihre alte volle Freiheit bewahrt hatten, das heißt die freies Eigen besaßen, bildeten mit den in gleicher Lage befindlichen Insassen des Gaus eine gerichtliche und politische Gemeinde. Sie standen unmittelbar unter dem königlichen Beamten, der Bischof hatte über sie keine andern Rechte, als die aus seiner geistlichen Gewalt flossen. Aber ihre Zahl schmolz aus den schon berührten Gründen auch hier mehr und mehr dahin: der Steuerdruck, den ihre Väter nicht gekannt hatten, und die zahllosen Heerfahrten, die sie weit über das Sachsenland hinaus an die fernsten Grenzen des Reiches führten, ließen sie bald das Vorrecht der Freiheit als ein schweres Uebel empfinden. Wieviel besser hatten es diejenigen ihrer städtischen Genossen, die freilich unfrei waren, die ihr Recht nicht vom königlichen Grafen, sondern vom bischöflichen Vogte nehmen mußten, die in den Volksversammlungen, wo es sich um politische Beschlüsse handelte, nicht mitthaten durften, die aber dafür auch dem Reiche nicht die persönliche Dienstpflicht zu leisten und nicht den hohen Steuerdruck zu tragen hatten. Jene gaben also ihr Gut an die Kirche, um es fortan als deren Lehnsleute zu besitzen.

So wuchs die Zahl der in persönlicher oder dinglicher Abhängigkeit vom Bischof stehenden Leute beständig, während die altfreie Gemeinde dahinschwand. Im zehnten Jahrhundert lag auch hier die in älteren Orten schon früher aufgetretene Gefahr nahe, daß ein Tag kommen werde, an dem es altfreie Leute nicht mehr gab und die durch den Grafen repräsentirte Gewalt des Königs keinen realen Inhalt mehr hatte. Dieser Umstand einerseits, andererseits und vielleicht in noch stärkerem Maße die hochpolitische Erwägung, daß das Reich eine viel festere Stütze an dem Bischof habe, dessen Ernennung noch völlig vom Könige abhing, als an dem Grafen, dessen Amt längst ein erbliches geworden war, führten dahin, daß in den Jahren 965 und 967 Kaiser Otto I. seinem bewährten Freunde und Rathgeber, dem Erzbischof Adaldag, die großen Privilegien verlieh, vermittelst deren die bisherige Grafengewalt völlig in die Hände des Erzbischofs überging.

Von nun an erst war der Erzbischof Herr der Stadt und diese eine politische Einheit. Wenn auch das Verhältniß der Freien zum Reiche durch die Uebertragung der Grafengewalt auf den Bischof keine rechtliche Aenderung erfuhr, thatsächlich mußte es sich doch bald anders gestalten. Denn nun war es dasselbe Vogtsgericht, in dem ihre Rechtsstreitigkeiten und die der erzbischöflichen Hintersassen und Hörigen entschieden wurden, der Erzbischof hatte den Heerbann über sie so gut wie über seine Lehnsmannen, er gebot für beide Theile der Bevölkerung über Münze, Markt und Zoll. Und dazu kam, daß die sociale Stellung der Freien sich in nichts mehr unterschied von der stetig wachsenden Zahl vornehmer erzbischöflicher Lehnsmannen, von den Ministerialen, wie man sie nannte. Es war eine Klasse von Leuten, die, zum Theil aus niederem Stande hervorgegangen, durch nützliche Dienste sich Gunst und Gnaden ihres Herrn und demnächst Grundbesitz zu Lehnrecht von ihm erworben hatten, zum Theil auch Abkömmlinge altfreier Geschlechter, die sich den Schutz der Kirche durch Hingabe ihrer Vollfreiheit erkauft hatten. Die Ministerialen, aus welchen der niedere deutsche Adel hervorgegangen ist, kamen bald in den Besitz der zahlreichen Hofämter, welche die wachsende Macht des Erzbischofs und die Zunahme seines Grundbesitzes erforderte; sie führten ritterliche Lebensweise, wie man sie denn auch, indem man nur ihren sozialen Stand, nicht ihre rechtliche Stellung ins Auge faßte, bald Ritter nannte; sie bildeten das kriegerische Aufgebot ihres Herrn, vielfach auch seine tägliche Umgebung, seinen politischen Rath. Durch Familienverbindungen verwuchsen sie vollständig mit den einheimischen freien Geschlechtern. Beide zusammen bildeten den Kern des emporblühenden städtischen Bürgerthums. Sie beide nahmen an dem mehr und mehr sich entwickelnden Handels- und Industrieleben noch keinen direkten Antheil, sondern lebten von dem Ertrage ihrer Güter, von den Gefällen, die ein etwaiges Amt abwarf und vom Kriegsdienste. Aber sie hatten doch ein großes Interesse an der Blüte des Handels und der Gewerbe, denn mit der Zunahme der Bevölkerung wuchsen die Renten ihrer Güter. Und nach und nach verstanden sie es, einzelne Rechte, die sie ehedem für den Bischof ausgeübt hatten, für sich zu erwerben. Die regelmäßigen Störungen im Regimente, die beim Tode eines Bischofs eintraten, die häufigen Wahlkämpfe, die nur durch Zugeständnisse der Wahlcandidaten beendet werden konnten, mußten begreiflicherweise den Geschlechtern, welche das Schwert für den neuen Bischof führen sollten und deren Macht mit ihrem zunehmenden Reichthum wuchs, für solche Bestrebungen sehr zu statten kommen. Bisweilen zwang auch Geldnoth den Erzbischof zur Verpfändung eines Regals, eines Zolls, des Marktrechts, und immer war es der wachsende Capitalreichthum der Stadt, der in solchen Fällen aus der Noth des Herrn einen Gewinn für das städtische Gemeinwesen erzielte.

Es ist bei der Dürftigkeit der Ueberlieferung unmöglich, diese Dinge im einzelnen zu übersehen. Wir können oft nur die Endpunkte einer Entwickelung wahrnehmen, die unvermittelt vor uns stehen, wie eine zielbewußte Schöpfung des Augenblicks, während sie doch das Resultat einer langen, langsamen Bewegung sind, deren Inhalt wir wohl errathen, nicht aber sicher nachweisen können. So ist es auch mit der Erscheinung des Rathes, dessen Auftreten einen der wichtigsten Marksteine in der städtischen Entwickelung bildet.

Vier Jahrhunderte waren seit der Begründung des Bremischen Bisthums verflossen, als unsere Stadt ihr erstes kaiserliches Privileg erhielt, das schöne Privileg Friedrichs I.

vom Jahre 1186, welches u. a. bestimmte, daß der ungestörte Aufenthalt von Jahr und Tag in den Mauern der Stadt die persönliche Freiheit gewährleisten solle. Ausgenommen wurden hiervon nur die Hörigen der Kirchen. Ein wahrhaft kaiserliches Geschenk, welches fortan unsere Stadt, wie andere, die desselben Vorrechts genossen, zum Zufluchtsort der Bedrängten machte, die das Joch der Knechtschaft von ihren Schultern schütteln wollten.

Die Verleihung dieses Privilegs kennzeichnet die politische Lage des Erzstifts; sie fiel mitten hinein in den großen Kampf der Staufer und Welfen, von dem Europa wiederhallte, und der Kaiser nennt sie ausdrücklich eine Belohnung für die kaiserliche Gesinnung der Bürger. „Es geziemt unserer kaiserlichen Majestät", so beginnt Friedrich, „wegen des uns von Gott verliehenen Amtes der Vergrößerung des heiligen Reichs wachsame Sorge zu widmen und insbesondere das Wachsthum der unserer Hoheit getreuen Städte mit wirksamem Eifer zu fördern. Daher wisse das gegenwärtige Geschlecht der Treuen des Reichs und die kommende Nachwelt, daß wir in Rücksicht auf die verständige Gesinnung und in Anerkennung der ehrenhaften und pflichteifrigen Anhänglichkeit der Bürger der Stadt Bremen und aus dem Wunsche, ihre Treue würdig zu belohnen, ihnen und der Stadt Bremen die Rechte bestätigt haben, welche Kaiser Karl heiligen Andenkens auf Bitten des heiligen Willehad, des ersten Vorstehers der Bremischen Kirche, der Stadt verliehen hat."

Mit diesen Worten stellt der Kaiser selbst die Stadt in einen bewußten Gegensatz gegen ihren Herrn, den Erzbischof, und indem er mit der letzten Phrase einer pseudo=historischen Tradition huldigt, ignorirt er mit voller Absicht die von seinen Vorfahren dem Erzbischof verliehenen Rechte über die Stadt. Die Vermehrung der Zahl der Freien erkennt er als im Interesse des Reichs und als Pflicht des Kaisers an. Und in welchem Sinne das in diesem speziellen Falle zu verstehen war, wird klar, wenn man sich vergegenwärtigt, daß seit einem Jahre Hartwig II. auf dem erzbischöflichen Stuhle von Bremen saß, eine Creatur Heinrichs des Löwen, ein Mann, dessen charakterlose Schwäche dem Erzstifte schwere Wunden geschlagen, aber freilich auch die Bestrebungen der Bürgerschaft nach Selbständigkeit gefördert hat. Es ist nur ein Zeichen mehr für des Erzbischofs Schwäche und die Kraft des Bürgerthums, daß Hartwig selbst unter den Zeugen der kaiserlichen Urkunde genannt wird.

Wer aber war es, der das Privileg aus den Händen des Kaisers entgegennahm, wer hatte bei ihm die Interessen der Stadt vertreten, welcher Theil der aus mannigfachen Elementen gemischten Bevölkerung bildete die Bürgerschaft? Wir vermögen auf diese Fragen keine sichere Antwort zu geben. Nahezu fünfzig Jahre früher, bei Begründung des Willehadi- und Stephani-Capitels im Jahre 1139, begegnet uns zum ersten Male urkundlich der Name der Bremischen Bürger. Zwanzig Jahre darnach erkannte Erzbischof Hartwig I. durch sein berühmtes Privilig über die Grenzen der Bürgerweide, 1159, zum ersten Male implicite die Existenz eines städtischen Gemeinwesens mit selbständigen Interessen an. Wieder acht Jahre später sehen wir die Bürger in dem Kampfe, den Heinrich der Löwe um die herzoglichen Rechte im Erzstifte führte, politisch gegen ihn Partei ergreifen und nach ihrer Unterwerfung zur Zahlung einer großen Geldsumme an den Herzog gezwungen. Und nun sanktionirt der Kaiser selbst gleichsam die politische Mündigkeit der Bürger durch Verleihung eines Privilegs. Und doch erfahren wir nichts über eine Organisation der Bürgerschaft, über Art und Umfang der etwa von ihr schon ausgeübten polizeilichen und finanziellen Rechte, nichts über diejenigen, welche an ihrer Spitze standen und die Urkunden von 1159 und 1186, die uns noch heute im Original erhalten sind, in Verwahrung nahmen.

Aber darüber kann doch nach Allem, was das folgende Jahrhundert uns zeigt, kein Zweifel sein, daß die Vertreter der Bürgerschaft, wie immer sie ihren Auftrag erhalten haben mögen, den grundbesitzenden Geschlechtern allein angehörten, den Altfreien, so viele deren sich noch erhalten hatten, und den Ministerialen. Weder der Kaufmann, wie reich er auch war, noch gar der Handwerker, der um diese Zeit meist noch nach strengem Hofrecht lebte, hatte einen Antheil an der Leitung der städtischen Geschäfte. Noch entsprach es den herrschenden Anschauungen, daß nur der grundangesessene Mann die vollen Ehren des Gemeinwesens genoß. Ob der Grundbesitz sein volles Eigen war, ein immer seltener werdender Fall, oder Lehngut, war schon ohne Belang, denn längst waren auch die Lehne erblich geworden.

Das Privileg Friedrichs I. wollte und konnte hierin auch zunächst keine Aenderung schaffen, aber es leuchtet ein, daß es im Laufe der Zeit nicht ohne Einfluß auf die Entwickelung der bürgerlichen Verhältnisse bleiben konnte. Nach außen sowohl, wie im inneren Leben der Stadt hat es Folgen gehabt, welche der Schenker unmöglich voraussehen konnte. Denn es hat einmal den Gegensatz zwischen Stadt und Land in außerordentlicher Weise verschärft, indem es zahllose Leute anlockte, die ländlichen Frohndienste mit der Freiheit in der Stadt zu vertauschen. Dadurch aber gerieth das flache Land in schwere Nothstände, für welche es sich namentlich im vierzehnten Jahrhundert durch langwierige Fehden an der Stadt rächte. Ferner aber hat es auch die Kämpfe im Innern der Stadt zum Theil bedingt. Denn sollte die nun stetig zunehmende Menge der persönlich freien Bevölkerung auf die Dauer den Geschlechtern die von diesen errungenen städtischen Rechte überlassen und nicht selbst einen Antheil am Regimente begehren? Barbarossas Privileg schuf die städtische Demokratie oder machte sie doch erst lebensfähig. Die Zeit mußte kommen, da sie auf dem Schauplatze erschien.

Schnell ist diese Entwickelung freilich nicht gegangen. Länger als ein Jahrhundert verblieb noch den Geschlechtern die städtische Herrschaft. Sie hatten unter der Regierung

Hartwigs II. gewisse Rechte für die Stadt sich verbriefen lassen, deren Inhalt uns unbekannt geblieben ist. Ob die Einsetzung eines Stadtrathes darunter zu begreifen ist, wissen wir also nicht. Doch ist wahrscheinlich, daß schon damals eine regelmäßige Behörde, von allen persönlich freien Bewohnern der Stadt erwählt, bestand, welche die Aufsicht über den städtischen Grundbesitz, insbesondere über die Gemeinweide, über die Straßen und über die Vertheidigungswerke ausübte, welche die Marktpolizei wahrnahm und schon gewissen Einfluß auf das Vogtsgericht gewonnen hatte. Im Jahre 1217 bestätigte Gerhard I. nach langen Streitigkeiten mit der Stadt jene Rechte. Drei Jahre darauf konnte die Stadt schon einen Vertrag mit dem Lande Rustringen abschließen, welcher beweist, daß die städtische Behörde sogar auf die Ausübung des Criminalrechtes schon einen sehr erheblichen Einfluß mußte gewonnen haben. Wenn auch das Blutgericht noch Jahrhunderte lang stets im Namen des Kaisers vom erzbischöflichen Vogte gehegt wurde, lange nachdem der Rath eine eigne Competenz in Civilsachen erlangt hatte, so hatte offenbar schon in dieser frühen Zeit die Stadt die Strafexecution über ihre Bürger sich angemaßt und konnte auf Grund dieses Besitztitels Abreden über gewisse Strafarten treffen, als ob sie wirklich im Besitze der Gerichtshoheit selber sei. In jenem Vertrage werden zum ersten Male Vertreter der Stadt genannt: die sechszehn Geschworenen (conjurati). Es ist die gleiche Bezeichnung, die auch für die Vertreter des Rustringer Landes gebraucht wird und hier bezeichnen sie die friesischen Redjeven oder Richter. Und im Vorübergehen wenigstens mag hier auf die Parallelität des Auftretens dieser mit verschiedenen Namen bezeichneten Behörde bei den benachbarten friesischen Stämmen und des Rathes in unserer Stadt aufmerksam gemacht werden. Dort wie hier bedeutet das Erscheinen des neuen Amtes die Durchbrechung der alten Gauverfassung, die Zerbröckelung der Grafengewalt, deren Befugnisse dort von einzelnen, ohne

Beachtung der alten Gaugrenzen aus diesen sich absondernden Völkerschaften, hier von der aus dem Gauverbande sich selbständig trennenden Stadt ganz oder theilweise usurpirt wurden.

Natürlich ging das sowenig hier wie dort ohne Widerstand der gekränkten Gewalten. Die nächsten Jahrhunderte der Bremischen Geschichte sind erfüllt von bald blutigen, bald unblutigen Kämpfen der Stadt und des Erzbischofs um die Hoheitsrechte, die ursprünglich Attribute der dem Erzbischof zustehenden Grafengewalt gebildet hatten. Je nach der Persönlichkeit des Kirchenfürsten und nach der geistigen und materiellen Kraft der Stadt wogte der Kampf wechselvoll auf und ab. Im Großen und Ganzen neigte sich die Waage mehr und mehr zu Gunsten der Bürger, denen nicht allein die Geldmacht, sondern vielleicht in noch höherem Grade die Kenntniß des von ihnen geschaffenen modernen Verkehrslebens ein ungeheures Uebergewicht in der Rechtspflege und in der Verwaltung geben mußte.

Fünf Jahre nach dem Rustringer Vertrage, 1225, treten uns urkundlich zum ersten Male die Bremischen Rathsherren (consules) entgegen. Es ist merkwürdig genug, daß ihr erstes Erscheinen unter die Regierung eines der bedeutendsten Bremischen Erzbischöfe fällt, Gerhards II. Allein dieser hatte gleich beim Beginne seiner Regierung die Kraft der Bürgerschaft kennen gelernt. Als er zur Hebung der zerrütteten Finanzen des Stifts vom Schlosse Witteborg an der Weser aus Handel und Schiffahrt mit einem Zoll zu belasten versuchte, verrichteten die Bürger ihre erste Waffenthat für die kostbare Freiheit ihres Stromes: mit einem großen Koggen zerstörten sie die Einrichtungen Gerhards und nöthigten ihn, den Zoll fallen zu lassen. Eben dieser Erfolg mag ihnen das Uebergewicht gegeben haben, welches in dem gleichen Jahre den Abschluß des Vertrages mit Rustringen ermöglichte. Dann hatte Gerhard der Hülfe der Stadt für den schmählichen Kampf gegen die Stedinger bedurft und ihr manche

Concessionen machen müssen. Unter der Gunst dieser Verhältnisse versuchten sie, wir wissen nicht wann, die erste Aufzeichnung des Stadtrechts, derjenigen Rechtsnormen, welche sich, zum Theil durch das genannte kaiserliche und durch erzbischöfliche Privilegien bestätigt, aus dem Verkehrsleben der Stadt unter Mitwirkung des Rathes bei der Justizpflege gebildet hatten. Denn der Rath hatte nicht allein, wie schon erwähnt, die Execution der Urteile gegen seine Bürger, sondern eben hierdurch auch eine Appellationsinstanz gegen das erzbischöfliche Vogtsgericht schon erworben. Wenn nämlich der Rath das in Civilsachen vom Vogtsgericht gefundene Urteil exequiren sollte, so war es ein natürliches Verfahren, daß der Verurteilte das Urteil an den Rath schalt, daß dieser dann in eine erneute Prüfung der Sache eintrat und je nach Befund ein reformatorisches Urteil erließ, gegen welches der Vogt und in letzter Linie der Erzbischof keinen Widerspruch erheben konnten, so lange der Rath die Macht in Händen hatte, die Execution des ersten Urteils zu verhindern.

Aber nicht so glatt und rasch sollte sich die Machtbefugniß des Rathes weiter entwickeln. Es war doch eine kurzsichtige Politik gewesen, welche dem Erzbischof den Arm gegen die Stedinger geliehen hatte, deren mit allen Machtmitteln der Kirche und des Staats verfolgtes Verbrechen im Grunde kein anderes war als das, welches die Stadt selbst anstrebte, die möglichste Unabhängigkeit von der erzbischöflichen Gewalt. Sobald Gerhards Stellung sich befestigt hatte und er unumschränkter Herr des erst durch ihn zu territorialem Abschluß gebrachten Erzstifts geworden war, zog er auch der Stadt gegenüber andere Saiten auf. Im Jahre 1246 zwang er sie zum Verzicht auf das eigenmächtig von ihr abgefaßte Stadtrecht und zur unbedingten Anerkennung seiner Gerichtsbarkeit. Auch die Pflichtabgaben der Handwerkerinnungen, welche als Rest der ehemaligen Hörigkeit noch bestanden, die aber von den unter dem Schutze des Rathes sich sicher fühlenden Handwerkern seit geraumer Zeit nicht mehr geleistet waren, mußten aufs neue anerkannt werden.

Aber diese Reaction konnte das kräftige Fortschreiten der Stadt auf der Bahn zur Selbständigkeit doch nur für einen Augenblick hemmen, nicht dauernd die Entwickelung aufhalten. Unter weniger energischen Nachfolgern auf dem erzbischöflichen Stuhle eroberte der Rath in der zweiten Hälfte des dreizehnten Jahrhunderts die verlorenen Rechte zurück. Schon konnte er einzelnen Innungen selbständig Privilegien ertheilen. Und wie hätten diese sie nicht gerne von ihm entgegen nehmen sollen, da der Rath nun eine um so höhere Verpflichtung hatte, sie vor dem Rückfall in die Abhängigkeit vom Erzbischof zu schützen! Sie waren durch ein wechselseitiges Band aneinander geknüpft, denn auch der Rath bedurfte ihrer, um für seine Bestrebungen die Stütze zu haben, die nur freie Bürger geben konnten. Er mußte selbst die Demokratie groß ziehen, die bald das aristokratische Regiment vernichten sollte.

Wenn ursprünglich die Vertreter der bürgerlichen Gemeinde von dieser alljährlich gewählt worden waren, so war doch dieses Wahlrecht sehr bald in Vergessenheit gerathen. Das Bedürfniß der Verwaltung und mehr noch das der auswärtigen Politik, die schon oft genug Fragen an den Rath zur Entscheidung stellte, machten die fortgesetzte Theilnahme mindestens der Mehrzahl der einmal zu Rathe Erkorenen an den städtischen Geschäften nothwendig, und drückten bald die Wahl zu einer inhaltlosen Formalität herab, die ebensowol ganz unterbleiben konnte. So wurde das Amt sehr früh thatsächlich ein lebenslängliches; und da die Gemeinde nicht mehr zur Wahl zusammentrat, so ergänzte der Rath die durch Tod oder andere Umstände entstandenen Lücken in seinen Reihen aus eigener Macht. Es war eine selbstverständliche Folge dieses Zustandes, daß das Rathsherrnamt in einem kleinen Kreise von Familien gewissermaßen erblich wurde, daß bald das Recht der Herrschaft nicht mehr als ein Auftrag, sondern als ein Geburtstitel erschien.

Zwar hatte Gerhard II. in der Urkunde von 1246, offenbar um der Gefahr vorzubeugen, die er auch für die erzbischöflichen Rechte in der aristokratischen Herrschaft erblicken mochte, die Bestimmung getroffen, daß der Rath künftig wieder, wie vor Alters geschehen, von der Gemeinheit der Bürger erwählt werden solle, aber auch diese Anordnung kam schnell wieder in Vergessenheit. Am Ende des Jahrhunderts war es jedenfalls ein kleiner Kreis meist ritterbürtiger Familien, der die Stadtherrschaft in Händen hielt. Ihr Ansehen beruhte auf ihrem ausgedehnten Grundbesitz, wenn auch mancher von ihnen daneben sich schon an kaufmännischen Geschäften betheiligte, auf ihren Familienverbindungen mit der Ritterschaft der Umgegend, auf der Vereinigung, die sie unter dem Namen der Casalbrüderschaft unter einander geschlossen hatten.

Zwar wurde hin und wieder die Gemeinde in Gesetzgebungs- und in politischen Angelegenheiten vom Rathe befragt, aber die Willkür, mit der dies geschah, konnte auf die Dauer keinen Ersatz bieten für die thatsächliche, wenn auch nicht rechtliche Ausschließung solcher Bürger aus dem Rathsstuhle, die an Reichthum mit den Geschlechtern wetteiferten, ja sie wol übertrafen. Daß diese sich, wie ihre Vettern auf dem Lande, in ritterlicher Gewandung und Lebensweise gefielen, an den Turnieren des Adels Theil nahmen und gelegentlich ihrem junkerlichen Uebermuthe auch gegen die Bürger die Zügel schießen ließen, mußte die Opposition um so früher wachrufen. Am Ende des dreizehnten Jahrhunderts kam es schon zu unruhigen Bewegungen. Und als nun am Beginne des neuen Jahrhunderts unter dem der Stadt gewogenen Erzbischof Giselbert der sechzig Jahre früher vergeblich gemachte Versuch einer Aufzeichnung des Stadtrechts mit Erfolg erneuert wurde, verstärkte sich das Verlangen nach Abschüttelung einer Oligarchie, der man die Wahrung der bürgerlichen Interessen auf die Dauer nicht mehr anvertrauen konnte.

Schon scheinen einzelne Mitglieder der adligen Regierung, die in die Zukunft blickten, sich zu Wortführern des Volks gemacht zu haben. Und als nun inmitten der vorhandenen Gährung im Jahre 1304 einige Calsalbrüder einen ihrer Genossen, den volksfreundlichen Rathsherrn Arnd von Gröpelingen, in seinem Bette ermordeten, da hatte die letzte Stunde der Geschlechterherrschaft geschlagen. Die Manen des Ermordeten riefen die gesammte Bürgerschaft zu den Waffen gegen ihre Herren, die ihrer Stütze beraubt rasch überwältigt, aus der Stadt verjagt und auf ewige Zeit verfestet wurden. Zwar versuchten sie, mit ihren Vettern vom Lande verbündet, im Jahre 1305 zweimal die Herrschaft zurückzuerobern, aber vergeblich. Die Demokratie der Stadt behielt den Sieg, und das adlige Regiment blieb für immer von unseren Mauern ausgeschlossen. Die Güter der Vertriebenen in und bei der Stadt wurden zu Gunsten der Gemeinde eingezogen. Die Alleinherrschaft des Grundbesitzes war dahin, mindestens gleichberechtigt stand fortan das bewegliche Vermögen neben ihm und nichts schien einer demokratischen Durchbildung der städtischen Verfassung ferner im Wege zu sein.

Aber nicht so schnell, wie der Sieg errungen war, wurden seine Früchte geerntet. Die Handwerksgenossen, welche zum Siege wesentlich beigetragen hatten, blieben doch auch ferner vom Rathsstuhle ausgeschlossen. Die Verfassung des Raths, wenn man von einer solchen schon reden kann, wurde nicht verändert. Sowohl die Lebenslänglichkeit des Amtes, wie die Selbstergänzung finden wir nach wie vor, als ob nichts den Gang der Dinge unterbrochen hätte. An Stelle des adligen Regiments bildete sich alsbald ein Patriziat aus, zwar nicht in so starrer Ausschließlichkeit, wie jenes, aber doch in bewußtem Gegensatze gegen die Innungen.

Das dauerte fünfundzwanzig Jahre, während deren wiederholte Wahlkämpfe um das Erzstift und die fürchterliche Misregierung des schließlich wegen Wahnsinns abgesetzten Erzbischofs Johann Grand Stadt und Stift in unheilvolle

Zerrüttung brachten. Unter diesen Umständen werden auch im Innern der Stadt Parteiungen und bürgerliche Kämpfe nicht ausgeblieben sein, die schließlich im Jahre 1330 zum Ausbruche einer Revolution führten, über deren Verlauf unsere Chroniken leider völlig schweigen. Wir sehen plötzlich an Stelle des bisherigen Raths von 36 Personen, von denen je ein Drittel in regelmäßigem Wechsel jährlich im Amte war, einen solchen von dreimal 38, also von im Ganzen 114 Personen treten. Es ist nicht zweifelhaft, daß diese Veränderung einer Bewegung der Handwerkerinnungen ihre Entstehung verdankte, wie wir sie zu gleicher Zeit an vielen anderen Orten beobachten. Wie immer während des Mittelalters, so war auch hier das erste Geschäft der Revolution, sich in den Besitz des Rathsstuhls zu setzen, man wollte die Gesetzgebungsschraube in der Hand haben. Indes gelang es dem Rathe durch rechtzeitige Nachgiebigkeit, der Bewegung die Spitze abzubrechen. Denn seine sämmtlichen Mitglieder blieben im Amte und er vermochte sogar an dem gleichen Tage, an welchem der große Rath in den vier Kirchspielkirchen von der Gemeinde gewählt wurde, diese zu einem Beschlusse fortzureißen, der die künftige Wahl an wesentlich erschwerende Bedingungen knüpfte. Es wurde nicht allein ein ziemlich hoher Census für den Rathsherrn festgestellt, sondern auch daß der künftig zu Rathe gewählte Handwerker auf sein Amt verzichten, das heißt kein Handwerk mehr üben solle. Es leuchtet ein, daß dadurch die größere Zahl der Handwerker thatsächlich vom Rathsstuhl ausgeschlossen wurde, der nun nur den wolhabendsten unter ihnen sich öffnete, und ferner, daß gar leicht der zu Rathe erkorene Innungsgenosse, der seine neue Würde mit dem Verluste seines Handwerkes bezahlen mußte, aufhören mochte, die Interessen seiner ehemaligen Genossen zu vertreten. Solche Zugeständnisse aber schienen den Innungen als geringe Opfer neben dem Gewinne ihrer Zulassung zum Rathsstuhle.

Es bedurfte, wie es scheint, nur einer kurzen Frist, um das vielköpfige Regiment von seiner Unzweckmäßigkeit, wo nicht Unfähigkeit zu überzeugen. Schon sehr bald faßte der große Rath den Beschluß, daß erst dann wieder eine Neuwahl stattfinden solle, wenn eins der Kirchspielquartiere des Raths bis auf acht Personen ausgestorben sei; die übrig bleibenden acht sollten alsdann aus demselben Kirchspiel einen neunten Mann wählen. Damit wurde also nicht allein die Reduction des Rathes auf die bisherige Zahl von 36 Personen, sondern auch die Lebenslänglichkeit des Amtes und die Selbstergänzung abermals sanctionirt. Hatten diejenigen, welche dem von der Gemeinde usurpirten Wahlrechte ihre Würde verdankten, im Besitze derselben so schnell ihres Ursprungs vergessen, oder hat auch mit diesen Bestimmungen, die lediglich vom Rathe ohne Mitwirkung der Gemeinde festgestellt wurden, die Erfahrung und Klugheit der alten Rathsherren einen Sieg über die neuen Elemente davongetragen? Man müßte das Letztere in der That behaupten, wenn nicht dem Meister Tod die endliche Entscheidung darüber vorbehalten worden wäre, ob der alten Aristokratie oder der jungen Demokratie der Sieg bleiben solle. Es vergingen zwanzig Jahre, bis diese Entscheidung eintrat. Bis dahin hatte der Tod viel stärker unter den alten Rathsherren als unter den neuen aufgeräumt, als er aber im Jahre 1350 in der Gestalt der Pest eine furchtbare Ernte in unserer Stadt hielt, raffte er, wie es scheint, von den neuen Mitgliedern des Raths einen unverhältnißmäßig größeren Theil hinweg, als von den noch im Amte befindlichen alten und so gab er den schließlichen Sieg dem Patriziat.

Aber freilich sollte dieses des Sieges wenig froh werden. Das vielköpfige Regiment hat sich nicht segensvoll für die Stadt erwiesen; es führte vielmehr zu unheilvollen Schwankungen in den politischen Entschlüssen, denen man die Spaltung der Bürgerschaft in verschiedene Parteien deutlich anmerkt. Und auch der nach dem großen Sterben auf sein ehemaliges Maß reducirte Rath konnte die Autorität nicht bald wieder gewinnen. Die Bande der Ordnung, schon vorher gelockert, waren durch die Pest und die gleichzeitige Fehde zweier Prätendenten um den erzbischöflichen Stuhl vollends gelöst. Erst nach blutigen Thaten sollten sie wieder hergestellt werden.

Es kann nicht Wunder nehmen, daß die Führer der Demokratie ihre Niederlage um so schwerer trugen, als nicht politischer Kampf oder prinzipielle Entscheidung, sondern lediglich das Gottesurteil des Todtengerichts sie herbeigeführt hatte. Für die Entfaltung agitatorischer Thätigkeit gab ihnen in den fünfziger Jahren der starke Zufluß von Neubürgern, welcher die durch den schwarzen Tod gerissenen Lücken ausfüllte, erwünschte Gelegenheit. Um so leichter ließ dies in die Stadt drängende Volk sich leiten, als es eben erst der Knechtschaft entlaufen war und in der steten Besorgniß schwebte, von seinen ehemaligen Herrn zurückgefordert zu werden.

Die Pest, welche zahlreiche Städte Europas entvölkerte, hat eine schwere wirthschaftliche Krisis für das flache Land herbeigeführt. Zu Tausenden und aber Tausenden zog das Volk vom Lande in die leer gewordenen Städte hinein und bald machte sich dort ein empfindlicher Arbeitermangel geltend. Wenn nun die Herren vom Lande den Städten bittere Feindschaft schwuren und das unter dem Namen des Raubritterthums bekannte Plünderungssystem in üppige Blüte kam, so darf man sich nicht wundern. Es war ein Akt der Nothwehr des Grundbesitzes gegen das bewegliche Vermögen, das eben jetzt begann die Welt zu beherrschen.

Auch Bremen wurde durch diese Verhältnisse im Jahre 1356 in eine langwierige Fehde mit den Grafen von Hoya verwickelt, die sich darüber beklagten, daß die Stadt ihnen ihre Eigenleute abspännig mache. Die Führer des Volkes drängten dazu, die Forderung der Grafen auf Rückgabe ihrer Leute mit der Kriegserklärung zu beantworten. Der Rath versuchte umsonst einen friedlichen Ausgleich; er war nicht mehr Herr seiner Entschlüsse. Und als nun gar im Jahre 1358 die Bürger eine schmachvolle Niederlage an der Aller erlitten und unter den mehr als hundert Gefangenen, welche die Grafen nach Hoya führten, sich fast sämmtliche Herren befanden, die im Jahre 1359 den Rath hätten bilden sollen, da gelang es der Gemeinde aufs neue sich die Rathswahl anzumaßen. Und wie es scheint behauptete sie ihr Wahlrecht diesmal eine Reihe von Jahren hindurch bis 1365. Thatsächlich war für diese Zeit sowol die Lebenslänglichkeit, wie die Selbstergänzung aufgehoben. Aber die Gemeinde machte von ihrem Siege doch einen maßvollen Gebrauch, indem sie weder die Zahl der Rathsherren veränderte, noch auch viele neue Herren wählte. Und so wäre es vielleicht möglich gewesen, daß auf friedlichem Wege eine Neubildung der städtischen Verfassung erfolgt wäre, welche dem demokratischen Elemente dauernd einen gesetzmäßigen Einfluß auf die Rathsbank gesichert hätte, wenn nicht jene Gefangenen, von denen noch nach Jahren ein Theil in Hoya schmachtete, während andere sich mit schweren Opfern gelöst hatten, einen neuen Zankapfel für die Parteien abgegeben hätten.

Nach allgemein giltigem Grundsatze mußte der im Kriege der Stadt Gefangene mit Mitteln der Stadt gelöst werden. Der Rath war nicht zweifelhaft, daß er dieser Pflicht nachzukommen habe, aber nur durch Auflegung eines Schosses konnten die Mittel für das hohe Lösegeld beschafft werden. Der Rath wußte, daß er einem starken Widerstande dagegen begegnen werde und sicherte sich daher von vornherein die Zustimmung des Kaufmanns. Kaum aber war das Wort Schoß ausgesprochen, als in der That neue Unruhen entstanden. Vor allem wurde in der „granden Cumpanie", einer Vereinigung, zu der sich die Innungsleute vorlängst zusammen gethan hatten, aufs heftigste über den Schoß, die ganze Finanzwirthschaft, den Rath hergefahren. Jahre lang zogen sich die Debatten hin und erhitzten die Gemüther. Und als endlich im Jahre 1365 der Rath den Schoß dennoch verkündete, sah er sich genöthigt, gleichzeitig zu gebieten, daß Niemand bei Verlust von Leib und Gut Sammlung gegen den Rath machen solle. Aber wie hätte ein solches Gebot den Sturm noch beschwichtigen können? Es erhob sich ein gewaltiger Rumor. Unter einem städtischen Banner, geführt von den Vorstehern der „granden Cumpanie" sammelte sich ein Volkshaufe, durchzog tobend die Stadt und rief zum Aufstand wider den Rath, den man mit ehrenrührigen Schimpfreden reichlich bedachte. Einige stürmten in die Häuser des Bürgermeisters und der besonders verhaßten Rathsherren und spielten hier, da sie die Gesuchten glücklicherweise nicht trafen, die Helden gegen Weiber und Kinder.

Solchen Gewaltthaten mußte der Rath mit Gewalt begegnen. Aber schlimm war es, daß seine eigenen Mittel dazu nicht ausreichten, daß er Ritter und Knechte heimlich in die Stadt einholte, dann die Thore schloß und nun erst die Sturmglocken läuten ließ, welche die gehorsamen Bürger zur Wehr riefen. Rasch wurden einige Führer der „granden Cumpanie" ergriffen und vor das Vogtsgericht auf den Markt geschleppt, welches erkannte, daß sie Leib und Gut verwirkt hätten. Der Henker besorgte das Uebrige. Diejenigen, welchen es geglückt war, den Fäusten der Ritter sich durch die Flucht zu entziehen, sechszehn namentlich bezeichnete Bürger, wurden mit Weib und Kind auf ewige Zeit aus der Stadt verbannt, ihre Güter zum Besten des Gemeinwesens eingezogen. Das geschah am 22. September 1365. Gegen Ende des Jahres beschloß der Rath, daß künftig jeder neuaufzunehmende Bürger dem Rath eidlich Gehorsam geloben solle. Aber mit jenen Gewaltmaßregeln und mit diesem Beschlusse war die Gährung keineswegs beseitigt, noch die Ruhe für die Zukunft verbürgt. Der Rath selbst war in sich uneins, wie daraus erhellt, daß zu Beginn des Jahres 1366 vier Rathsherren gezwungen wurden, ihr Amt niederzulegen.

Und sollte man von den Verbannten erwarten, daß sie ruhig das harte Urteil über sich, ihre Familien, ihren Besitz ergehen lassen würden?

Es war menschlich, daß in ihren bedrückten Gemüthern die eigene Sache mit der der Freiheit des Volks sich identificirte, daß sie in der Wahl der Mittel zur Rückkehr in die Stadt und in ihr väterliches Erbe nicht mehr wählerisch verfuhren. Wenn der Rath das Beispiel gegeben hatte, die geborenen Feinde der Stadt, die Ritter, zur Unterwerfung seiner aufständischen Mitbürger herbeizurufen, warum sollten sie ein ähnliches Mittel scheuen? An ihre Spitze trat Johann Hollmann, ein Bremischer Bürger, aber seit Jahren ein berüchtigter Seeräuber, der den Hansestädten zu mannigfachen Klagen Anlaß gegeben hatte; vielleicht war er es, der den Vertriebenen zuraunte, sich an den Erzbischof Albert um Hülfe zu wenden. Der Erzbischof, ein Mann, der in jeder Hinsicht ein übles Gedächtniß in der Geschichte hinterlassen hat, besann sich nicht, den Verlockungen zu folgen, obwol er mit der Stadt Bremen in beschworenem Landfrieden saß.

Er sah das Unternehmen, zu dem man ihn einlud, wie es scheint, von vornherein nur im Lichte einer Finanzoperation, die seinen ewig leeren Säckel füllen könnte. Wenn nicht auf die Rückgewinnung der längst verlorenen Herrschaft über seine Hauptstadt, so konnte er doch immer auf einen erklecklichen Gewinn aus der Fehde der Bürger gegen Bürger rechnen. Und was immer er den Verschworenen bezüglich der Freiheit der Stadt zusichern mochte, er war gewiß nicht gewillt es zu halten, hatten doch jene gar keinen Auftrag Zusicherungen für die Stadt entgegen zu nehmen.

In einer dunklen Mainacht des Jahres 1366 schritten die Verschworenen mit den vom Erzbischof gesandten Knechten und mit ihren Complicen in der Stadt, unter denen Hollmann sich befand, zur That. Durch die ihnen von innen geöffneten Thore drangen sie in die Stadt ein und sammelten sich auf dem Markte. So kam es zu einem nächtlichen Straßenkampfe,

in dem trotz lebhafter Gegenwehr des Raths und seiner
Getreuen, die Angreifer die Oberhand behielten. Denn mit
mächtiger Stimme spornte Hollmann die Schwankenden an,
auf die Seite der Verschworenen zu treten. „Ihr stolzen
Bürger", rief er, „wer bei seinem alten Rechte bleiben will,
der trete her zu uns; mein Herr von Bremen ist nur gekom=
men, um ein rechtes Gericht zu halten und er will, daß jeder
bei seinem alten Rechte bleibe." Kecke Worte, die im erhitzten
Parteikampfe zu allen Zeiten gezündet haben, und auch jetzt
ihres Eindrucks nicht verfehlten. Als der Rath sah, daß
Alles verloren war, entwich er aus der Stadt, nicht ohne
zuvor einige kostbare Privilegien aus der Tresekammer in
Sicherheit gebracht zu haben. Er wurde nun seinerseits
verfestet.

Die Demokratie hatte den Sieg, jetzt sollte sie zeigen, ob
sie die Kraft habe ihn zu behaupten. Da aber mußte sie
gewahren, daß sie trotz des Sieges gar nicht Herrin der
Stadt war. Bitter rächte sich, daß sie mit unreinen Händen
gekämpft, daß sie den schlimmsten Feind der städtischen Frei=
heit zu Hülfe gerufen hatte. Was halfen ihr die mehr als
hundert Rathsherren, denen man nach dem schlimmen Bei=
spiel von 1330 die Regierung übertrug, thatsächlich herrschte
der Erzbischof und nach wenigen Tagen schon ergab sich,
was er unter einem gerechten Gerichte, und was er unter
dem alten Rechte verstand.

Seine Kriegsknechte brannten den Roland nieder, das
Wahrzeichen der städtischen Freiheit, sie befestigten Zwing=
burgen inmitten der Stadt, sie brandschatzten bei Feind und
Freund. Der Erzbischof war selbst herbeigekommen, um sich
an dem Schauspiel zu weiden. Um nur seinen persönlichen
Abzug zu erkaufen, mußte der neue Rath ihm Schuldver=
schreibungen zu der ungeheuren Summe von 20000 Mark —
etwa anderthalb Millionen unserer Währung — ausstellen
und dazu die im Besitze der Stadt befindlichen Schlösser
Thedinghausen und Stotel ausliefern. Dann ging er nach

achttägigem Aufenthalte, aber seine Knechte blieben und setzten ihr loses Treiben in der eroberten Stadt fort.

Es schien, als sollte die in mehr als hundertjährigem Kampfe errungene Freiheit der Stadt für lange Zeit, wenn nicht auf immer verloren sein. Eine trostlose Stimmung bemächtigte sich der Bürger. Die entwichenen Rathsherren aber, die nach Delmenhorst geflohen waren, erhielten durch ihre Freunde genaue Kundschaft über die Lage im Innern der Stadt. Wenige Wochen nach dem Abzuge des Erzbischofs, am 27. Juli, erschienen sie mit den Grafen von Oldenburg und Delmenhorst wieder vor den Thoren Bremens, und alsbald fiel alles Volk ihnen, als den Befreiern, jubelnd zu. Die Verschworenen und ihre neuen Rathsherren fanden nirgend mehr einen Anhang. Nur mit den erzbischöflichen Knechten war ein kurzer Kampf zu bestehen. Hollmann wurde vom Grafen Curd von Oldenburg mit eigener Hand erschlagen und die Leiche zur Warnung in das Fenster seines Hauses gehängt. Das Entsetzen darüber gab auch seiner Frau den Tod. Ueber die anderen Rädelsführer, deren man habhaft wurde, erging ein gleiches Gericht; auch sie wurden als Frevler gegen Haus und Heimath in den Thoren ihrer Häuser erhenkt, andere hingerichtet oder auf den Straßen erschlagen. Wer von den Hauptschuldigen entflohen war, wurde für immer aus der Stadt ausgeschlossen.

Blutig waren die Fehler und Frevel hüben und drüben gesühnt. Aber die Stadt war wieder frei und der Rath war ihr Befreier. Was immer er auch in der Vergangenheit gefehlt haben mochte, es wurde vergessen unter dem Hochgefühl, durch ihn die Freiheit der Stadt wieder gewonnen zu haben. Was wollte es daneben bedeuten, daß nun die Hoffnungen der Demokratie vernichtet waren? Stolzer und fester als je stand der Rath jetzt da, wer hätte ihm zu widersprechen gewagt? Jeder, der es versuchte, hätte sich als Partisan der geächteten, fluchbeladenen Verräther zu erkennen gegeben. Die Verräther, das war der Name, den man jetzt den Männern gab, die im Namen der Freiheit die Herrschaft hatten in die Hand nehmen wollen. Der Verrath hieß jetzt jener nächtliche Ueberfall und noch nach Jahrzehnten erzählte man sich schaudernd von der Nacht, da Bremen verrathen ward. Daß Kind und Kindeskind sie nicht vergesse, ward auf den Befreiungstag ein städtisches Fest angesetzt, man nannte es schlechtweg die Stadtfeier, das eine Reihe von Jahrzehnten hindurch mit Spiel und Tanz und Zechgelagen begangen ist.

Um den Gehorsam zu befestigen, ließ der Rath die gesammte Bürgerschaft jetzt Mann für Mann ihm Treue schwören; die Innungen mußten sich gefallen lassen, daß jeder zwei Morgensprachsherren vorgesetzt wurden, die fortan ihr Thun und Treiben sorgfältig überwachten. Das Rathswahlgesetz von 1330 wurde aus dem städtischen Statutenbuche getilgt, um jede Erinnerung daran zu verwischen, daß auch ein Handwerker zu Rathe erkoren werden könne. Das war das Ende vierzigjähriger Kämpfe der Demokratie um die Herrschaft.

Von da ab hat der Rath sechszig Jahre lang sein volles Ansehen behauptet, ohne daß je ein ernster Versuch zu dessen Erschütterung gemacht worden wäre. Sechszig Jahre, die erfüllt sind von zahlreichen auswärtigen Kämpfen, innerhalb deren die städtische Herrschaft eine Ausdehnung erfuhr, wie niemals vorher und niemals nachher, eine Zeit voll glänzender Erfolge, welche das Vertrauen rechtfertigten, mit dem man die aristokratische Regierung trug.

So ungefesselt war jetzt die Aristokratie, daß sie am Ende des Jahrhunderts sich aus eignem Willen, ohne Zustimmung der Gemeinde, eine neue Verfassung geben konnte. Die einzige Beschränkung, welche bisher das Selbstergänzungsrecht des Rathes gehabt hatte, war die alljährlich beim Antritt der Regierung beschworene Bestimmung, daß bei einer etwaigen Neuwahl der zu Erwählende dem gleichen Kirchspiel entnommen werden müsse, dem der Ausgeschiedene angehört hatte. Der Rath hatte die Unzweckmäßigkeit dieser Bestimmung empfunden, welche oft dem minder Würdigen lediglich wegen veralteter lokaler Rücksichten den Vorzug vor dem Würdigeren zu geben zwang, und er wünschte eine Aenderung darin zu schaffen. Aber so sehr scheute er in Fragen des Regiments vor einer Mitwirkung der Bürgerschaft zurück, daß er, da er doch wegen einer beschworenen Satzung einseitig vorzugehen Bedenken trug, den in einer städtischen Verfassungsfrage höchst seltsamen Weg einschlug, sich an den Papst zu wenden. Er erwirkte im Jahre 1392 von Bonifaz IX., der eine ungemein rege Thätigkeit zum Eingreifen in communale Angelegenheiten entfaltete, einen Dispens von jenem Eide. Aber erst sechs Jahre später erließ er ein neues Grundgesetz, wonach der Rath, der bisher aus drei Bürgermeistern und 33 Rathsherren bestanden hatte, von denen jedes Jahr ein Drittel im Eide saß, künftig aus vier Bürgermeistern und 20 Rathsherren gebildet wurde, von denen immer zwei Bürgermeister und zehn Rathsleute im Amte waren unter halbjährigem Wechsel der Hälfte dieser Personen.

Ohne Zweifel war die Aenderung für die Geschäftsleitung zweckmäßig, die nun eine größere Continuität bewahren konnte, als wenn regelmäßig der gesammte im Eide sitzende Rath erneuert wurde. Aber es ist doch merkwürdig, daß eine so wichtige Umwandlung des Staatsgrundgesetzes, um einen modernen Ausdruck zu gebrauchen, ohne jede Mitwirkung der Bürgerschaft vollzogen werden konnte, daß keine Spur eines Widerspruchs dagegen sich regte. So war auch die letzte Schranke gefallen, welche ehedem die Wählbarkeit begrenzte, denn auch die nächste Blutsfreundschaft schloß nicht von gleichzeitiger Theilnahme am Rathe aus. Wir finden in zahlreichen Fällen Vater und Sohn, Bruder und Bruder neben einander im Amte, und aufs neue schien das Rathmannsamt das Monopol weniger Familien zu werden.

Aber diese selbständige Gewalt des Rathes, die der Bürgerschaft nur nach Gutdünken einen Einfluß auf die Leitung der städtischen Geschäfte und selbst auf die Gesetzgebung verstattete, trug doch eine große Gefahr in sich selbst. Sie war nur so lange erträglich und berechtigt, als die einzelnen Mitglieder des Raths in ihrer Verwaltung von den reinsten Motiven sich leiten ließen und als der Glaube hieran unerschüttert blieb. Jeder Verdacht mußte ihr gefährlich werden und wie sollte sie auf die Dauer sich gegen solchen schützen?

Wie überall und immer und wie auch hier sechzig Jahre früher, so wurde abermals in den zwanziger Jahren des fünfzehnten Jahrhunderts die Finanzverwaltung der Stadt der Punkt, an welchem die unkontrollirte Aristokratie sich verwundbar zeigte und an der sie Schiffbruch litt.

Die zahlreichen glänzenden Erfolge einer klugen und consequenten Politik, welche der Rath aufzuweisen hatte, waren natürlich nicht ohne die Aufwendung außerordentlicher finanzieller Mittel erreicht worden. Tausende und aber Tausende hatte der Pfandbesitz der vielen Schlösser verschlungen, auf welchen die Stadt Wache über die Sicherheit der Straßen hielt, andere Tausende hatte der Bau der Friedeburg und der des Rathhauses gekostet, enorme Summen waren bei den unaufhörlichen Fehden und Kriegszügen gegen Vitalienbrüder und Friesen, gegen die Herzöge von Braunschweig, die Grafen von Hoya und Delmenhorst, gegen Ritter und Knappen draufgegangen. Wie viele Söldner mußte nicht die Stadt beständig in ihrem Dienste halten! Denn sowol die modernen Verkehrsverhältnisse, wie die Kriegskunst, die mit den Feuerrohren sich entwickelte, machten es unmöglich, die Fehden nur mit dem Aufgebote der Bürger noch zu führen. Und die moderne Kriegsrüstung, die schon zur Einrichtung einer besonderen Schottkammer, eines Zeughauses, genöthigt hatte, wie große Aufwendungen erforderte nicht auch sie! Kostspielige diplomatische Sendungen bald auf einen Hansetag, bald zu diesem oder jenem Fürsten, zu dieser oder jener Stadt kamen noch hinzu.

Längst hatte man sich an eine häufige Schoßerhebung zur Deckung aller der Ausgaben gewöhnt. Auch kann es nicht zweifelhaft sein, daß die verwandten Mittel nicht außer Verhältniß zu der Leistungsfähigkeit der Stadt standen. Aber es war doch natürlich, daß je länger je dringlicher sich das Verlangen der Bürger nach einer Controlle des städtischen Haushalts geltend machte.

Kaum war im Jahre 1424 ein neuer Schoß ausgeschrieben, so zeigten sich Unruhen in der Bürgerschaft. Insbesondere wurde gegen den Bürgermeister Herbord Duckel der Verdacht des Unterschleifs laut. Man zwang ihn 1425 zur Erstattung von zweihundert Mark an das gemeine Gut. Gleich darauf erschien er vor dem Rathe, legte sein Amt nieder und verließ die Stadt, in der er sich nicht mehr sicher fühlte, obwol er noch Freunde genug im Rathe hatte. Man darf annehmen, daß er nicht ohne Einverständniß mit diesen handelte, als er sich nach Lübeck an das Haupt der Hanse wandte. Er wußte, daß er dort Verständniß für seine und seiner Freunde Ansicht finden werde, es sei in ihm nicht blos seine Person, sondern das Ansehen der Rathsgewalt überhaupt gekränkt. Doch ging er nicht persönlich in die Travestadt, sondern schickte seinen Sohn Doneldey. Selbstverständlich stellte dieser die Sache so dar, daß sein Vater gezwungen sei, den Rath aufzugeben und daß ihm die zweihundert Mark zu Unrecht abgedrungen seien. Und mindestens für die erstere Auffassung ließen sich gewiß Scheingründe genug aufbringen.

In der That fand er für seine Darstellung in Lübeck die bereitwilligsten Ohren. Denn seit diese Stadt im Jahre 1408 eine schwere Revolution erlebt hatte, deren endliche Bewältigung durch Intervention des Kaisers erst 1416 gelungen war, herrschte dort ein streng conservativer Geist. Im Jahre 1418 hatte Lübeck, auch unter Theilnahme Bremens, die Hansestädte zu einer Ordinanz fortgerissen, welche das conservative Interesse der Rathsstühle für solidarisch erklärte, und neben anderen scharfen Bestimmungen zur Aufrechterhaltung der Ordnung auch die enthielt, daß eine Hansestadt, in welcher der ganze Rath oder ein Theil desselben von den Bürgern und Einwohnern des Rathsstuhls entwältigt werde, aus der Hanse gestoßen werden sollte. Auf Grund dieser Satzung beanspruchte Lübeck namens der Hansestädte das Richteramt über die inneren Vorgänge in den Bundesstädten. Jetzt lag nach seiner und Duckels Auffassung der erste Anlaß vor, es auszuüben.

Als im Herbste 1425 der in Lübeck versammelte Hansetag an Bremen die Aufforderung richtete, Herbord Duckel in sein Bürgermeisteramt wieder einzusetzen und ihn schadlos zu halten, überwog im hiesigen Rathe doch die Ansicht, daß es unmöglich sei, dem zu entsprechen. Allzu sehr hätte man damit dem gesteigerten Mistrauen der Bürger ins Gesicht geschlagen und den Angriff auf die Stellung des Rathes überhaupt, den man natürlich zu vermeiden wünschte, ohne Zweifel provocirt. Man lehnte die Aufforderung höflich aber bestimmt ab, unter Hinweis auf die falsche Belehrung der Städte, denn Duckel habe nicht gezwungen, sondern freiwillig sein Amt aufgegeben. Indes erbot man sich, ihm zu Recht zu stehen, falls er die Stadt anzusprechen habe. Die Hansestädte scheuten sich doch, gegen eine Stadt wie Bremen sogleich die äußersten Maßregeln zu ergreifen; man committirte Hamburg, Lüneburg, Stade und Buxtehude zur Vermittelung und forderte Bremen zur Besendung des von diesen Städten anzusetzenden Tages auf. Aber auch darauf wollte man diesseits aus den gleichen Gründen nicht eingehen, die hansische Ordinanz habe mit dieser Sache nichts zu schaffen, wenn Duckel den Rechtsweg beschreiten wolle, so solle er es vor dem Erzbischof thun. Die Correspondenz wurde heftiger, Lübeck gebrauchte schon einen drohenden Ton, und die Einmischung des Erzbischofs Nicolaus, welcher sich der Stadt, die eben seine Bundesgenossin in einer Fehde mit den Herzogen von Braunschweig und Lüneburg war, dringend annahm und für seine Competenz zur Entscheidung des Streites auch den Umstand anführte, daß Duckel wegen erzstiftischer Güter sein Lehnsmann sei, diese Einmischung stimmte den Rath von Lübeck keineswegs freundlicher. Man lud Bremen dann zur Besendung des Hansetages ein, der zu Johannis 1426 nach Lübeck ausgeschrieben war, aber, obwol der Rath dies nicht abgelehnt hatte, erschien er doch nicht, sondern entschuldigte sein Ausbleiben mit der eben erwähnten Fehde. Dennoch führte man auch jetzt noch die Drohungen gegen Bremen nicht aus, sondern beschloß eine neue Commission auf Hamburg und Lüneburg zur gütlichen Austragung des Streits. Zweimal wurde die Stadt noch zur Verhandlung der Sache nach Hamburg eingeladen, und erst als sie auch diese Termine ohne Folge ließ, sprach im März 1427 eine Versammlung der Städte in Braunschweig die Verhansung Bremens aus. Die Städte sollen Bremen Ab- und Zufuhr nach Möglichkeit wehren und ihr Ungunst beweisen, so weit sie des Macht haben, bis der Ordinanz von 1418 Genüge geschehen, d. h. Herbord Duckel wieder in den Rathsstuhl eingesetzt worden ist. Nein, es war schon viel mehr als dieses in den Augen der Hansestädte zu sühnen. Und es bleibt fraglich, ob man, wenn es sich nur um den einen Mann gehandelt hätte, zu der extremen Maßregel geschritten wäre.

Die Bürgerschaft war durch die Entweichung Duckels begreiflicherweise nicht beruhigt und die Verhandlungen über seine Wiedereinsetzung, unter welchen die Parteiungen im Rathe nicht verborgen blieben, erhöhten die Aufregung. Nun kam die schwere Niederlage hinzu, welche am 27. September 1426 der Erzbischof Nicolaus und andere Herren, mit denen zahlreiche Bremer Bürger im Felde lagen, von dem bedeutendsten der Friesenhäuptlinge Focko Ukena von Leer erlitt. Der Erzbischof selbst mit verwundetem Knie und mit ihm viele Bürger fielen in Fockos Hände. Die Gemüther waren außerordentlich erregt, die Geschäftsleitung des Rathes mußte sich aufs neue bittere Kritik gefallen lassen. Aber der Erregung der Gemeinde fehlte dieses Mal nicht die besonnene Leitung.

Am Abend des 16. November 1426 erschien die gesammte Bürgerschaft vor dem Rathsstuhle und verlangte, daß ihr das erste Statut des Stadtbuches verlesen werde. Als dies geschehen war, sprach die Gemeinheit, nach diesem Statut sollten vierzehn Rathsherren sein, nämlich zwei Bürgermeister und zwölf Rathsherren, dabei wolle man auch künftig bleiben. Nun findet sich in dem angezogenen Statut gar keine Norm für die Organisation des Rathes, es sind nur in der Einleitung zu dem Statutenbuche die vierzehn Rathsherren des Jahres 1303 namentlich aufgeführt; daß unter ihnen sich zwei Bürgermeister und zwölf Rathsherren befunden hätten, war eine falsche Folgerung aus den 1426 bestehenden Verhältnissen. Allein darauf kam es dieser entschiedenen Bewegung gegenüber, die sich auf ein historisches Recht berief, natürlich nicht an. Der Rath verstand den Willen seiner Bürger sehr wol, er legte sein Amt nieder und ließ eine Neuwahl durch die Gemeinde geschehen. Auch bei dieser verfuhr man maßvoll; zu zehn alten Rathsherren wurden nur vier neue gewählt. In den folgenden Jahren freilich ist man viel radikaler vorgegangen und hat zu nur vier alten Herren, die man wiederholt während der Dauer des revolutionären Zustandes wieder erwählte, eine alljährlich wachsende Zahl von neuen Bürgern auf den Rathsstuhl erhoben. Doch wissen wir nicht, in wie weit hieran etwa die Renitenz der alten Rathsherren selber Schuld trug.

In diesem Vorgehen lag ohne Zweifel eine Verletzung der hansischen Ordinanz von 1418, und die Städte konnten, wenn sie nicht ihre eigenen Beschlüsse illusorisch machen wollten, die Ausstoßung Bremens aus ihrer Gemeinschaft nicht umgehen.

Es läßt sich heute nicht mehr beurteilen, in welchem Maße die Verhansung nachtheilig auf den Handelsverkehr wirkte, indes zeigen die vielfachen Bemühungen Bremens um Abwehr der angedrohten Verkehrsunterbindung, daß man die Lage für sehr ernst hielt. Wenn der Rath dabei mehreren Städten gegenüber seine Unschuld betheuerte, so war das begreiflich von einer Körperschaft, die auf ganz anderer Grundlage ruhte, als die Ordinanz von 1418 im Auge gehabt hatte, aber natürlich mußte solche Betheuerung bei den Häuptern der Hanse wirkungslos verhallen, um so wirkungsloser, als Bremen keineswegs in der begonnenen inneren Bewegung Halt machte, sondern unbeirrt das Reformwerk der städtischen Verfassung fortsetzte.

Muthmaßlich war gleich nach der Wahl des neuen Rathes ein Ausschuß aus diesem und der Gemeinde niedergesetzt behufs Berathung einer neuen Verfassung. Derselbe vollendete sein Werk zu Ende 1427. Am 24. Januar des folgenden Jahres konnte die neue Verfassung publicirt werden. Ein höchst merkwürdiges Werk, welches die Forderungen der Demokratie mit den Bedürfnissen der Verwaltung, Rechtspflege und Politik, soweit man heute zu beurteilen vermag, in ausgezeichneter Weise vereinigte. Ein Werk, nicht von der Leidenschaft des Augenblicks beherrscht, wie die hundertköpfigen Räthe älterer Tage, sondern so maßvoll und wol disponirt, wie die ganze Bewegung, der es seinen Ursprung verdankt.

Es ist wahr, die Verfassung ruht auf rein demokratischer Grundlage. Schon das unterscheidet sie von jedem früheren Gesetze, daß sie als auf Beschluß der Gemeinde mit Zustimmung des Raths erlassen sich einführt. Die Eintheilung des Raths in vier Quartiere, von denen je zwei in der Regierung sitzen und immer eins halbjährlich zurücktritt, um einem neuen Platz zu machen, behielt man aus der Verfassung von 1398 bei, nur mit dem Unterschiede, daß man die Gesammtzahl der Rathsherren von 24 auf 28 erhöhte. Aber die Lebenslänglichkeit des Amtes sowol wie die Selbstergänzung wurden beseitigt. In festen Formen wurde die halbjährige Neuwahl des ältesten der im Amte befindlichen Quartiere geregelt. Sie soll geschehen von einem Ausschusse, welcher aus drei durch das Loos bestimmten Mitgliedern des abtretenden Rathsviertels und sechs, zur Hälfte den Kaufleuten, zur Hälfte den Handwerkern angehörigen Personen besteht, welche ebenfalls durchs Loos aus dem alten Sechszehnerausschuß der Bürgerschaft und aus den vier Aeltermännern des Kaufmanns und den vier Aeltermännern der Innungen erwählt werden. Ein gleiches Wahlcolleg fungirt, wenn es sich um Ergänzung des Rathes in Folge Todesfalls handelt. Verwandschaft bis ins dritte Glied schließt von der gleichzeitigen Zugehörigkeit zum Rathe aus. Eine Wiederwahl aber ist nicht untersagt und damit die Continuität in der Führung der Geschäfte wenigstens im Princip gesichert. Und daß man auch in der Praxis die Wiederwahl sich als die Regel vorstellte, zeigt die wegen Controlle der Finanzverwaltung getroffene Bestimmung, daß der Kämmerer jedes halbe Jahr wechseln müsse, daß aber ein Rathsherr dieses Amt nur dann zum zweiten Male übernehmen dürfe, wenn sämmtliche Mitglieder des Raths es bereits bekleidet hätten.

Grundsätzlich war nach dieser Verfassung die Staatshoheit, um wieder einen modernen Ausdruck anzuwenden, bei der Gemeinde. Der Rath ist nur die Executivbehörde. Bei allen wichtigen Angelegenheiten wird der Gemeinde die direkte Mitwirkung gewahrt, bei minder wichtigen wenigstens durch jenen Ausschuß der Sechszehn. Und damit auch dieser nicht eine ungebürliche Gewalt sich anmaße, soll auch er regelmäßig bei Wandlung des Rathes zur Hälfte durch Wahl erneuert werden.

Das sind die Grundzüge der neuen Verfassung, welche demnächst durch eine neue Redaktion des Statutenbuches ergänzt wurde, die sich sowol gegenüber der älteren wie auch der späteren durch eine sachgemäßere Anordnung des Stoffes vorzüglich auszeichnet. Der Verfassung war nur eine kurze Lebensdauer beschieden, eine genau so lange, wie einem uns sehr nahe liegenden Bremischen Verfassungswerk, das den revolutionären Ursprung und die demokratische Grundlage mit dem von 1428 gemein hat, über dessen Unvereinbarkeit mit den Forderungen des Staatslebens aber heute wol kaum noch eine Meinungsverschiedenheit herrscht. Wir sind nicht berechtigt, das gleiche Urteil über die Verfassung von 1428 zu fällen, wenn schon es damals Leute gab, welche sie für unvereinbar mit dem Wohle der Stadt hielten. Gefallen ist sie jedenfalls nicht, weil sie sich als unverträglich mit einer ordentlichen Geschäftsführung und mit dem bürgerlichen Frieden erwiesen hätte, sondern durch die äußeren Verwickelungen, in welche die Stadt durch die Anhänger des Alten hineingezogen wurde. Und freilich gleicht sie auch in diesem Geschicke ein wenig der Verfassung von 1849.

Die Führer der Bewegung, welche in der Verfassung einen klassischen Ausdruck gefunden hatte, täuschten sich keinen Augenblick darüber, daß diese gegen die äußeren und inneren Widersacher aufrecht zu halten viel mehr Anstrengung kosten werde, als sie zu schaffen. Um also wenigstens die inneren Widersacher mundtodt und kampfunfähig zu machen, wurde wenige Wochen nach der Verkündigung der Verfassung ein Sühnevertrag beschlossen zwischen dem Rathe und der Gemeinde und den alten Rathsherren, die früher im Rathe gesessen hatten. Aller Zwist und alle gegenseitige Anklage soll todt und vergessen sein, niemand bei Strafe von fünf Mark mit Worten oder Werken darauf zurückkommen. Dieselbe Strafe wird für das gleiche Vergehen übler Nachrede insbesondere den Frauen und Jungfrauen angedroht, die sich, wie auch aus andern Documenten hervorgeht, mehr als wünschenswerth in den bürgerlichen Zwist gemischt hatten. Wer von den Bürgern dazu beigetragen hat, die Stadt aus der Hanse zu bringen oder wer sie fürderhin in Beschwerung bei geistlichen oder weltlichen Gerichten bringen sollte, soll mit dem Tode büßen; die gleiche Strafe den treffen, der mit Rath oder That, heimlich oder offenbar gegen diese

Vereinigung oder Freundschaft handelte. Wollen Herren oder Städte Bremen um des alten Rathes wegen anfertigen, so sollen Alle einmüthigen Widerstand dagegen leisten. Das haben alte und neue Rathsherren und die ganze Gemeinde zu den Heiligen geschworen, vorbehältlich allein einer möglichen Versöhnung mit Herbord Duckel und seinem Sohne.

Man wähnte auf diese Weise, wenn nicht den Groll der Anhänger des Alten beschwichtigt, so doch ihre Gewissen gebunden zu haben. Aber freilich täuschte man sich darin. Genau ein Jahr später, im März 1429, verließen zwei ehemalige Bürgermeister und sechs alte Rathsherren heimlich die Stadt. Sie gaben später an, sie seien vor den Kaiser gefordert. An diesen nämlich hatte inzwischen Duckel sich gewandt, um seine Wiedereinsetzung zu erwirken. Und in der That hatte er schon im Beginn des Jahres 1429 von Sigismund ein Strafmandat an die Stadt erlangt, welches seine sofortige Retablirung befahl. Vergebens suchte die Stadt die nun Entwichenen unter Zusicherung voller Indemnität zur Rückkehr zu bewegen, vergebens unterstützte Erzbischof Nicolaus sie darin, den sich der Rath durch Hülfe bei seiner Befreiung aus der friesischen Gefangenschaft besonders verpflichtet hatte, auch jene acht gingen nach Stade, wo sich Duckel fortwährend aufhielt, und bearbeiteten mit ihm die Hanse und den Kaiser gegen ihre Vaterstadt.

Der Rath hatte auf jenes kaiserliche Strafmandat hin alsbald einen Gesandten zu Sigismund nach Pest geschickt, um die falschen Darstellungen Duckels zu entkräften; als trotzdem gleich darauf ein erneuetes Mandat einlief, wurde eine zweite Gesandtschaft abgeordert, die aber in Schlesien einem Hussitenhaufen in die Hände fiel und ausgeplündert wurde. Eine sodann ausgeschickte dritte Gesandtschaft reiste fast ein Jahr lang dem kaiserlichen Hofe durch Ungarn, Oestreich und Deutschland nach, ohne zum Ziele zu gelangen. Inzwischen aber hatte die Unterstützung der Duckel'schen Klagen durch die neuerdings Entwichenen ein drittes sehr verschärftes Mandat an die Stadt zur Folge gehabt, in welchem für den Fall des Ungehorsams die Reichsacht über sie ausgesprochen wurde. Kaum je ist mit diesem höchsten Strafmittel des Reiches leichtfertiger verfahren worden. Völlig unverhört wurde hier die Stadt auf die Klagen Derer, die eidbrüchig nur gegen sie gefrevelt hatten, verurteilt, während im ganzen Verlaufe der Revolution noch keinem ein Haar gekrümmt worden war.

Der Rath, keineswegs gemeint, dem Mandate, welches jetzt auf Wiedereinsetzung des gesammten alten Rathes lautete, zu gehorsamen, appellirte vom Kaiser an den Papst, um so wenigstens die Wirkungen der angedrohten Acht noch aufzuhalten.

Mitten in der tiefen Erregung, welche diese Schritte zur Folge hatten, und während schon der Ausschluß aus der Hanse, die fortgesetzte Verunglimpfung Bremens bei den benachbarten Fürsten eine empfindliche Verkehrsstockung und andere Drangsal herbeigeführt hatten, entwich abermals einer der alten Rathsherren aus der Stadt, der Bürgermeister Johann Vasmer. Er war im Staatsdienste ergraut, hatte der Stadt namentlich im Kampfe gegen die Friesen manchen nützlichen Dienst geleistet und war auch nach der Umwandlung des Rathes noch im Amte geblieben. Nun wurde auch er eidbrüchig. Ihn aber ereilte das Geschick. Auf einer Reise von Stade zum Grafen von Oldenburg wurde er am 6. Juni 1430 von den Dienern des Raths ergriffen und in die Stadt zurückgebracht. In ordnungsmäßigem Verfahren wurde ihm vor dem Vogtsgerichte der Prozeß gemacht, welcher nach der von ihm selbst beschworenen Sühne nicht anders als mit seiner Verurteilung zum Tode enden konnte. Am 20. Juni fiel sein Haupt durch Henkers Hand. Ihm ist sein Recht, nichts als sein Recht geschehen: auf handhafter That war er ergriffen, als er wider die beschworene Sühne Anschläge gegen den neuen Rath vorbereitete, und wenn später seine Freunde zum Beweise seiner Unschuld anführten, er sei eben von der Verderblichkeit der Zustände in Bremen überzeugt gewesen und habe nur zum Besten der Stadt handeln wollen, so erhärteten sie damit nur um so mehr seine Schuld.

Diese Hinrichtung des Bürgermeisters hat nichts desto weniger vier Jahrhunderte über den Charakter der Bewegung getäuscht, in deren ganzem Verlaufe kein anderes Blut geflossen ist, als das des meineidigen Johann Vasmer. Erst vor fünfzig Jahren hat eine unparteiische Prüfung der Akten, die sich nicht mehr blenden ließ von der ehedem im Paulskloster befindlichen Grabinschrift „Hier licht de unschuldige Vasmer", dem geschichtlichen Urteile zu seinem Rechte verholfen.

Wie die Nachwelt, so hat aber auch die damalige Gegenwart schon die nach strengem Rechte und politischer Nothwendigkeit vollzogene Hinrichtung dem neuen Rathe zu einem Verbrechen angerechnet, unter dessen Eindruck die Revolution erlegen ist.

Zwar erlangte eine neue Gesandtschaft der Stadt, welche am 22. März 1431 vor Sigismund in Nürnberg erschien, ebenso leicht wie früher die Gegner die Verhängung der Reichsacht, jetzt die Lossprechung von derselben. Kaum aber hatte Erzbischof Nicolaus an die sämmtlichen Fürsten und Städte, denen die Acht verkündet worden war, die Anzeige ergehen lassen, daß seine Getreuen von Bremen wieder in den Frieden des Reichs eingesetzt seien, als am 1. Juli 1431 die Stadt aufs neue in die Acht erklärt wurde.

Es ist nicht anzunehmen, daß Sigismund im März noch nichts von der neun Monate früher erfolgten Hinrichtung sollte gewußt haben, aber offenbar war bis dahin ihretwegen noch keine Klage an ihn gelangt und so nahm er auf sie keine Rücksicht. Erst die Lösung der Acht forderte die Freunde des Hingerichteten, des Ermordeten wie sie sagten, auf, sich klageweise an den Kaiser zu wenden. Erst in dem gleichzeitig mit dem Aechtungsbriefe erlassenen Befehl an den neuen

Rath, den alten sofort wieder in seinen Ehrenstand und in seine Güter einzusetzen, wird auch erwähnt, daß sie „Johann Basmer, unserm alten Bürgermeister in unserm (des Kaisers) Geleit, uns und dem Rich zu Smacheit und Schanden sein Haupt abgeschlagen."

Des Hingerichteten Sohn Heinrich Basmer war es, dessen Rachedurst diese neue Achtserklärung über seine Vaterstadt erwirkt hatte. Er hat bei den Hansestädten, bei benachbarten Fürsten und Herren und am kaiserlichen Hofe das Feuer gegen Bremen geschürt und Jahre lang nicht geruht, bis er — ein menschlich natürliches Bedürfniß, wenn auch nach heutigen Ehrbegriffen mit verwerflichen Mitteln befriedigt — das Andenken seines Vaters restituirt hatte.

Die Auffassung reiner Bürgertugend, die unter keinen Umständen etwas zum Nachtheil des eigenen Staates unternimmt, ist dem Mittelalter fremd geblieben. Alle die Schritte, welche wir die Ausgewichenen haben thun sehen, bestätigen es. Jetzt aber unternahmen sie erst das Aeußerste: sie warben im Mai 1432 die Herzöge Otto und Friedrich von Braunschweig und Lüneburg gegen sofortige Zahlung von 600 Mark und gegen Zusicherung weiterer 5000 Mark, zahlbar zwei Jahre nach ihrer Wiedereinsetzung, zur Execution der Reichsacht. Gleichzeitig wurde auch, ob ebenfalls durch die Bemühungen der Ausgewichenen bleibt ungewiß, Erzbischof Nicolaus der Feind der Stadt, nachdem er in den letzten Jahren schon mehrmals geschwankt hatte. Die Hansestädte freilich, welche ausdrücklich vom Kaiser aufgefordert waren, an der Execution der Acht theilzunehmen, waren doch nicht dafür zu gewinnen. Sie kannten noch ein höheres Interesse, als die Erhaltung einer conservativen Verfassung, die Erhaltung der Unabhängigkeit der Stadt von landesfürstlicher Gewalt. Vor einer solchen Gefahr mußten alle anderen Bedenken schweigen.

Schon 1430, nach Verkündigung der ersten Reichsacht, hatten Lübeck und Hamburg sich Bremen genähert und ihre freundliche Vermittelung angeboten, jetzt thaten sie es aufs neue. Konnte man diesseits die Vermittelung noch ablehnen, konnte man hoffen sich zu halten gegen die materiellen und geistigen Gewalten, die gegen die Stadt losgelassen waren, zu denen jetzt auch noch Bann und Interdict seitens des vom apostolischen Stuhle mit Untersuchung der Angelegenheit beauftragten Bischofs von Lübeck hinzukamen?

Die Stadt machte noch einen letzten Versuch bei derjenigen Autorität, die zur Zeit die höchste Stelle in der europäischen Welt einnahm, beim Baseler Concil. Sie erlangte in der That von diesem ein Mandat, welches die Untersuchung des Streites zwischen altem und neuem Rathe vor das Forum des Concils zog und bis nach erfolgter Entscheidung Allen und Jedem die Vornahme neuer Handlungen in dieser Angelegenheit untersagte. Das Mandat aber war noch nicht ausgefertigt und von Basel abgesandt, als bereits die alte Ordnung der Dinge in Bremen wieder hergestellt worden war.

Die materiellen Kräfte der Stadt müssen erschöpft gewesen sein, sie nahm die dargebotene Vermittelung von Herren und Städten an. Am 9. April 1433 wurde die „Eintracht" geschlossen, welche die Errungenschaften von 1426 und 1428 vernichtete und den alten Rath in das Regiment zurückführte. Die Eintracht, welche fortan als integrirender Bestandtheil des Grundgesetzes galt und von den neuen Bürgern mit beschworen werden mußte, erklärte zum ersten Male den Rath für einen vollmächtigen, das heißt seine Gewalt für selbständig, nicht von der Gemeinde abhängig. Dieser, den Kaufleuten und Aemtern, wurde nur die Zusicherung ertheilt, daß sie bei ihren alten löblichen Sitten, Gewohnheiten, Freiheiten und Rechten bleiben sollten. Worin dieselben bestanden, wurde nicht gesagt. Das neue Rathswahlgesetz wurde im wesentlichen dem von 1398 nachgebildet, also die Lebenslänglichkeit des Amtes und die Selbstergänzung wiederum eingeführt; aus dem Gesetze von 1428 wurde nur die Zahl von 28 Mitgliedern des Raths und der Ausschluß der nächsten Verwandten herübergenommen, die einzige Beschränkung, welche der vollmächtige Rath sich auferlegte.

Diese restaurirte Verfassung hat vier Jahrhunderte lang bestanden, große Umwälzungen des geistigen und staatlichen Lebens in Europa überdauert und unter schweren Krisen, welche Bremen insbesondere trafen, sich lebensfähig erwiesen. Nur einmal ist während der langen Zeit ihr Bestand für einen Augenblick erschüttert worden, in jenem Aufstande, der unter dem Namen der hundert und vier Männer bekannt ist, ein Aufstand, der ungleich blutiger war, als der hundert Jahre ältere, aber ungleich weniger begründet und an geistigem Gehalte und politischer Kraft seiner Leiter entfernt nicht mit jenem zu vergleichen. Die sogenannte „Neue Eintracht" von 1534, die ihn zum Abschlusse brachte, hat denn auch den ein Jahrhundert früher festgesetzten Normen nichts wesentlich Neues hinzugefügt.

Es wäre doch unmöglich gewesen, daß vier Jahrhunderte die gleiche rein aristokratische Verfassung ohne anderen Widerstand ertragen hätten, wenn nicht das Leben zu allen Zeiten stärker gewesen wäre, als die Paragraphen einer Verfassung, und wenn nicht jene unbestimmte Zusage über die Freiheiten und Rechte der Bürgerschaft im Wandel der Zeiten immer einen neuen Inhalt empfangen hätte, immer den, welcher den jeweiligen Anschauungen und Bedürfnissen entsprach, wenn nicht der vollmächtige Rath, ob auch in weniger festen Formen, als das complicirte Staatsleben der Gegenwart sie erheischt, fortwährend dem demokratischen Elemente einen legitimen Einfluß auf das öffentliche Leben zugestanden hätte.

3.

Bremen um das Jahr 1400.

De van Bremen schal men loven,
Se sint grotes loves werd.
Se haldet tucht und kunnet hoven,
Jrer wird vil mennich nerd.
Van der zee went an den Rin
Ist ir name wal bekant,
Datz se vnllenkomen sin
Ein tresekamere desser lant.

So sang im Jahre 1408 ein Kriegsknecht, der den siegreichen Feldzug gegen die Grafen von Oldenburg und die Friesen mitgemacht hatte, durch welchen die Stadt sich im Besitze der Friedeburg und in der Herrschaft über ihren Strom behauptete. Der Sänger preist den Reichthum der Stadt an Kaufmannsgut, aber auch die Treue und Rechtlichkeit ihrer Bewohner und nicht am wenigsten, merkwürdig genug für einen fahrenden Kriegsmann, daß sie keine Mühe sparen, um den Frieden zu Lande und zur See aufrecht zu halten. Bricht aber jemand ihn, so nehmen sie Ritter und Knechte an und lohnen ihnen nach Fürsten Weise mit reichem Sold, mit Pferden, Silber und Gold. Und dann schildert er die Kämpfe, welche der Erbauung der Friedeburg unmittelbar vorangegangen waren und die ihr folgten, und preist vor allem die Führer und das Volk im letzten Feldzuge: voran den Bremischen Rittmeister Eggerd von Bordeslo,

> Den ehrenreichen kühnen Mann,
> Der an des Zuges Spitze rann
> Und sprach: folget, stolzen Leute,
> Will's Gott, wir wollen heute
> Erwerben Gut und Ehre,
> Daß ihr euch freu'n sollt immer mehre.

Und nicht minder feiert er
> Henning von Reden, den stolzen Mann,
> Der Ritterschaft wol üben kann —
> Ihm ziemte wol des Kaisers Bann —
> Dem ward der Bremer Banner gethan.
> Er schrie da auf dem Felde:
> Wolan, ihr stolzen Helde,
> Gott mög' es walten,
> Das Feld woll'n wir behalten.

Und er schließt mit dem Wunsche:
> Wollt' Gott, die Bremer möchten meh
> Ihren Feinden thun viel Weh!
> Den Frieden suchen sie zu mehren
> Und keines Raubes sie begehren.

Das Lied ist ein ehrenvolles Zeugniß für unsere Vorfahren aus der glänzendsten Zeit der Bremischen Geschichte. Gewiß, den Frieden suchten sie zu mehren, das ist der Ehrentitel des Bürgerthums, zumal in den friedlosen Zeiten der tiefsten Erniedrigung des Kaiserthums, der Blüte des Straßenraubes zu Lande und zur See. Die Fredekoggen nannten die Hansen sinnig ihre wolgerüsteten Kriegsschiffe, welche die Meere von den Piraten säuberten, die Fredeborg tauften die Bremer das feste Kastell, welches sie zur Befriedung des Stromes und des angrenzenden friesischen Landes nahe bei Atens an der Weser erbaut hatten. Wir können uns wol kaum eine genügende Vorstellung machen von dem

Zauber, den das Wort Friede auf die Gemüther der damaligen Zeit ausübte. Sie lebten dahin im täglichen Kriege, wie der Braunschweiger Stadtschreiber die unaufhörlichen Fehden bezeichnet, in denen die Bürger bald als Angreifer, bald als Angegriffene sich ihrer Haut erwehren mußten. Keine Straße, auf der sie ungefährdet ihres Weges ziehen konnten, selten ein Tag, der ihnen die Sicherheit eines friedlichen Morgens bot.

Aber unter allen Kämpfen und Gefahren blühten Handel und Industrie in den Städten empor, man begreift kaum, wie? und sie wuchsen, wie an Bevölkerungszahl, so an Macht und Ansehen.

Es ist ungemein schwierig, mit Aussicht auf ein einigermaßen sicheres Resultat Berechnungen über die Einwohnerzahl einer mittelalterlichen Stadt anzustellen, doch glaube ich nach dem dafür zu Gebote stehenden Material, daß Bremen um das Jahr 1400 einige zwanzig Tausend Bewohner beherbergt haben wird. Gewiß ist, daß schon ihre Bevölkerungsziffer ihr ein großes Schwergewicht gab, denn damals, wie heute, war in weitem Umkreise keine Stadt, die sich auch nur annähernd mit ihr messen konnte. Aber das Schwergewicht wurde außerordentlich verstärkt durch einen Capitalreichthum, von dem uns in den Unternehmungen der Stadt, wie einzelner Bürger mannigfache Beweise hinterlassen sind.

Ein stürmisches Jahrhundert lag hinter ihr, in welchem die verschiedenen Elemente der Bevölkerung in politischen Kämpfen und blutigen Bürgerfehden oft ihre Kräfte gemessen hatten. Aber seit im Jahre 1366 die schwerste Krisis des Jahrhunderts, in welcher mehr als Bürgerblut, in welcher die Freiheit der Stadt auf dem Spiele gestanden hatte, glücklich überwunden worden war, herrschte für zwei Menschenalter innere Ruhe. Und zum Ruhme des nach langen Schwankungen wieder zu vollem Ansehen gelangten Rathes muß man sagen, daß er das vornehmste Ziel der städtischen

Politik, die Befriedung der Land- und Wasserstraßen, mit klarem Verständnisse binnen wenig Jahrzehnten nachdrücklicher und mit besserem Erfolge gefördert hat, als Jahrhunderte zuvor gethan hatten. Niemals hat die Stadt ein weiteres Gebiet beherrscht, als in den Tagen, da das Lied jenes Reitersmanns in unsern Mauern erklang. Eine Reihe fester Schlösser der Umgebung, einst dem Handel gefährliche Raubnester, besaß sie in Pfandschaft oder sie hatte doch das Besatzungsrecht in ihnen: Thedinghausen, Wildeshausen, Langwedel, Blumenthal, Schönebeck, Hude, Stotel, Elm, Bederkesa. Von der Friedeburg aus beherrschte sie das ganze Stad- und Butjadingerland am linken Weserufer, und jetzt erlangte sie im Mai 1408 durch die Friedensinstrumente, zu denen die Grafen von Oldenburg gezwungen wurden, auch noch den Pfandbesitz des Landes Würden am rechten Ufer des Stroms. Es war der Preis für die Entlassung des im Felde gefangenen Grafen Christian aus schwerer Haft.

Ein Bürger Junkern Kersten stach,
Daß seine Lanze auf ihm brach,
Und fing ihn auf dem Pferde.

So pries der Sänger diese folgenreiche Waffenthat.

Zwar rollten die Wogen des Weserstroms auch jetzt von der Stadt bis zum Meere nicht ganz durch städtisches Gebiet, aber die wichtigsten Positionen hielt Bremen in seinen Händen, und der Bürger konnte einmal seine Wehr bei Seite legen in dem tröstlichen Gedanken, daß seine Schiffe, wenn sie nur die Mündung des Stroms glücklich erreichten, nicht mehr noch angesichts der Stadt feindlichem Ueberfall erliegen würden.

Die Politik des Rathes, welche der drohenden Coalition der Friesen, der Oldenburger und des jüngst erwählten Erzbischofs Johann durch raschen Angriff mitten im Winter von 1407 auf 1408 zuvorgekommen war, hatte sich glänzend bewährt und mit Stolz konnte er in seinem neuen Hause des Erreichten froh werden.

Mit wenig angenehmen Empfindungen wird der Erzbischof aus seinem alten Pallast, der an der Stelle des heutigen Stadthauses stand, zu dem stattlichen Bau hinübergeblickt haben, welchen der Rath in den Jahren 1405—1407 hart neben des Bischofs Hof für sich errichtet hatte. Dem steigenden Selbstgefühl und den wachsenden praktischen Bedürfnissen genügte das alte Haus nicht mehr, das zwischen Sögestraße, Obernstraße und Liebfrauenkirchhof stand und außer den Versammlungsräumen des Raths und der Wohnung des Stadtschreibers auch die Verkaufsbuden der Gewandschneider enthielt. Muthmaßlich war es ein schmuckloses Gebäude aus dem 13. oder gar aus dem 12. Jahrhundert, welches auch dem Kunstsinne der Gegenwart nicht mehr entsprach. Es gehörte einer Zeit an, da noch die Selbstverwaltung der Stadt in den Kinderschuhen steckt, da die Kunst an bürgerlichen Profanbauten noch keinen Antheil genommen hatte.

Einst hatte Johann Slamstorp, so lange er noch Mitglied des Domcapitels und Archidiakon von Hadeln war, sich vielfach um die Gunst der Bürger bemüht, so daß die Stadt mit allen Kräften seine Erhebung auf den Stuhl Anskars gefördert hatte, als der alte Erzbischof Otto im Jahre 1406 gestorben war. Dann aber hatte er die Maske fallen lassen und durch seine Intriguen vornemlich die Kämpfe gegen die Stadt entzündet, deren glückliches Resultat dem neuen Rathhause jetzt die rechte Weihe gab.

Da stand es nun, die Front dem Centralpunkte des städtischen Lebens, dem Markte, zugewandt, den Rücken an den Hof des Erzbischofs lehnend, in nächster Nähe der Kathedrale und der Rathskirche Unser Lieben Frauen, ein stolzes Denkmal des selbstbewußten Bürgerthums, das seines gnädigen Herrn nicht mehr bedarf, um seine Angelegenheiten in Rath und That zu fördern. Der Kern ein schlichter Bau aus heimischen Ziegeln, doch mit reichem phantastischem Maßwerk aus oberländischen Steinbrüchen und mit zahlreichen buntbemalten Wappenschildern und Medaillons geschmückt. Die vier Ecken waren von kleinen Thürmen flankirt, zwischen denen Zinnenwerk den Aufsatz des hohen Daches maskirte. Die Rückseite, an welcher eine breite Freitreppe in den oberen Saal führte, war von einem hohen Giebel geziert, an der Vorderfront lief eine von Säulen getragene Gallerie her, über welcher zum Zeichen der reichstreuen Gesinnung der Stadt unter gothischen Baldachinen der Kaiser und seine sieben Kurfürsten standen, wie an den drei übrigen Seiten zwölf Weise des Alterthums, Personifikationen der Tugend, Kraft und Weisheit, welche die Stadt regieren sollten.

Einen burgartigen Eindruck mußte das Bauwerk in seiner ursprünglichen Gestalt mit seinen für die Ewigkeit gebauten festen Mauern, Thürmen und Zinnen hervorrufen. Es war auch eine Art Friedeburg, bestimmt zum Schutze der städtischen Unabhängigkeit. Und zu seinen Füßen erhob sich als Schildwächter der Freiheit wieder das Rolandsbild, muthmaßlich an der gleichen Stelle, wo schon einst ein schlichteres Bild gestanden hatte, das in den Stürmen der Revolution von 1366 zu Grunde gegangen war. Wenn dieses ursprünglich nur ein Wahrzeichen der Marktgerechtigkeit gewesen war, so hatten doch die ihrer Freiheit frohen Bürger ihm längst eine andere idealere Deutung gegeben, die in dem neuen Bildwerke voll zum Ausdrucke kam. Das lächelnde Gesicht dem erzbischöflichen Sitze zugewandt, hält Roland Schwert und Schild wie zur Abwehr etwaigen Angriffs bereit und drohend ruft sein mit dem kaiserlichen Adler geschmückter Schild der Kathedrale entgegen:

> Vriheit do ik ju openbar,
> De Karl und mennich vorst vorwar
> Desser Stede gegeven hat,
> Des danket Gode is min radt.

Kein Zweifel, daß man am erzbischöflichen Hofe die Bedeutung dieser Worte verstanden hat.

Wahrscheinlich war schon damals das Rolandsbild ebenso wie die Bildsäulen und Medaillons des Rathhauses farbig bemalt. Das Zeitalter liebte den bunten Schmuck des Lebens, das Groteske in Formen und Farben. Grade so bunt wie diese Bildwerke waren die Gestalten gekleidet, die sich täglich zu ihren Füßen auf dem Marktplatze bewegten. Kein Jahrhundert hat so sehr, wie das fünfzehnte, an farbenreichen phantastischen Trachten sich ergötzt und den Gecken der Modewelt, an denen es zu keiner Zeit gefehlt hat, so mannigfachen Anreiz zu launigen Einfällen dargeboten. Sie gingen mit entblößtem Nacken einher und schnürten ihre Kleider auf das engste Maß zusammen; ellenlange Schnabelschuhe und die wunderlichsten Kopfbedeckungen, deren wol mehrere übereinander gestülpt wurden, halfen dazu, den menschlichen Körper zu einer möglichst langen und schmächtigen Gestalt zu verzerren, um auf diese Weise zierlich zu erscheinen. Die Narrheit, die Kleidungsstücke kreuzweis getheilt, aus halb rothen, halb blauen, halb grünen, halb gelben Stoffen zusammenzusetzen, erhöhte noch die Seltsamkeit der Erscheinung des Modehelden der Zeit. Wenn wir auch nicht wissen, wie weit die herrschende Mode auch in unsern Norden vorgedrungen ist, der sich muthmaßlich immer ein wenig prüde gegen ihre Auswüchse verhalten hat, so ist doch sicher, daß das Buntfarbige in den Kleidern beider Geschlechter auch hier überwog. Ein jeder Tag predigte eindrucksvoll den Ernst des Lebens, aber der kecke Wagemuth, der allein die unaufhörlichen Wechselfälle des Glücks erträglich machte, verlangte um so stärker nach heiterm Genuß der Stunden, die einige Sicherheit versprachen. Kein Wunder, daß ein Zeitalter, in dem fast nur die sinnliche Erscheinung dem Menschen Genußmittel bot, nach vielfarbigem Glanze des Lebens verlangte. Wie die Menschen sich selbst in grell leuchtende Farben hüllten, so wollten sie auch die Wände und Gewölbe ihrer Kirchen, die Mauern ihrer großen Profanbauten, die Standbilder und Wappenschilder in bunten Farben prangen sehen.

Und es ist gewiß kein Zufall, daß eben um diese Zeit die Oelmalerei aufkam, welche die bunte Gestaltung des Lebens mit realistischer Wahrheit auf die Holztafeln übertrug.

Wie wenig unseren Vorfahren der Sinn für die heitere Seite des Daseins gebrach, zeigt doch auch der Umstand, daß man hier, wie in zahlreichen anderen Städten, den Weinkeller unter dem Rathhause anlegte. So war der Sorgenbrecher nahe zur Hand, wenn die Geschäfte der Stadt zu schwer auf den Gemüthern der Rathsherren lasteten. Schon früh hatte der Rath für den Verkauf des köstlichen Rheinweins eine Art von Monopol in Anspruch genommen. Bevor für dessen Ausübung das neue Rathhaus seine weiten Kellergewölbe öffnete, saß der Weinmeister des Raths im Eckhause der Obernstraße und des Marktes. Denn es verstand sich von selbst, daß das Weinhaus inmitten des Marktverkehrs sich befinden mußte, um den auch zahlreiche andere Verkaufshäuser und Buden sich drängten. Da hatten die Schuhmacher und Lohgerber, die Krämer und Töpfer, die Fleischer und Bäcker in dichten Reihen ihre Verkaufsbuden, muthmaßlich aus uralten Zeiten her, da sie noch hofhörige Leute des nahegelegenen Bischofshofes gewesen waren. Auch die Faßbinder, die Riemenschneider, die Bechermacher saßen in der Nähe des Markts, und an diesem selbst lag dicht neben dem Weinhause die Wechselbude, ein wichtiges Institut in einer Zeit größter Unordnung und Unsicherheit im Geldwesen. Sie war vor dreißig Jahren — im Jahre 1369 — zugleich mit dem wichtigen Münzrechte vom Erzbischof an die Stadt verpfändet worden, welche von da ab zuerst eigene Münzen prägte und die für eine Handelsstadt unschätzbare selbständige Aufsicht über das Münzwesen führen konnte.

In der That konnte nichts so handgreiflich, wie ein Blick auf den Markt seiner Hauptstadt, dem Erzbischof vor Augen führen, wie sehr seine alten Rechte gekränkt seien. Die Handwerker, die dort saßen, waren aus seinen Hörigen zu freien Bürgern geworden, die Wechselstube hatte Geldnoth ihm abgepreßt, die Marktpolizei hatte der städtischen Gemeinde einst den ersten Anstoß zur Usurpirung selbständiger Rechte gegeben und wohinaus das geführt hatte, lehrte ein Blick auf das Rathhaus und den Roland. Man begreift deshalb, daß der Erzbischof schon seit geraumer Zeit nur noch ungern in der Hauptstadt weilte, in der er halb ein Fremder geworden war. Seine gewöhnliche Residenz war längst schon Börde, und das alte Pallatium am Domshofe, das einst am Schlusse des dreizehnten Jahrhunderts Erzbischof Giselbert erbaut hatte, nachdem ein älteres im Aufruhr der Bürger eingeäschert worden war, stand jetzt meist öde und sah allmählichem Verfalle entgegen.

Glücklicherweise hatte die Kathedrale unter der Abwesenheit des Kirchenfürsten nicht zu leiden. Im Wetteifer waren Domcapitel und Bürger bemüht, der ersten Kirche der Stadt und des Stiftes allen Schmuck zu verleihen, der den ernsten Bau verschönen konnte. Schon seit geraumer Zeit war es Sitte, daß ein Rathsherr der Stadt das Amt des Dombaumeisters verwaltete. Als solchen lernen wir in den dreißiger Jahren des vierzehnten Jahrhunderts den Bürgermeister Herrn Hinrich Doneldey kennen. Er benutzte das herrliche Fest, welches Erzbischof Burchard, selbst eines Bürgers Sohn, zu Ehren der heiligen Cosmas und Damian mit Turnieren, Tanz und Ritterschlag feierte, zu einer Collekte für den Dom, die so reichen Ertrag brachte, daß er davon den südlichen, noch in seinen Anfängen stecken gebliebenen Thurm ausbauen und mit einem Glockengeläute versehen konnte. Um die Wende des Jahrhunderts nahm Herr Johann Hemeling das Baumeisteramt am Dom wahr, einer der besten Bürger seiner Zeit, dem die Nachwelt viel Dank schuldet. Einer begüterten Familie entsprossen, aus der schon mehrere Mitglieder dem Rathe angehört hatten, war er selbst im Jahre 1382 zu Rathe erkoren, während sein Vater noch das Bürgermeisteramt bekleidete. Denn noch schloß kein Gesetz auch die nächsten Blutsfreunde von gleichzeitiger Theilnahme am

Rathe aus. Er hatte an mehreren Fehden gegen die Friesen Theil genommen und später als Bürgermeister eine gütliche Verständigung über die Erbauung der Friedeburg mit dem Erzbischof Johann herbeizuführen gesucht, und nachdem diese gescheitert war, die Erbauung auch ohne den Erzbischof eifrig gefördert. Sein Name steht mit denen der drei anderen Bürgermeister an der Spitze der ruhmvollen Friedensurkunde von 1408. Nicht lange hernach aber hatte er sein Bürgermeisteramt niedergelegt, um sich fortan ganz dem Amte des Dombauherrn zu widmen. Er hat dasselbe etwa seit 1390 bis an seinen erst 1428 erfolgten Tod innegehabt und mit seltener Hingabe verwaltet.

Der Dom hat mit anderen großen Kathedralen das Schicksal getheilt, niemals fertig geworden zu sein. Zumal sein Aeußeres ist immer unvollendet geblieben. Auch Hemeling scheint in Bezug auf das Aeußere des Baues seinem Vorgänger Doneldey nicht nachgeeifert zu haben. Der südliche Thurm, der seit 1340 im Mauerwerk fertig war, hat niemals den Schmuck eines Helmes getragen, wie sich geziemt hätte. Man hat vielleicht schon früh erkannt, daß das Fundament, dessen Schwäche im Jahre 1638 den Zusammensturz des Thurmes herbeiführte, ein hohes Dach zu tragen nicht fähig sei. Der nördliche Thurm war um das Jahr 1400 vielleicht noch nicht einmal im Mauerwerk fertig, denn mindestens seine beiden obersten Stockwerke scheinen aus späterer Zeit zu stammen; möglich aber daß sie nur erneuert wurden, als man ihm um die Mitte des fünfzehnten Jahrhunderts die schlanke Pyramide aufsetzte, die er zwei Jahrhunderte lang getragen hatte, als sie im Jahre 1656 durch Blitzschlag vernichtet wurde. Das Innere des Doms aber muß damals einen viel harmonischeren Eindruck gemacht haben, als heute: noch war die ursprüngliche Form der Basilika mit hohem Mittelschiff und zwei niedrigen Seitenschiffen erhalten, welche die ausdrucksvollen spätromanischen Formen zeigten. An die Seitenschiffe hatte sich im Laufe des vierzehnten Jahrhunderts ein Capellenkranz angelehnt in den bereits herrschenden gothischen Bauformen. Er war nach und nach in Folge frommer Stiftungen entstanden, wie sie namentlich in der zweiten Hälfte des Jahrhunderts häufig vorkamen, als die furchtbare Geißel der Pest die Herzen mehr als sonst auf die Betrachtung der Ewigkeit hinlenkte. Zahlreiche Altäre mit Schnitzwerk und Schildereien, herrliche Altargeräthe, prächtige Meßgewänder und Dalmatiken, Baldachine, Banner und Fahnen, Ampeln, Rauchgefäße und Reliquienschreine verliehen den Gottesdiensten und Prozessionen ein festliches Gepränge, wie die Zeit es liebte, wenn auch der innere Werth darunter beträchtlichen Schaden litt. Und jetzt vermehrte Johann Hemeling das Heiligthum des Doms noch durch kostbare Prunkstücke, „alto herliken" wie die Chronik sagt. Die Mittel dazu bot ihm der im Jahre 1395 hier zum ersten Male errichtete römische Ablaßhandel, den Papst Bonifaz IX. einer Anzahl deutscher Städte bewilligt hatte. Acht Jahre lang blieb derselbe in Funktion und brachte der Kirche große Summen von reichen und armen Bürgern ein. Der Baumeister benutzte seinen Antheil daran u. a. zur Herstellung großer silberner Altartafeln und eines silbernen Schreins für die Reliquien der heiligen Herren Cosmas und Damian. Freilich auch anderes Sündengeld, als das durch den Ablaß aufgebrachte, verwandte er auf diese Schätze. Er hebt rühmend hervor, daß der Dompropst Herr Johann Monnik alle seine Gerichtsbrüche dafür hergegeben habe, indem er sagte, er pflege der Leute Sünden nicht zu essen und zu trinken, noch sich davon zu kleiden. Um die silbernen Altartafeln, die wir uns ohne Zweifel mit reichem Bildwerk versehen zu denken haben, vor der Begier des immer geldbedürftigen Erzbischofs zu sichern, brachte Hemeling einen Vertrag zwischen Domcapitel und Rath zu Stande, wonach die Tafeln ewiglich bei der Kirche und Stadt verbleiben und dem Erzbischof niemals gestattet werden sollte, darauf zu borgen. Aber wo ist der Vertrag — wir kennen ihn nur aus der Chronik — und wo sind die Tafeln geblieben? Die Ewigkeiten, die in Verträgen angerufen werden, pflegen immer nur eine kurze Spanne Zeit zu dauern.

Der gute Johann Hemeling hat sich die erdenklichste Mühe gegeben die Güter des Doms und seiner Altäre, alle Rechte und Gewohnheiten der Kirche zu verzeichnen, er hat ein umfangreiches Werk darüber zusammengestellt und in zwei Exemplaren säuberlich abschreiben lassen, damit die Güter und die gottesdienstlichen Uebungen und die mit ihnen verknüpften Rechte der Kirche beständig erhalten blieben. Ja, von diesem Werke ist ein Exemplar bis auf den heutigen Tag bewahrt und bietet uns mannigfache willkommene Belehrung, aber ein Jahrhundert hat genügt, um alles Das im Strudel der Zeit versinken zu lassen, woran das Herz des wackern Mannes hing.

Wenn die Geschichte uns nicht genug andere Beweise für das Wachsthum und den Reichthum Bremens am Ende des vierzehnten Jahrhunderts hinterlassen hätte, die steinerne Chronik der Mauern unserer Pfarrkirchen und der St. Johannis-Klosterkirche würde uns davon berichten. Sie alle haben um jene Zeit große bauliche Umwandlungen, ja die letztgenannte hat einen völligen Neubau erfahren, durch welche sie sämmtlich im wesentlichen die Gestalt erhielten, die sie bis heute bewahrt haben. Nur bei der Martinikirche, die von jeder hohen Winterfluth der Weser stark zu leiden hatte, wird der Umbau durch technische Gründe geboten gewesen sein, vielleicht auch bei der Johanniskirche. Bei den übrigen städtischen Pfarrkirchen ist eine solche Annahme ausgeschlossen. Denn sie waren, wie auch jene beiden, erst am Ende des zwölften und am Beginn des dreizehnten Jahrhunderts erbaut worden, also ohne Zweifel noch in völlig gesundem Zustande. Aber die wachsende Zahl der Bevölkerung und der zunehmende Pomp des Gottesdienstes machten eine Erweiterung nothwendig. Da wurden die Anscharii- und die Stephanikirche, die beide als Capitelskirchen nach dem Muster des Doms ursprünglich in Basilikenform erbaut worden waren, zu den Hallenkirchen, mit Seitenschiffen von gleicher Breite und Höhe wie das Mittelschiff, umgewandelt, wie wir sie noch heute sehen. Leider entsprach die Kunst der Architekten ihrer Aufgabe durchaus nicht. In einer beklagenswerth rohen Weise verunstalteten sie, die selbstverständlich nur das gothische Bauschema kannten, die Bauwerke des spätromanischen Stils. Völlig unorganisch wurden die neuen Theile an die alten angefügt und die Bildner der neuen Formen zeigen auch in den Details einen solchen Mangel an künstlerischer Empfindung, daß man noch damit zufrieden sein muß, daß sie die zerschlagenen romanischen Bauglieder in ihrem ruinenhaften Zustande stehen ließen, anstatt auch sie nach dem neuen Princip umzuformen.

Diese rohen Umgestaltungen bieten heute, wo die weißgetünchten Wände die architektonischen Sünden grell hervortreten lassen, einen das Auge beleidigenden Anblick. Damals mögen sie weniger fühlbar gewesen sein, da man die Wandflächen mit buntfarbigen Schildereien bedeckte, auf denen Scenen aus dem alten Testament oder aus dem Leben der Heiligen dargestellt wurden. Denn das Auge wurde nicht zur Betrachtung der Architektur gedrängt, da es den festlichen Schmuck der Bilder vor sich hatte. Alles deutet darauf hin, daß die in der Anschariikirche bis heute erhaltenen Wandmalereien von verschiedenen Meistern am Ende des vierzehnten und am Beginn des fünfzehnten Jahrhunderts ausgeführt worden sind. Und man darf mit ziemlicher Sicherheit annehmen, daß ähnlicher Schmuck auch den anderen Bremischen Kirchen nicht versagt blieb.

Die Anschariikirche, über die uns die ausgiebigsten Nachrichten bewahrt sind, hatte um 1400 eine besonders glückliche Zeit. Treffliche Männer waren in ihrem Capitel vereinigt, unter denen namentlich der Schatzmeister und spätere Dechant Bernhard von Hiddingwarden und Herbord Schene, der neben dem Canonicat an dieser Kirche auch das Kellermeisteramt im Domcapitel besaß, sich dauernde Verdienste um ihre Kirche erworben haben. Jener sorgte nicht allein für eine sorgfältige Conservirung und stete Vermehrung des Kirchenschatzes, für den er selbst einige kostbare Stücke von einer Reise an den römischen Hof mitgebracht hatte, sondern er nahm sich auch des Archivs und der Bibliothek der Kirche mit einer Sorgfalt an, die leider bei keiner andern unserer Stadt Nachahmung gefunden hat. Herbord Schene aber, der Sohn eines Bremischen Rathsherrn, hat durch Altarstiftungen und reiche Güterschenkungen das Ansehen und den Wolstand seiner Kirche vielfach gefördert.

Die Liebfrauenkirche und die Martinikirche waren abweichend von den Capitelskirchen gleich ursprünglich in Hallenform erbaut. Jene hat am Ende des vierzehnten Jahrhunderts den unverhältnißmäßig langen Chor und das zweite südliche Seitenschiff erhalten, während das Langhaus glücklicherweise unberührt blieb, diese hat sich die unschöne Verstärkung ihrer Gewölbträger und manche andere ungefällige Umgestaltung gefallen lassen müssen und ebenfalls ihren früheren Chor mit dem sehr langen vertauscht, der jetzt allein einigermaßen zierliche Formen aufweist.

Für diese starke Chorentwickelung mag maßgebend das Beispiel gewesen sein, welches kurz zuvor die Ordenskirche der Minoriten zu St. Johannis gegeben hatte. Sie war, wie erwähnt, von Grund aus neu aufgeführt worden und sie ist aus dieser Ursache die einzige alte Kirche unserer Stadt, in welcher der Gedanke ihres Erbauers klaren Ausdruck gefunden und bewahrt hat, die einzige, welche niemals durch An- oder Umbauten entstellt worden ist und daher in ihren nicht eben großartigen, aber doch gefälligen Formen aus der besten Zeit der Gothik noch heute so harmonisch wirkt, wie damals, als noch die Barfüßer in ihr hausten.

Die Minoriten oder Minderbrüder, wie der offizielle Name der Franziskaner oder Barfüßer ist — man nannte sie hier meist die grauen Mönche, wie es denn charakteristisch für die Beliebtheit der Bettelorden beim niederen Volke ist, daß sie so mannigfache Namen führten — sie waren ziemlich gleichzeitig mit dem andern Bettelorden, den Predigerbrüdern oder Dominikanern, die man nach ihrer Kutte die schwarzen Mönche nannte, im zweiten Viertel des dreizehnten Jahrhunderts hierher gekommen, überraschend schnell nach den Ordensstiftungen. Beide waren im Gegensatze zu den älteren Orden, die ein beschauliches Leben fern von der Welt Getriebe aufsuchten, durch ihre Regel darauf hingewiesen, sich inmitten volkreicher Städte anzusiedeln, da Predigt und Seelsorge ihre Aufgabe war. Die Dominikaner, welche die eigentliche Glaubensmiliz des Papstes bildeten, bis sie nach der Reformation darin von den Jesuiten abgelöst wurden, haben sich im Anfange ihres Aufenthaltes auch hier in jenem unglücklichen Glaubenskriege gegen das tapfere Volk der Stedinger als Ketzermeister einen üblen Namen gemacht. Später sind doch sie so wenig wie die Minoriten bedeutend hervorgetreten. Sie verstanden es, zur Bürgerschaft und zum Rathe der Stadt dauernd ein gutes Verhältniß zu bewahren, und reichlich flossen ihnen die Almosen zu und die Beichtpfennige, wie ihre stattlichen Bauten bekunden. Auch die Kirche des jetzt bis auf wenige Spuren verschwundenen Katharinenklosters hat, wie die noch erhaltenen Umfassungsmauern zeigen, um die Wende des vierzehnten und fünfzehnten Jahrhunderts eine Erweiterung erfahren. Beim kühlen Trunke ihres selbstgebrauten Bieres, denn das Bräuhaus ist uns wenigstens bei den Dominikanern urkundlich bezeugt, ließen sich die Bettelbrüder hinter ihren hohen Klostermauern nach dem geschäftigen Müßiggange des Tages wol sein und sie wenigstens konnten damit zufrieden sein, daß der Rath schon im vierzehnten Jahrhundert in sein Statutenbuch den Beschluß hatte eintragen lassen, wonach keine anderen Klöster außer den Barfüßern und Predigern in der Stadt geduldet werden sollten. So blieb das Monopol des geschäftsmäßigen Bettels ihnen ungekränkt.

Neben den Bettelmönchen sah man auch die schwarze Kutte der Benediktiner oft in der Stadt. Ihr burgartiges Kloster, dem heiligen Paulus gewidmet, lag nahe vor den Mauern auf einer mit den Gebäuden selbst längst verschwundenen Düne. Aber sie, die vornehmen Herren, lebten nicht vom Bettel, sondern vom Ertrage ihrer Güter, die ihnen im Laufe einiger Jahrhunderte in reichem Maße zugefallen waren. Auch von ihrem Leben und Treiben wissen wir erstaunlich wenig. Es ist mit Sicherheit anzunehmen, daß bei allen drei Klöstern Schulen existirten, in denen der Scholasticismus seine längst zu einem geistlosen Formalismus verknöcherte Weisheit in die Köpfe der unglücklichen Schuljugend hinein prügelte, von einem weitern Einfluß der Klöster auf das geistige Leben der Stadt ist keine Spur zu entdecken. Von wissenschaftlichen Arbeiten, welche in anderen Benediktinerabteien eifrige Pflege gefunden, oder von chronikalischen Werken, deren andere Franziskanerklöster treffliche hinterlassen haben, ist schlechterdings nichts erhalten, muthmaßlich nichts zu erhalten gewesen. Sie haben den wachsenden Reichthum der Stadt in Behaglichkeit mitgenossen und anders als der wackere Dompropst Johann Monnik die Sünden der Leute meist nur für Küche, Keller und Kleidung verwandt.

Die Benediktiner mögen sich um den Ackerbau einige Verdienste erworben haben, vielleicht haben sie auch den Anstoß zu erneuter Pflege des Rebstocks in unserm ungastlichen Norden gegeben. Bekannt ist, wie einst Erzbischof Adalbert eben an jenem Paulsberge, wo jetzt die Abtei stand, Weinpflanzungen angelegt hatte, „gegen die Natur des Landes", wie Meister Adam sagt, der den in seinen Augen übermüthigen Versuch nur als charakteristisch für das Jugenium des Erzbischofs anführt. Aber der Versuch ist in der von uns betrachteten Zeit wiederholt worden. Im Jahre 1387 pachtete eine Gesellschaft von drei Rathsherren und einem Bürger, zu denen auch Herr Johann Hemeling gehörte, auf fünfzig Jahre ein Grundstück vom Paulskloster, um dort einen Weingarten anzulegen. Der Contract ist uns im Original erhalten. Falls der Versuch mislingen sollte, können sie nach zehn Jahren von der Pacht zurücktreten, sollte aber der Anbau glücken, so wollen sie dem Kloster außer der Pachtsumme jährlich vier Stübchen Wein auf den Tisch liefern. Ob der Versuch wol gelungen ist? Leider wissen wir es nicht mit Sicherheit. Wenn man sich aber erinnert, daß zu eben dieser Zeit die Rebe bis tief nach Preußen hinein, ja noch in Curland gepflanzt und Wein aus ihren Trauben gepreßt ist, so wird man kaum daran zweifeln können. Der Name Hemelings bürgt jedenfalls dafür, daß der Versuch mit großer Sorgfalt ausgeführt wurde, und eine Notiz, die im Laufe des fünfzehnten Jahrhunderts auf die Rückseite des Contrakts geschrieben ist, scheint die Fortexistenz des Weingartens zu bezeugen. Man muß sich nur vergegenwärtigen, daß damals der Wein selten rein, sondern meist mit starken Gewürzen versetzt getrunken wurde, um das Produkt einer Bremischen Traubenlese selbst nach dem Maßstabe unserer verwöhnteren Gaumen nicht allzu fürchterlich erscheinen zu lassen. Als ein Zeichen des Unternehmungsgeistes, welcher damals die Bürger unserer Stadt beseelte, verdient der Versuch jedenfalls in der Erinnerung bewahrt zu werden.

Er ist auch ein Beweis für den Capitalreichthum, der nach Beschäftigung suchte. Nicht jeder hatte Neigung sein erworbenes oder ererbtes Vermögen in kaufmännischen Geschäften anzulegen, die zwar unter Umständen enorme Gewinnste versprachen, aber auch ein Glücksspiel im verwegensten Sinne des Wortes waren. Der Kaufmann, der sich heute in der Regel mit verhältnißmäßig kleinem Gewinn begnügen muß, dagegen aber eine Rechtssicherheit gegenüber dem üblen Willen seiner Mitmenschen, eine reale Sicherheit gegenüber elementaren Ereignissen und eine Verkehrssicherheit genießt, welche die Katastrophen in seinem geschäftlichen Wirken doch als Ausnahme von der Regel erscheinen lassen, macht sich wol keine Vorstellung von den Schwierigkeiten und Gefahren, die sein Vorgänger vor vier und fünf Jahrhunderten zu überwinden hatte, ehe er einen Gewinn einheimsen konnte. Wie schwierig war es in fremden Ländern seine Rechte gegen schlechte Schuldner geltend zu machen, wie viel schwieriger sie gegen die Gewaltthaten der Wegelagerer auf Land- und Wasserstraßen zu vertheidigen! Die Riffe und Klippen an den noch höchst mangelhaft oder gar nicht beleuchteten Küsten, die Nebel, durch welche noch keine Magnetnadel den Weg wies, der gänzliche Mangel an Karten, boten dem Schiffer schon Gefahren genug, und es gab keine Assekuranzen, die wenigstens gegen die materiellen Verluste durch Sturm und Unwetter und die Unerfahrenheit des Schiffers schützten. Und wehe dem unglücklichen Schiffer, der auf Strand lief; er war trotz zahlreicher Verträge immer wieder der Gefahr der Ausplünderung verfallen. Nun aber kam die schlimmere Gefahr der Piraten hinzu, die um 1400 die nordischen Meere beständig durchkreuzten. Sie hatten um die Wende des Jahrhunderts vorzüglich die Nordsee zum Schauplatz ihrer Gewaltstreiche gemacht, ein loses Gesindel, aus aller Herren Länder, aber doch vorzugsweise aus den deutschen Küstenstrichen zusammengelaufen: Ritter und Knappen, ruinirte Existenzen aller Art, friesische Bauern, selbst fahrende Sänger und Musikanten waren unter ihnen.

Wie oft auch die Hansestädte dreinschlugen, sie mit ihren Orlogsschiffen überwältigten, Dutzende über Bord warfen und andere Dutzende daheim auf offenem Markte hinrichteten, sie wuchsen, wie die Köpfe der Hydra, immer aufs neue hervor und schädigten den Handel unermeßlich. Es waren Leute, die nichts zu verlieren hatten, als das bischen Leben, das nichts werth war, wenn es nicht lustig genossen werden konnte, und ohne seinen Hals zu wagen konnte man freilich nach den Begriffen der Zeit nicht lustig genießen. Die Lieder von den berühmten Seeräubern Claus Störtebeker und Gödele

Michels sind noch lange erklungen, als schon die Plage endlich beseitigt war, ein deutliches Merkmal für die Sympathie, welche weite Kreise den verwegenen Gesellen entgegen brachten.

Sie fragten nicht nach der Flagge des Kaufmanns= schiffes, das ihnen eben in den Weg kam, wenn es nur reiche Beute versprach, ob niederländisch oder englisch, skandinavisch oder hansisch war ihnen gleich. Ihre Schlupfwinkel waren vornemlich an der friesischen Küste, welche die fremden Nationen mit mehr oder minder Recht als im Machtgebiete der Hanse liegend betrachteten. So fanden es die Engländer selbstverständlich, daß sie sich für die von den Piraten er= littene Unbill an hansischem Gute entschädigten. Wir besitzen noch lange Verzeichnisse von den schweren Verlusten, welche um 1400 die Bremischen Schiffer und Kaufleute auf diese Weise von den Engländern erlitten.

Es war der übliche Weg aus uralten Tagen, da noch der Fremde im allgemeinen für rechtlos galt, daß man sich für eine Schuld an dem unbetheiligten Landsmann des Schuld= ners schadlos hielt: trotz aller Verträge, die im dreizehnten und vierzehnten Jahrhundert zur Beseitigung dieses Unwesens geschlossen wurden, hatten die Städte das Verfahren immer wieder zu beklagen.

Der Mangel einer wahren Reichsgewalt, welche die selbstsüchtigen Begierden der einzelnen Glieder des Reichs hätte im Zaum halten können, offenbarte sich auch hierin. Der König hatte kein Schiff auf dem Meere, keine reisigen Diener auf den Landstraßen, keine Richter in den Städten, was wollte der Friede bedeuten, den er dem friedlichen Bürger verkündete? Der Kaufmann, der seine Waaren durch Stürme und Seeräuber glücklich in den Hafen gebracht hatte, mußte selbst für ein sicheres Geleit sorgen, wenn er sie nun die Weser oder die Aller und Leine hinauf, oder auf Fracht= wagen weiter ins Oberland bringen wollte. Es war eine kostspielige Assekuranz und gewöhnlich nur erträglich, wenn sich Mehrere zu solchem Frachtzuge zusammen thaten.

Die Association war damals wie heute, wie auf vielen anderen Gebieten des Lebens, so auch bei Handelsgeschäften eine sehr gebräuchliche Form. Aber man verband sich noch nicht oder doch wol nur sehr selten zu einer dauernden Interessengemeinschaft, sondern nur für einzelne Geschäfte. Der Kaufmann suchte seine Deckung für die gelieferte Waare gewöhnlich sofort, sei es in der ursprünglichen Form des Tauschhandels gegen Waare, sei es gegen baare Zahlung. Ungern gab er Credit und nur gegen umständlich eingezeugte Bürgschaft oder gegen reale Sicherheiten. Das Wechsel- und Bankwesen steckte noch in seinen ersten Anfängen; schwerlich wird es um 1400 dem Bremischen Handel schon nennenswerthe Erleichterung geschaffen haben.

Gewöhnlich zog der Kaufmann selbst mit seinen Waaren über See und Land, mindestens einer von denen, welche Antheil an dem verfrachteten Gute hatten, und gegen mannigfache Lebensgefahren mußte er gewappnet und sein Herz gestählt sein. Der „Wirth", bei dem er in der fremden Stadt einkehrte, war zugleich der Makler, der ihm Informationen gab, das Geschäft vermittelte, ihm rechtsbeiständig war, sich auch wol für ihn verbürgte, wenn es nöthig war. Denn dieser Wirth hatte zahlreiche Geschäftsfreunde in der selben Stadt, ihm war aufs höchste daran gelegen, die Geschäfte des Einen zu dessen Zufriedenheit abzuwickeln, um die Verbindung mit den Landsleuten desselben sich dauernd zu erhalten.

Wenn der Kaufmann seine Waare glücklich verkauft und baare Zahlung dafür empfangen hatte, so erhob sich eine neue Schwierigkeit in dem Transport des schweren Silbergeldes, für das es wiederum nicht viel mehr Sicherheit gab, als Glück und Entschlossenheit boten. Die Umrechnung der zahlreichen Geldsorten, die im Umlaufe waren, auf ein einheitliches Maß, das der Rheinische Goldgulden oder die Lübische Mark abgaben, und daheim die Umwechselung gegen ortsübliche courante Münze ermöglichten endlich erst die Schlußberechnung über den realisirten Gewinn.

Und ohne Zweifel war dieser in den glücklichen Fällen prozentweise berechnet ein ungleich höherer als insgemein heute der Fall ist. In einer Zeit, da die Renten von ländlichem Grundbesitze regelmäßig 6²/₃ Prozent und selbst noch mehr und die von städtischen Erben 7½ und sogar 8⅓ Prozent betrugen, wird der Kaufmann nur bei der Aussicht auf außerordentlich hohen Gewinn sein Geschäft unternommen haben; denn wie unsicher war seine Kapitalanlage gegen die in Grundwerthen steckende, verglichen mit der durchschnittlichen Sicherheit, welche heute eine Anlage in Grundbesitz einerseits, in Handelsgeschäften andrerseits gewährt.

Unter den Bremischen Handelsartikeln war Bier wol der hauptsächlichste, welcher eine heimische Industrie beschäftigte; es wurde nach Friesland, England, Norwegen verfrachtet. Als im Laufe des vierzehnten Jahrhunderts das Hamburger Braugewerbe in Aufschwung kam, wurde das dortige Bier, wenn wir unserer Chronik glauben dürfen, noch lange Zeit nur unter Bremischer Marke in den Verkehr gebracht. Denn in den friesischen und skandinavischen Zechstuben wollte man Bremer Bier trinken. Erst allmählich lief das Hamburger Bier dem hiesigen den Rang ab. Ein Jahrhundert später war auch in Bremen das Bier der Elbstadt ein bevorzugtes Getränk. Unter den übrigen Gewerben unserer Stadt, die dem Großhandel Produkte zuführten, sind etwa noch zu nennen die Lakenschneider, die Lohgerber, die Pelzer, die schon früh in der noch heute ihren Namen tragenden Straße ein stattliches Amtshaus besaßen, die Reeper und die Waffenschmiede. In den meisten Gewerben gab es schwerlich eine Großindustrie, selbst die Tuchmacher, von deren Thätigkeit noch jetzt der Name des Wandrahmens zeugt, werden hauptsächlich nur für den heimischen Bedarf gearbeitet haben. Aber man darf sich ihr Absatzgebiet freilich nicht auf die engen Stadtgrenzen beschränkt denken. Mehr als heute gravitirte ein weiter Umkreis nach der Bremischen Industrie und holte von hier seinen Bedarf an feineren Lebensbedürfnissen.

Die Blüte der Gewerbe, welche immer Hand in Hand mit der des Handels gegangen ist, hatte im vierzehnten Jahrhundert den Anlaß zu den zahlreichen Unruhen gegeben, welche die Blätter der Bremischen Geschichte füllen. In den ersten sechs bis sieben Decennien des Jahrhunderts war es oft laut und tumultuarisch in den Amtsstuben hergegangen. Man hatte die Regierung heruntergerissen und über die Befreiung des Handwerkerstandes und seine Theilnahme am Stadtregiment manch keckes Wort gesprochen, das sich mehr als einmal in blutige Thaten umgesetzt hatte. Seit aber der Rath das Regiment wieder fest in Händen hielt, hatte er jedem Amte zwei Morgensprachsherren vorgesetzt, welche ein wachsames Auge auf ihr Treiben haben mußten und sie wirklich zwei Menschenalter hindurch in Ruhe hielten. Indes fehlte es auch in dieser Zeit im Kreise der Innungen nicht an Verdruß. Schon damals hatten die Handwerksmeister unter Gesellenstrikes zu leiden, wie uns ein Uebereinkommen aus dem Jahre 1400 zeigt, wonach das Kürschneramt zu Stade mit dem hiesigen sich verband, keinen Gesellen in Dienst zu nehmen, der einem Meister ohne Urlaub entlaufen sei. Gewiß hatten schon damals die Gesellen sich manchesmal über das Mißverhältniß zwischen ihrem Lohn und den steigenden Preisen aller Lebensbedürfnisse zu beklagen, deren Schwankungen unverhältnißmäßig stärkere waren, als heute, weil die Bedingungen ihres Standes von einem ungleich enger begrenzten Markte gegeben wurden.

Auch der zunehmende Luxus kann nicht ohne Einfluß auf die Lebensverhältnisse der unteren Volksklassen geblieben sein. Uralt sind die Klagen der Herrschaften über den Luxus des Gesindes. Die unerhörte Prachtentfaltung in den Kirchen und im Leben der höheren Geistlichkeit, für welche der päpstliche Hof in Avignon das Beispiel gegeben hatte, drang allmählich in alle Bevölkerungsschichten durch. Die Genußsucht, von welcher die Kirche, die Führerin des Volkes, ergriffen war, fand in allen Kreisen willige Nachahmung.

Die Geistlichkeit verstand, mit seltenen Ausnahmen, nur noch von dem angesammelten geistigen und materiellen Capital früherer Jahrhunderte zu zehren, das letztere freilich auch nach Kräften noch zu mehren. Schon früh hatten die weisen Vorkehrungen des Rathes der Ausbreitung des kirchlichen Grundbesitzes innerhalb des städtischen Weichbildes feste Schranken gezogen, aber diese Maßregel, von großer politischer Wichtigkeit, weil sie die Zunahme der von der städtischen Gerichtsbarkeit eximirten Grundstücke verhinderte, konnte doch und wollte auch wol nicht das Anwachsen des kirchlichen Vermögens einschränken. Die Geistlichkeit mußte vortrefflich den Wolstand der Bürger sich zu Nutze zu machen. Die Kirche mußte durch Reichthum imponiren, da sie es an innerem Gehalte nicht mehr vermochte, sie mußte durch bunte Prachtentfaltung die Gemüther fesseln, die in rohen Leidenschaften und in einem erbarmungslosen Realismus verhärtet waren. Nur wenn sie an Luxus der Ausstattung Alles übertraf, was Profanbauten und private Liebhaberei zu erzielen vermochte, durfte sie hoffen, die Massen zu beherrschen, die sich vom Scheine blenden lassen.

Es war freilich ein abschüssiger Weg. Ein Jahrhundert später begrub der lavinenartig angewachsene Reichthum die alte Kirche unter sich. Um das Jahr 1400 aber ist von reformatorischen Tendenzen in unserer Stadt noch nichts zu bemerken; erst um die Mitte des fünfzehnten Jahrhunderts nehmen wir solche bei gewissen Brüderschaften wahr, deren Zweck es ist, dem Gottesdienste einen ernsteren würdigeren Inhalt zurückzugeben.

Die Frage drängt sich auf, in wie weit die geistigen Bestrebungen der Tage um 1400 in unserer Stadt einen Wiederhall gefunden haben? Aber leider fehlt es uns an positiven Anhaltspunkten zu ihrer Beantwortung. Bei den fortdauernden Handelsbeziehungen Bremens zu England ist es undenkbar, daß nicht vielfache Kunde von der durch Wiclefs Predigten hervorgerufenen Bewegung hierher gelangt sein sollte, ja selbst der einige Jahrzehnte früher entbrannte Kampf des Minoritenordens gegen den Papst und der damit in Verbindung tretende letzte Kampf des Mittelalters zwischen Kaiser und Papst mußten ihre stürmischen Wellenbewegungen bis in unsere Mauern, die selbst ein Minoritenkloster beherbergten, fühlbar gemacht haben, wie sehr auch das Verhältniß des Nordens zum Reiche gelockert war. Und sollte die stetig anwachsende geistige Erneuerung, welche einen immer größeren Kreis enthusiastischer Bewunderer von der traurigen Einöde der Scholastik zu den frischen Quellen der Alterthumswissenschaft hinzog, nicht auch hier ihre Jünger gehabt haben? Es ist uns urkundlich bezeugt, daß um die Wende des vierzehnten und fünfzehnten Jahrhunderts eine nicht ganz geringe Zahl Bremischer Bürgersöhne die Hochschulen zu Erfurt und Prag aufsuchte, auf welchen die humanistische Lehre bereits Wurzel geschlagen hatte; möglich ist auch, daß einer oder der andere einmal jenseits der Berge bis zu den Heimstätten des Humanismus vordrang, wie denn der Weg nach Italien durch die höhere Geistlichkeit hier jeder Zeit bekannt geblieben ist. Aber keine Spur der Wirkung, welche diese Strömungen hier geübt hätten, ist uns erhalten geblieben, und der Schluß ist nicht abzuweisen, daß weder die aus dem Schoße der Kirche selbst, noch die von humanistischer Seite gegen die herrschende Kirche geführten Stöße in dieser frühen Zeit auf die hiesige Bevölkerung einen tiefen Eindruck hervorgerufen haben.

Noch erhielt diese ihr geistiges Brod fast ausschließlich durch die Kirche, welche auch allein im Besitze von Schulen war. Außer den schon erwähnten Klosterschulen gab es noch je eine bei den drei Capitelskirchen. Ein dürftiger Apparat für eine volkreiche Stadt. Die große Masse wuchs ohne Zweifel auf, ohne mit dem Alphabet vertraut zu werden. Die Bestimmung, welche unsere Statuten im vierzehnten Jahrhundert trafen, daß nur solche Männer zu Schöffen gewählt werden sollten, deſe budeſch konen leſen, hatte eine schwerwiegende Bedeutung, da sie den Kreis der Wählbaren sehr eng zog. Und die wenigen Auserkornen, welche deutsch, vielleicht auch lateinisch lesen konnten, wie dürftige geistige Anregung genossen sie doch aus dieser Kunst! Der Besitz eines Buches gehörte zu den großen Seltenheiten, da ihre Herstellung so ungemein kostspielig war. Sie waren vornemlich doch nur bei den Kirchen und ihren Prälaten, einzeln auch bei großen weltlichen Herren zu finden.

Was die Nation an geistigen Schätzen besaß, konnte meist nur durch mündliche Tradition für die großen Massen fruchtbar werden. Und freilich darf man sich diese um so viel lebendiger und sicherer vorstellen, als sie heute ist, als das Gedächtniß mit ungleich weniger Dingen beschwert wurde. Zumal die Lieder, die in der Mitte des Volkes entstanden, gingen schnell von Mund zu Mund, nachdem sie einmal in den Amtsstuben vorgetragen oder auf offenem Markte von einem Schriftkundigen verlesen waren. Es waren freilich nicht immer Produkte, die zu einer geistigen Erhebung dienten, wie etwa noch jenes zu Eingang erwähnte Reiterslied. Lose Spaßvögel verfolgten mit ihren sarkastischen Reimen und unfläthigen Scherzen Bürger und Fremde, Männer und Weiber, wie oft auch das Verbot wiederholt wurde, daß man Niemand bedichten und besingen solle. Der Rath fand manches Mal selbst sein Gefallen an den beißenden Späßen und ließ es, wie im Jahre 1404 Graf Otto von Hoya klagt, ruhig geschehen, daß Spottgedichte, welche die Ehre des Grafen hart antasteten, an sein Rathhaus angeheftet wurden, um von da schnell die Runde durch die Stadt zu machen und nicht nur in den Zechstuben, nein selbst in den Kirchen gesungen zu werden.

Eine tiefere Anregung schöpfte ein Theil der Bürger, aber freilich doch nur ein sehr geringer, aus der Beschäftigung mit der vaterstädtischen Geschichte. Wie die hohe Blüte der Städte im vierzehnten Jahrhundert an zahlreichen Orten chronikalische Aufzeichnungen hervorgerufen hat, so auch in

Bremen. Die schöne Chronik, welche unter den Namen des Domvicars Gerd Rinesberch und des schon früher genannten Domkellermeisters Herbord Schene, bekannt ist, ist um die Wende des Jahrhunderts begonnen worden. Die beiden denkwürdigen Freunde waren Söhne Bremischer Rathsherren und so haben sie, ungeachtet ihres geistlichen Standes, den innigsten Antheil an den Geschicken ihrer Vaterstadt genommen. Sie erreichten beide ein ungewöhnlich hohes Alter: Rinesberch starb mehr als neunzig Jahre alt 1406, Schene um 1415, wahrscheinlich ein hoher Achtziger. Welche Wandlungen hatten sie nicht im Leben ihrer Vaterstadt gesehen! Das wird ihnen den Ansporn gegeben haben zu historischen Studien, deren Frucht zunächst die Uebersetzung einer lateinischen Bisthumschronik in die niederdeutsche Sprache war. Als sie aber diese vollendet hatten, wurden sie von einem jüngeren Freunde, aller Wahrscheinlichkeit nach von dem auf allen Gebieten des Lebens regsamen Bürgermeister und Dombauherrn Johann Hemeling, ersucht, die Chronik aus dem reichen Schatze ihrer eigenen Erinnerungen zu ergänzen und weiter fortzuführen. Nun wurde auch das städtische Archiv vielfach zu Rathe gezogen und eine mit der Annäherung an die Gegenwart immer breiter werdende Fülle eigenthümlicher Nachrichten über die städtische Vergangenheit floß in die Uebersetzung hinein und machte die Arbeit endlich zu einer völlig selbständigen Geschichte der Stadt Bremen. Hemeling selbst hat wahrscheinlich noch bei Lebzeiten der Freunde und vollends nach deren Tode ganze Abschnitte der Chronik ausgearbeitet.

Es ist ein Werk, das nicht eben von weitsichtiger Kunde der Weltverhältnisse zeugt, das aber durch Wärme und Lebendigkeit der Darstellung, durch die Treuherzigkeit seines Ausdrucks und die innige Liebe zur Heimath einen bedeutenden Platz unter den städtischen Chroniken Niederdeutschlands einnimmt, die erste im heimischen Idiom geschriebene Geschichte Bremens.

Allein, was die Darstellung subjektiv anziehend macht, das häufige Hervortreten der persönlichen Erlebnisse und der individuellen Anschauung der Verfasser, schädigt doch manches Mal den objektiven Werth. Es konnte nicht fehlen, daß die beiden geistlichen Freunde und insbesondere Hemeling, eben weil sie den lebhaftesten Antheil an dem öffentlichen Leben ihrer Vaterstadt nahmen, in die Darstellung die Färbung ihres Parteistandpunktes hineintrugen. Die Ereignisse von 1366 und die ihnen vorangehenden, welche ihre Schatten über ein halbes Jahrhundert der Bremischen Geschichte geworfen haben, hatten Rinesberch und Schene mit hellem Bewußtsein durch=
lebt, Hemeling, damals ein Knabe, hatte ohne Zweifel durch seinen Vater, den Bürgermeister Nicolaus, einen tiefen Ein=
druck von jenen Ereignissen erhalten. So hat der streng conservative Zug, der seit der Niederwerfung der Revolution die tonangebenden Kreise Bremens beherrschte, seinen Einfluß auch auf die Chronik nicht verleugnet und dieser fast den Charakter eines offiziell im Interesse des Rathes geschriebenen Werkes gegeben.

Trotz dieser Einseitigkeit der politischen Anschauung ist doch die Chronik das beste Geistesprodukt, welches das Bremen jener Zeit uns hinterlassen hat, und man kann sich bei ihrer Lektüre noch heute vergegenwärtigen, welch lebhaften Ge=
dankenaustausch und welche patriotische Freude sie hervor=
rufen mußte, wenn die Verfasser nach Vollendung eines Abschnittes etwa einen größern Kreis von Freunden um sich versammelten, um ihnen ihre Arbeit vorzutragen. Denn schwerlich sind auch von diesem Werke schon damals viele Abschriften hergestellt worden.

Weit eher als den seltenen Schatz eines Buches konnte damals der Private ein Kunstwerk aus edlem oder gemeinem Metall, Schnitzwerke aus Holz und Elfenbein oder wol gar ein Gemälde sein eigen nennen, und an ihm die Unterhaltung finden, welche die Literatur nicht zu bieten vermochte. In dieser Hinsicht haben wir uns den Schmuck der Häuser gewiß nicht dürftig vorzustellen. Wenn auch das Handwerk noch nicht die hohe Stufe der Kunstfertigkeit erreicht hatte, die es ein Jahrhundert später besaß, so verstand es doch den Geräthen des täglichen Lebens, den kupfernen Pfannen und Kesseln, dem wenigen Silberzeug des gewöhnlichen Haushalts, den Schränken und Truhen, den Webereien in Linnen und Wollenzeug gefälligen Schmuck zu verleihen, der sie noch Kindern und Kindeskindern werthvoll machte.

Ein Geschlecht, welches in seinen Kirchen, in seinem Rathhause eine große Pracht entfaltete, wird auch daheim in seinen vier Wänden den Zierrath nicht willig entbehrt haben. Wenn Männer und Frauen sich reichlich mit goldnem Schmuck behängten und in pelzverbrämter bunter Gewandung einhergingen, so wird auch die Einrichtung ihrer Wohnung nicht von Luxus frei gewesen sein. Wir besitzen noch das interessante Testament des oft erwähnten Herbord Schene aus dem Jahre 1412. Darin verfügt er über zahlreiche Stücke seines Hausraths zu Gunsten befreundeter Männer und Frauen, und die Beschreibung der Stücke läßt deutlich erkennen, daß es ihnen an künstlerischem Schmucke nicht fehlte.

Aber freilich entsprach der geschmückten Innenseite des Hauses wol nur selten auch das Aeußere, wie denn ein verfeinerter Luxus und eine halbbarbarische Rohheit in diesem Zeitalter, wie in anderen, ungenirt Hand in Hand gingen. Die Straßen werden meistens in einem entsetzlichen Zustande gewesen sein, wenn man den heutigen Maßstab anlegt. Pflaster kannte man nur in wenigen, obwol schon im Beginne des vierzehnten Jahrhunderts ein kunstfertiger Mann das Bremische Bürgerrecht erworben hatte, der Steinwege zu machen versteht, wie das Bürgerbuch notirt. Wie er sie gemacht hat und wie die Hausbesitzer, denen die Pflicht meist oblag, das Pflaster unterhielten, wissen wir freilich nicht. Ein für uns undurchdringlich erscheinender Schmutz wird die Straßen gewöhnlich bedeckt haben, wenn nicht die

Sonne einmal Reinmachetag hielt. Wenn noch in der zweiten Hälfte des fünfzehnten Jahrhunderts der Rath mittelst der alljährlich von der Laube des Rathhauses verlesenen kundigen Rolle den Bürgern einschärfen mußte, den auf die Straße geworfenen Mist vor Abend abzufahren und wenigstens da, wo ein Heerweg durch die Stadt gehe, das heißt an den Hauptstraßen, sin swinekaven gesichte nicht an die Vorderfront der Häuser zu legen — man erinnere sich dabei, daß damals das Halten von Schweinen in der Stadt ganz allgemein war —, ja wenn noch zwei Jahrhunderte später aus Anlaß des Besuches vornehmer Gäste eine Reinigung der Straßen anbefohlen werden mußte, so haben wir uns von dem gewöhnlichen Zustande der Straßen um 1400 sicherlich ein Bild zu machen, wie es heute nur ein schmutziges Dorf bietet.

Daß an solchen Straßen die Außenseite der Häuser nicht sauber gehalten wurde, versteht sich von selbst; künstlerischer Zierrath der Mauern gehörte zu den Ausnahmen, und selbst die kleinen Puttenscheiben fehlten noch manchesmal in den Fenstern. Uebrigens sind hier in baupolizeilicher Hinsicht schon früh gute Vorschriften gegeben worden. Schon unser ältestes Stadtbuch aus dem Anfange des vierzehnten Jahrhunderts fordert für Neubauten feuersichere Mauern, gewährt den Erbauern von Eckhäusern besondere Erleichterungen, indem es ihnen von Stadt wegen gewisse Quanten von Ziegeln zur Verfügung stellt, trifft Maßregeln für die Errichtung von Giebeln, für Wasserabläufe und sofort. Aber die leidige Gewohnheit, die Häuser durch Ausbauten aller Art in die öffentliche Straße hinein zu erweitern, konnte man schon damals nicht bemeistern. Das individuelle Belieben trat, wie überall im Leben, so auch in den Wohnungseinrichtungen in häufigen Widerspruch gegen das öffentliche Interesse.

Einen bedeutsamen äußern Culturfortschritt hatte Bremen kurz vor Schluß des vierzehnten Jahrhunderts zu verzeichnen

gehabt, die Anlegung des Wasserrades an der großen Weser=
brücke im Jahre 1394. Die bekanntlich noch jetzt existirende
Privatgesellschaft, welche damals die erste Wasserversorgung
der Stadt ins Werk setzte, besitzt noch den schönen Codex, in
welchen die Gründungsurkunde und die ersten Statuten der
Flotgate, des Wasserrohrs, eingetragen worden sind. Eine
Gesellschaft aber, welche nach diesem guten Beispiel sich die
Erleuchtung der Gassen zur Aufgabe gemacht hätte, hat noch
Jahrhunderte auf sich warten lassen.

Wie unabhängig sind wir heute von der Tageszeit, wie
sehr werden wir es künftig sein, wenn überall die elektrischen
Strahlen die des Tages ablösen werden! Damals muß das
tägliche Scheiden der Sonne mit ganz anderen Empfindungen
betrachtet worden sein, denn dann hüllte tiefe Nacht die
Straßen und meist auch das Innere der Häuser ein, und
nur bei seltenen festlichen Anlässen oder wenn äußere oder
innere Gefahren drohten, wurde den Bürgern geboten, ein
Licht an ihrem Hause auszuhängen. Wer sonst nach Sonnen=
untergang die Straßen mit einiger Sicherheit vor Unfällen
passiren wollte, mußte sich selbst den Weg beleuchten. Der
ruhige Bürger aber mied dies gern; er saß lieber den langen
Winterabend mit Weib und Kindern und Gesinde in seiner
Dornse, dem einzigen heizbaren Gemache, oder am Heerd=
feuer bei trüber Thranlampe und einem Gespräch über Groß=
vaters Zeiten oder über die Balgerei, die heute Morgen auf
dem Markte stattgefunden hatte. Früh kroch er ins Feder=
bett, um auch früh mit dem Hahnenschrei wieder an der
Arbeit zu sein. So riskirte er nicht, nächtlicherweile auf der
Straße den Hals zu brechen oder trunkenen oder gar
räuberischen Gesellen in die Hände zu fallen, die spät aus
der Amtsstube heimkehrten oder in der pechschwarzen Finster=
niß ihr loses Handwerk trieben.

Zwar sperrte man jeden Abend sorgfältig die Stadtthore
zu und auf die Thorthürme zog eine Wachtmannschaft, aber
damit wollte man die Stadt nur gegen äußere Anfälle schützen,

einen inneren Sicherheitsdienst gab es nicht; ein jeder mußte sich, so gut er konnte, selbst seiner Haut wehren, oder er erhob ein Gerüfte, das die Bürger des Stadtviertels, in dem es geschah, aus den Betten und zu ihren Waffen rief, um den handthätigen Mann dingfest zu machen. Und gewiß vermehrten sich Raufereien und Schalksstreiche bei Tag und bei Nacht gar sehr in Zeiten, da der Rath, wie um 1400, beständig eine große Schaar von Söldnern im Dienste hatte und die Stadt nicht leer wurde von diesem rauflustigen Gesindel, das heute diesem und morgen jenem Herrn nachlief, immer dem, der ihm den reichsten Sold, die fetteste Beute und das lustigste Leben verhieß. Die Bürger aber behielten noch ausschließlich den Wachtdienst daheim, den Schutz ihrer Mauern. Es war eine der lästigsten Pflichten des Bürgers und nicht ohne gelegentliche Widersetzlichkeit wurde sie ausgeübt, das Schlafen auf den Thoren, wie man es nannte, welches sie zwang in regelmäßigem Wechsel Abends die Thorthürme zu beziehen.

Allerdings konnten sie sich dort wol für gewöhnlich gemächlich den Armen des Schlafes überlassen, die Mauern und Thürme, Wall und Graben schützten die Stadt schon genug gegen einen nächtlichen Handstreich. Anders wurde es aber, wenn Herren oder Ritter der Stadt ihre Fehdebriefe gesandt hatten, oder wenn etwa die Grafen von Delmenhorst und Hoya, wie grade um 1400 mehrfach geschah, unter einander in Fehde lagen und mit ihren Rittern und Knechten unter wehenden Bannern Durchzug durch die Stadt begehrten. Da wurde manchesmal auch von außen her der Friede der Nacht gestört und Waffengeklirr und Pferdegetrappe setzten die ruhigen Bewohner, die Weiber und Kinder in Furcht und Schrecken.

Indes das damalige Geschlecht war an das Außerordentliche gewöhnt. Gewaltthaten gegen Leib und Leben, Räubereien und Brandstiftungen gehörten zu den alltäglichen Vorkommnissen. Wie oft endete das auf offenem Markte

gehegte Vogtsgerichte damit, daß Meister Hans, der Scharf=
richter, um ein Urtheil gefragt wurde, dessen blutiger Vollzug
sofort vor aller Augen stattfand. Die von Kindheit auf an
solchen Anblick Gewöhnten konnten auch Massenhinrichtungen,
die nicht allzu selten vorkamen, ruhigen Blutes mit ansehen.
Von dem grausamen Humor des Volkes selbst bei derartigen
Schauspielen ist uns manche Erinnerung aufbewahrt.

Es war ein rauhes Geschlecht, dem das Leben in harter
Arbeit und derbem Genuß dahin ging, mit jähen Wechseln
des Geschicks vertraut, von einer bunten Mannigfaltigkeit
äußerer Ereignisse umgeben, wie sie heute nur in abenteuer=
lichen Laufbahnen erscheinen, dagegen aber arm an geistigem
Lebensgenuß, wie er jetzt selbst in niederen Volksklassen zum
täglichen Brode gehört, arm an idealen Gütern, ob auch
Architektur und Malerei, Poesie und Gesang hie und da
einen Strahl des Schönen in ihr Leben warfen und selbst
die in Formen erstarrte Religion doch nicht jeder sittlichen
und geistigen Erhebung bar war. Aber unter der rauhen
Hülle und dem harten Realismus steckte doch das deutsche
Gemüth mit seiner treuen Hingabe an große und kleine Auf=
gaben des Lebens, mit seiner Opferwilligkeit und Liebe, mit
seiner Sehnsucht nach dem Unendlichen und seinem uner=
schütterlichen Glauben an Gott.

Und die Pflegerinnen und Hüterinnen dieses Hortes
waren damals, wie heute, die Frauen, über die noch ein
Wort zu sagen bleibt. Unsere Kunde über sie ist freilich
noch unendlich viel spärlicher als die über Leben und Treiben
der Männer. Nur selten traten sie aus ihrer bescheidenen
Sphäre hervor und boten dem Gesetzgeber oder gar dem
Geschichtschreiber einen Anlaß ihrer zu erwähnen. Hochzeit
und Kindtaufe und der Kirchgang der jungen Mutter bildeten
in einer Zeit, welche der Frau geistige Anregungen noch fast
ganz versagte, in noch viel höherem Grade als heute die
Höhepunkte ihres Lebens. Aller Schmuck und aller Glanz
mußten sich auf sie vereinen. Da wurden die Perlen und

Korallen, die goldenen Spangen und seidenen Gewänder wieder hervorgeholt, die schon die Mutter bei gleichem Anlasse getragen hatte, und eine reichbesetzte Tafel mußte den Wohlstand des Hauses verkünden. Aber früh schon sah sich der Gesetzgeber veranlaßt, dem übertriebenen Luxus bei solchen Festen zu steuern. Die Zahl der Gäste und der Schüsseln, der Musikanten und der Zuckerbäcker wurde vorgeschrieben, und selbst der abendliche Tanz, der das fröhliche Hochzeitsfest abschloß, unterlag der Controle des Raths, der freilich auch seinen eigenen Mitgliedern Vorschriften über die Bewirthung ihrer Collegen machte. Auch wenn die Tochter das Elternhaus verließ, um sich dem himmlischen Bräutigam in Heiligenrode, Lilienthal oder Osterholz zu vermählen, gab es eine Art von Hochzeitsfest, bei dem die Freundschaft nicht fehlen durfte, und selbst wenn sie nur ging, um in eins der beiden städtischen Beginenhäuser einzutreten, Stiftungen, in welchen kein Gelübde sie band und der Austritt freistand, so wurde das doch zum Anlaß einer häuslichen Feier. Und von diesen seltenen festlichen Tagen abgesehen, was war das Geschick der Frauen? Eine Andachtsstunde in der Kirche, die Mühen des Haushalts und der Kindererziehung, ein Gevaterinnengespräch am späten Nachmittag, sei es auf der Bank vor der Hausthür oder drinnen in der Kammer beim schnurrenden Spinnrad und sicher viele, viele sorgenvolle Nächte, wenn Gatte oder Sohn auf Reisen über See und Land gezogen waren in ferne Gegenden, von deren Natur die Frau sich keine Vorstellung machte, die nie einen Fuß über die Grenzen des Stadtgebiets hinaus gesetzt hatte, oder wenn sie gar ihnen Wehr und Waffen hatte putzen müssen, um sie davon reiten zu sehen in das Würfelspiel des Krieges. Wie viele erhielten niemals wieder Kunde von dem Geschick des Entfernten! Ein früher Witwenstand war das gemeine Loos, denn schneller als heute verzehrten jene Zeiten die Kräfte der Männer. Aber auch für Liebesthaten bot die Zeit den Frauen noch andere Gelegenheit als heute. Das

Beispiel der Frau Margarethe Ploys, die im Jahre 1375 das Witwenhaus auf der Tiefer stiftete, das heute noch als Jakobiwitwenhaus fortlebt, steht freilich vereinzelt da, aber gewiß nur in Bezug auf die Größe der Stiftung. Wo die Noth sich in tausend Gestalten dem Auge täglich viel eindringlicher aufdrängte als jetzt, werden Hand und Herz der Frau nicht müßig geblieben sein; auch fehlt es uns nicht an Zeugnissen über ihre Theilnahme an der Kranken- und Verwundetenpflege. Im Großen und Ganzen verfloß das Leben der Frau in einem sehr engen Kreise, aber es ist ihr Ruhm, daß sie ihn nur selten überschritten. Und wenn der Eingangs erwähnte Sänger von den Bremern preist, daß sie auf Zucht und Ehre hielten, so gebührt das Lob noch mehr den Frauen, denn sie hatten die wackeren Bürger erzogen, deren höchster Stolz es war, ihre Vaterstadt an Ehren und an Frieden reich zu machen.

4.
Luther und die Reformation in Bremen.*)

Die große geistige Bewegung, welche sich an Luthers Namen knüpft, hat frühzeitig unsere Stadt in ihre Wellenkreise mit hereingezogen. „Eure Stadt, schreibt 1533 Bugenhagen an den Rath, hat mit den ersten die reine Lehre des Evangelii wider der Pfaffen Irrthum und Verführung angenommen und ist ein sonderlich Mirakel Gottes, daß ihr beständig geblieben seid in so vielfacher Anfechtung und Gefahr." Und die Bremischen Prädikanten, welche in dem gleichen Jahre die Kirchenordnung unserer Stadt dem Rathe mit einem Briefe übersandten, danken Gott dafür, „daß er den süßen Geruch Christi von Anfang der evangelischen Lehre Ihren Ehrbarkeiten hat lassen zu Herzen gehen, wolschmecken und gefallen, daß Ihre Ehrbarkeiten die Erstlinge gewesen sind unter den Sachsen in Christo Jesu und in demselben so unbeweglich gegründet, daß keine Pforten der Hölle, keine List noch Macht der Widerstreiter des Reiches Christi ihren göttlichen Lauf haben können behindern."

Bekanntlich war es der niederländische Augustinermönch Heinrich von Zütphen, welcher am 9. November 1522 hier zum ersten Male das Evangelium öffentlich verkündigte. Er

---

*) Für den vorliegenden Aufsatz verweise ich auf die im Bremischen Jahrbuche, Serie 2 Band 1 herausgegebenen Quellen zur Bremischen Reformationsgeschichte.

war, als er im Frühling des genannten Jahres hörte, daß seine Ordensbrüder in Antwerpen um des Evangeliums willen Verfolgung zu erdulden hätten, eiligst von Wittenberg dahin aufgebrochen, um an dem Kampfe für die evangelische Sache Theil zu nehmen, die er bisher nur in theologischen Disputationen, noch nicht im Leben hatte verfechten können. Kühnen Muthes verkündete er, unbekümmert um die Schergen der Stadthalterin Margarethe, die neue Lehre, und mit wie glänzendem Erfolge, das zeigte sich, als er am Michaelistage auf Befehl der Stadthalterin in ein Dominikanerkloster gefangen gesetzt wurde, um am nächsten Tage nach Brüssel geführt zu werden. Da rotteten sich Tausende von Weibern zusammen und entrissen, von einigen Männern unterstützt, ihren Liebling mit Gewalt seiner Haft. Aber freilich war seines Bleibens in den Niederlanden nicht länger. Er zog von dannen, um in Holland und Westfalen die Ordensbrüder zu begrüßen und dann zu dem verehrten Meister und in sein geliebtes Studium nach Wittenberg zurückzukehren. Sein Weg führte ihn durch Bremen, das er betrat ohne Ahnung davon, wie er selbst bezeugt, daß auch hier das Evangelium sich schon zahlreiche Freunde erworben hatte, welchen nur der Verkündiger des Wortes fehlte, um den Bruch mit der Vergangenheit zu vollziehen.

Aber wie sollte nicht die gewaltige Erregung der Geister, welche seit fünf Jahren in steigendem Maße den größten Theil Deutschlands ergriffen hatte, auch hier sich schon fühlbar gemacht haben?

Wir haben Zeugnisse dafür, daß auch die vorreformatorischen Bewegungen in der Kirche hier nicht unbemerkt vorüber gegangen waren. Heinrich Tote, ein Bremer Kind und in seinen späteren Lebensjahren auch Mitglied unseres Domcapitels, nahm zur Zeit des Baseler Concils einen hervorragenden Platz unter den Männern ein, welche eine innere Reform der Kirche anstrebten. Nicht ganz unbedeutend ist die Zahl der Bremer gewesen, welche im 15. Jahrhundert die

Hochschulen in Prag und Erfurt und muthmaßlich auch
andere diesseits und selbst jenseits der Alpen besuchten. Es
kann nicht zweifelhaft sein, daß mindestens ein Theil von
ihnen neben der Kenntniß der Fachwissenschaft auch die
humanistische Bildung mit heimbrachte, welche den die Geister
erdrückenden Alp der Scholastik brach und durch die Erziehung
der Menschen zu selbständigen Ingenien einer der wirksamsten
Factoren zur Vorbereitung der kirchlichen Reform wurde.
So war am Beginne des 16. Jahrhunderts die Zahl der
gebildeten Männer in unserer Stadt gewiß keine kleine in
den geistlichen Corporationen sowol wie im Rathe und unter
den übrigen Bürgern. Ein Mann, wie der gelehrte Dom=
cantor Martin Gröning, der warme Freund Reuchlins und
elegante Latinist, stand nicht allein unter seinen Landsleuten.
Ob er der Reformation, deren Einzug in Bremen er nicht
mehr erlebte, sich würde zugewandt haben, darf freilich billig
bezweifelt werden. Es ist ja bekannt genug, daß gerade
unter den Männern, welche die Aristokratie der Bildung in
Teutschland vertraten, sich entschiedene Gegner der Refor=
mation fanden, nicht etwa weil sie eifrige Verfechter des
Papismus gewesen wären, sondern weil diese große Bewegung
ihre Kreise störte und die freie geistige Bildung zu gefährden
schien. Denn sie löste noch ganz andere Elemente als nur
die geistigen Capacitäten in den Menschen los und ergriff
vor allen die große Masse der Bevölkerung, bei welcher die
geistigen Bedürfnisse vollkommen verschlungen wurden von
gemüthlichen Affecten und selbst von viel gröberen Motiven.

Von der humanistischen Bildung allein hätte niemals
eine Erneuerung des kirchlichen Lebens, dem ihre Träger
meist entfremdet waren, erwartet werden können. Nur unter
dem Einflusse einer so mächtigen Persönlichkeit, wie diejenige
Luthers, trat wol der Humanismus selbst in Melanchthons
ängstlicher Natur direct in den Dienst der Reformation oder
er unterstützte dieselbe doch nachdrücklich, wenn er, wie in
Ulrich von Hutten, mit warmer nationaler Gesinnung und

lebhafter Kampfeslust verbunden war. Auf seinen vielfachen Streifzügen durch das deutsche Land ist Hutten zwar in unsere Gegenden nie verschlagen worden, aber es kann nicht bezweifelt werden, daß sein Name und seine Schriften auch in unseren Mauern bekannt waren, wie denn die Kenntniß jener kostbaren Satire auf das Pfaffenthum, der Briefe der Dunkelmänner, hier sicher vorausgesetzt werden darf wegen der nahen Beziehungen Martin Grönings, der in den Briefen selbst genannt wird, zu den Kreisen, von welchen sie ausgingen. Daß die satirische Auffassung kirchlicher Mißbräuche auch der hiesigen Anschauung nicht fremd war, zeigt eine kleine Anekdote aus dem Beginn des 16. Jahrhunderts. Im Jahre 1503 erlebte Bremen das seltene Schauspiel des Einzuges eines römischen Kirchenfürsten, des Cardinals Raimund, welcher hierher kam, den Ablaß zu verkünden und vor allem zu verkaufen: er brachte in drei Tagen in der That mehr als sechstausend Gulden an Sündengeld zusammen, ein Resultat, welches einen wackern Rathsherrn, der den Witz hernach eigenhändig in das Rathsdenkelbuch eingetragen hat, zu dem Scherzworte veranlaßte: Das Brod Christi sei recht nahrhaft.

Aber daneben fehlte es auch hier nicht an ernsten Bestrebungen, den Gottesdienst, der immer mehr ins Breite und Flache gegangen war, wieder zu verinnerlichen, ihm die Sprache des Gemüths, die ihm unter leeren Formen verloren gegangen war, zurückzugeben. In solcher Richtung wirkten die Brüderschaften, die uns seit dem 15. Jahrhundert an der Liebfrauen-, der Martini-, der Anschariikirche bekannt sind; aber freilich blieben sie vollkommen in den Schranken der alten Kirche und man darf annehmen, daß gerade aus der Mitte dieser Brüderschaften den Ablaßkrämern große Summen zugeflossen sind.

Genug, überall regt sichs auch hier gegen die alte Ordnung. Die blanke Waffe classischer Bildung kämpft gegen die verrostete mönchische Schulweisheit, die Satire schießt ihre Pfeile auf das Pfaffenregiment und seine argen Auswüchse, ernste Naturen suchen wenigstens nach neuen Formen des Gottesdienstes, da ihnen der Gedanke an einen neuen Inhalt desselben noch völlig fern liegt.

In einen solchen Zustand der Geister fiel die Kunde von Luthers Angriff auf die Kirche, kamen dann schnell nach einander seine gewaltigen Schriften, die in Tausenden von Exemplaren durch ganz Deutschland verbreitet wurden, drang die Erzählung von jener wunderbaren Scene auf dem Wormser Reichstage, die den unscheinbaren armen Mönch zum gefeierten Helden der Nation machte. Und konnte nicht neben diesen Zeitungen mancher, der in Wittenberg zu Luthers Füßen gesessen, der jener Verbrennung der päpstlichen Bann= bulle mit beigewohnt hatte, aus persönlichen Eindrücken die Begeisterung nähren, welche die Herzen entflammte? Aber noch fehlte es an dem geistlichen Führer, welcher den neu= erweckten Gedanken den richtigen Ausdruck gab und die Gemüther mit sich fortriß aus der alten in die neue Kirche, aus dem Mittelalter in die neue Zeit.

Auch konnte man unmöglich erwarten, daß alle die Opposition gegen die bestehende Ordnung so geistig auf= faßten, wie ihr Urheber. Der Kampf gegen die Verwelt= lichung und Zerstörung der religiösen Idee durch die Kirche übersetzte sich bei gröberen Ingenien alsbald in einen Sturm auf gewisse verbürgte oder mißbräuchliche Vorrechte der Geistlichen. Die Freiheit von Schoß und Accise, von Nacht= wachen auf den Thürmen der Stadt und von anderen per= sönlichen Verpflichtungen der Bürger, Jahrhunderte lang ohne Anstoß ertragen, erschien hier wie anderwärts unter der grellen Beleuchtung, welche plötzlich die kirchlichen Dinge und die geistlichen Personen erfahren hatten, einem Theile der Bevölkerung unerträglich und als vor allen anderen Angelegenheiten der Reform bedürftig. Ja in einigen Köpfen unserer Bevölkerung spiegelte sich der reformatorische Gedanke zunächst lächerlicherweise in der Anschauung wieder, daß der Mißbrauch, den einige Geistliche mit der Verzapfung von

Hamburger Bier gegen Geld trieben, nicht länger zu dulden sei. Im Frühjahre 1522 kam es dahin, daß allerlei Volk, Männer und Weiber, Knechte und Mägde, zu einem Canoniker von St. Steffen, welcher sechzehn Tonnen Hamburger Biers sollte erhalten haben, eindrangen, zunächst in seinem Hofe sich das Bier wolschmecken ließen und endlich eine Tonne, die jener ihnen preisgab, mitschleppten und auf offenem Markte unter der Laube des Rathhauses zu Ehren der Reformation austranken.

Verzeihlicher Irrthum roherer Naturen, denen der Gedanke nur in grobsinnlicher Gestalt nahetreten kann und für welche die Idee der Kirche, ja der Religion nur in den Persönlichkeiten der Priester sich darstellt.

Es war Zeit, daß die Gemüther auf andere Wege gelenkt wurden. Aber wie zahlreich auch die Bremische Geistlichkeit war — man wird an Mönchen und Weltgeistlichen sicherlich hundert Köpfe und mehr gezählt haben — in ihrer Mitte fand sich noch keiner, welcher von dem reformatorischen Geiste erfaßt worden wäre, oder wenigstens keiner, der es gewagt hätte, sich öffentlich zu Luther zu bekennen.

Um so lebhafter begrüßten die bereits evangelisch gesinnten Bürger unserer Stadt, deren einige ihn schon früher, sei es in Wittenberg oder in den Niederlanden kennen gelernt hatten, den flüchtigen Bruder Heinrich, der ihrer Bitte um die Verkündigung des Evangeliums alsbald willfahrte. Mit jener ersten evangelischen Predigt, welche am 9. November 1522 in unsern Mauern gehört wurde, war die Zukunft Bremens entschieden. Nicht einen Augenblick mehr hat die Stadt geschwankt: es gab so wenig unter den Bürgern wie im Rathe noch eine katholische Partei. Die fast unbegreifliche Schnelligkeit, mit welcher die alte Kirche versank, zeigt, wie morsch ihr Gebäude gewesen war.

Gewiß hat die Persönlichkeit des Bruders Heinrich zu diesem raschen Erfolge des Evangeliums sehr viel beigetragen.

Er war noch jung an Jahren, aber von vielseitiger wissenschaftlicher Bildung. Ihm war unter der Führung Melanchthons das klassische Alterthum so wenig fremd geblieben, wie die Subtilitäten der scholastischen Philosophie; er hatte gedankenvoll den Lauf der Gestirne beobachtet und war trotz der Kutte dem Leben auf der Erde nicht fremd geworden. Mit der vollen Begeisterung der Jugend hatte er sich Luther angeschlossen, der wie Melanchthon und Wenceslaus Link, wie alle seine Studiengenossen in Wittenberg, den tiefen und großsinnigen, den weisen und bescheidenen Mann liebte. Wer wäre wie er, dem ein feuriges und kühnes Herz unter dem Mönchsgewande schlug, geeignet gewesen zum Pionierdienst für die evangelische Sache! Wie wußte er durch das Gewicht seiner Gründe die Männer und die Frauen durch die zündende Gewalt seiner Beredsamkeit zu fesseln! Wie in Wittenberg und in den Niederlanden, so flogen ihm auch hier alle Herzen entgegen. Und noch heute verleugnet sich nicht der Zauber dieser glänzenden Persönlichkeit, wenn man ihren Spuren in Briefen und anderen Schriften und in der historischen Ueberlieferung folgt, für welche wir keinem Geringeren zu danken haben, als Luther selbst.

Denn von nun an nahm der Reformator lebendigen Antheil an der Entwickelung seines Werkes auch in unserer Stadt. Es ist selbstverständlich, daß Luther mit gespannter Aufmerksamkeit die Ausbreitung seines Anhanges durch Deutschland und über dessen Grenzen hinaus verfolgte, aber es überrascht doch, wenn man im Einzelfalle wahrnimmt, wie viel Interesse der vielbeschäftigte Mann einer einzelnen ihm ferngelegenen Stadt zuwandte, selbst wenn die Fortbildung der Reformation in ihr so unbestritten war, wie in Bremen. Freilich war er durch nahe persönliche Beziehungen nicht allein mit Heinrich von Zütphen verknüpft, sondern auch mit mehreren der später nach Bremen berufenen evangelischen Geistlichen; insbesondere verband ihn herzliche Freundschaft mit Jakob Probst, mit welchem er bis an seinen Tod in regem brieflichen Verkehre blieb. Aber wie viele Freundschaften banden den vielbefreundeten Mann nicht nach allen Richtungen hin! Nein, es gehört unstreitig zu den großartigen Seiten dieser mächtigen Persönlichkeit, daß er den Blick unablässig auf ganz Deutschland gerichtet hielt, daß er mit sorglichster Genauigkeit beständig die Geschicke aller einzelnen Glieder der vielgespaltenen Nation verfolgte, weil ihm das Geschick der ganzen Nation am Herzen lag, weil er, der unserem Volke zuerst eine gemeinsame Sprache geschenkt hat, vielleicht zuerst von allen Deutschen innerlich in seinem Wesen die Gegensätze von Nord und Süd überwunden hatte und mit gleichem Interesse und mit gleicher Liebe die Vorgänge in allen Himmelsstrichen seines Vaterlandes begleitete.

Für Heinrich von Zütphen verstand es sich von selbst, daß er von der Wirksamkeit, die ihm hier zugefallen war, und von dem Widerstande, dem er natürlich bei der Geistlichkeit begegnete, alsbald Meldung an den Meister in Wittenberg machte. Schon zu Anfang December hatte er eine nicht mehr erhaltene Antwort von Luther, die er selbst als Trostbrief bezeichnet und welche seiner Wirksamkeit vollen Beifall spendete. An seinen Freund Wenceslaus Link aber, den Nachfolger des würdigen Staupitz als Vicar der deutschen Augustinercongregation, schrieb Luther um die gleiche Zeit hocherfreut von der wunderbaren Sehnsucht, welche das Volk in Bremen ergriffen habe und wie einige Bürger jüngst einen eigenen Buchhändler nach Wittenberg gesandt hätten, von dort Bücher für sie zu bringen, selbstverständlich namentlich Schriften des Reformators. Sie mußten in dem Augenblicke, da die evangelische Predigt hier zuerst erscholl, außerordentlich begehrt sein und nicht leicht zu erlangen, da es in Bremen noch keine einzige Druckerpresse gab, welche — ein sonst damals völlig erlaubtes Mittel — die Schriften hätte nachdrucken können.

Es war eine Zeit, da einen Augenblick die ganze Bevölkerung unserer Stadt, Mönche und Pfaffen allein aus genommen, hingerissen war von dem neuen religiösen Ideal, einer jener seltenen Momente, da die Gemüther ganz von einem Gedanken erfüllt sind. Wie sehr nun auch die Pfaffen, insbesondere die schwarze Miliz des Papstes, die Dominikanermönche, schreien mochten, wie auch der Erzbischof ungeberdig dreinfuhr gegen den verlaufenen Mönch, der ohne seine Einwilligung blos auf das Geheiß der Bürger predige, was hatten sie noch einzusetzen gegen das urplötzlich zu einer Macht gewordene protestantische Bewußtsein, an welchem ihre geistlichen Waffen, Bannfluch und Interdikt, wirkungslos abprallten, ein Spott derer, die von ihnen betroffen werden sollten?

Was konnten die Verhandlungen frommen, in denen sich am Schlusse des Jahres 1522 und während eines großen Theils des folgenden Jahres die Deputirten des Rathes und die des Erzbischofs und der übrigen Klerisei erschöpften? Der Erzbischof forderte vor allem andern die Auslieferung des Bruders Heinrich, um dessen Eingriffe in die erzbischöflichen Rechte und seine durch Papst und Kaiser verbotene lutherische Ketzerei zu strafen; der Rath, auch wenn er gewollt hätte, hätte die Auslieferung schon nicht mehr wagen dürfen, so sehr beherrschte Bruder Heinrich die Herzen der Bürger. Wir kennen den Inhalt seiner Predigten, der sich ohnehin aus dem reformatorischen Standpunkte ergiebt, noch insbesondere aus einem Berichte des erzbischöflichen Generalofficials an den Erzbischof. Die radicale Entschiedenheit, mit welcher sie den Papst als Antichrist, die Bischöfe und Priester als diejenigen bezeichnen, welche das Evangelium mit Füßen treten, jeden Unterschied zwischen Priester und Laien in geistlicher wie in weltlicher Hinsicht ableugnen, den Bilder- und Heiligendienst verwerfen, das Fegfeuer und die ewigen Höllenstrafen für unvereinbar mit dem Willen Christi, daß allen geholfen werde, und die Consecration der Priester für werthlos erklären, wie mußte nicht diese neue Weltanschauung bezaubernd auf die Gemüther wirken, welche urplötzlich wie aus dumpfem Traume erwacht den Hauch der evangelischen Freiheit spürten, wo bislang nur Priesterwillkür über ihnen gewaltet hatte? Wenn Bruder Heinrich weiter lehrte, daß der Bremische Rath der Herr und Obere aller und jeder Priester und geistlichen Personen der ganzen Stadt Bremen sei und daß die Geistlichen alle Lasten gleich den Bürgern zu tragen hätten, so fanden in diesen Anschauungen viele ihre geheimsten Wünsche wieder und schworen um so fester auf die Wahrheit der Lehren des Augustinermönchs. Und wenn er die Bischöfe für Diebe, Räuber und Seelenmörder erklärte, so mochte manchem das Bild des Erzbischofs Christoph vor Augen treten, dessen Persönlichkeit am wenigsten geeignet war, die verlorene Sache des Katholicismus zu stützen. Eine grobsinnliche Natur, von früher Jugend auf nur dem gemeinen Genusse ergeben, ein Prinz jenes braunschweigischen Fürstenhauses, das schon einmal eine nicht minder unwürdige Persönlichkeit auf den Stuhl des heiligen Anskar geliefert hatte, besaß er um so weniger nachhaltigen Einfluß, als er genau wie jener Vorgänger von einer stets wachsenden Schuldenlast bedrückt wurde. Was sollten Verhandlungen mit ihm nützen, da es sich hier nicht um ein Mehr oder Minder bürgerlicher Freiheit oder fürstlicher Machtvollkommenheit handelte, wie in all den Verhandlungen, welche die Jahrhunderte her friedlich oder mit den Waffen in der Hand zwischen Erzbischof und Stadt geführt worden waren, sondern um zwei Weltanschauungen, zwischen denen es keinen Ausgleich gab?

Der Rath lehnte die Auslieferung Heinrichs entschieden ab, bis der Mönch überwunden sei, daß er falsch und ungöttlich predige. In der Stadt unter seinem Schutze ihn von gelehrten Leuten verhören zu lassen, wollte er einwilligen. Aber darauf ging die Gegenpartei nicht ein, denn in den trotz ihrer Fruchtlosigkeit so beliebten Disputationen jener Zeit behielt immer derjenige Recht, der die Macht der Meinung auf seiner Seite hatte. Der Rath lud insbesondere die Dominikanermönche gemeinschaftlich mit Heinrich vor sich auf's Rathhaus und suchte sie zu einem solchen Gespräch zu bewegen, zu dem Heinrich sich freundlich erbot. Aber die Mönche, denen nicht unbekannt war, wie sehr der verhaßte Augustiner beim Volke in Ansehen stand, lehnten jede Verhandlung mit dem Bemerken ab, daß ihnen eine Disputation von ihren Oberen verboten sei. Der Erzbischof wollte das Verhör unter seiner eigenen Aegide abhalten lassen und citirte Heinrich zum 10. März 1523 auf ein Provinzialconcil nach Buxtehude, unter Zusicherung seines fürstlichen Geleites. Aber wie hätte Heinrich in diese plumpe Falle gehen sollen, da schon in der Citation, ehe ein Verhör nur begonnen hatte, das Urteil über ihn gefällt war? Denn es hieß da, er solle erscheinen, um seine gefährlichen Irrthümer und falschen Lehren prüfen und discutiren zu lassen, und sie zurückzunehmen und abzuschwören unter den kirchlichen Censuren und Strafen, die im canonischen Rechte beschlossen seien.

Der Mißerfolg des Concils scheint den Erzbischof auf den Gedanken gebracht zu haben, sich des Mönchs, der seine geistliche Herrschaft gefährdete, mit Gewalt zu bemächtigen. Allerlei dunkle Gerüchte liefen im Sommer 1523 um von einem geplanten Ueberfall des Erzbischofs auf seine Hauptstadt. Auch fürchtete man für die Sicherheit der Stadt von König Christians II. von Dänemark Kriegsknechten; denn es hieß, er habe zum Kriege gegen seinen Oheim König Friedrich I. Durchzug durch das Stift begehrt, der Erzbischof habe ihm seine Hülfe zugesagt und bald würden sich die dänischen Knechte gemeinsam mit des Erzbischofs Mannen im Kloster St. Pauli festsetzen, jener alten Benedictinerabtei, die einer Festung gleich unmittelbar vor den Mauern der Stadt Bremen lag. Genug es kam dahin, daß einestheils der Abt für die Sicherheit seines Klosters fürchtete, anderntheils die Stadt sich durch das Kloster für gefährdet hielt. Der Abt wünschte, man möge ihm einen neuen Platz für sein Kloster innerhalb der Stadtmauern anweisen; ein erstaunliches Verlangen inmitten dieser Gährung, welche den Klöstern principiell feindlich gegenüber stand; aber auch ohne daß man diesem Wunsche stattgab, scheint er sich mit dem Abbruche seines Klosters doch einverstanden erklärt zu haben, nachdem er alle Kostbarkeiten und bewegliche Habe, sogar das Chorgestühl und die bunten Fenster aus ihm entfernt hatte. Gewiß ist, daß gegen Ende August 1523 unter ausdrücklicher Zustimmung oder vielmehr wol auf Befehl des Rathes ein Volkshaufen hinausstürmte und die alte Abtei niederriß.

Es ist im höchsten Maße wahrscheinlich, daß nur Gründe der äußern Sicherheit dieses Vornehmen veranlaßten, aber es ist unmöglich heute zu beurteilen, ob diese Gründe so zwingender Natur waren, daß sie den Rath berechtigten, die politischen Bedenken bei Seite zu schieben, welche die Zerstörung eines Klosters eben in diesem Augenblicke hervorrufen mußte. Die Sache mußte doch, welche Motive immer ihr zu Grunde lagen, ein enormes Aufsehen erregen. Und es kann keinem Zweifel unterliegen, daß die Bremische Bevölkerung selbst die That vom reformatorischen Gesichtspunkte aus auffaßte, in der Weise wie überall die große Menge die Reformation verstand.

Als nun gar ein Jahr später der Rath bei der noch immer bedrohlichen Haltung des Erzbischofs behufs größerer Sicherung der städtischen Vertheidigung auch die vor der Stadt gelegenen Capellen St. Michaelis und St. Johannis abbrechen ließ, da hatten es die Gegner leicht, ihn der Kirchenschändung anzuklagen und diese Thatsachen als Acte nicht der Nothwehr, sondern des ketzerischen Geistes und groben Friedensbruches vor Kaiser und Reich hinzustellen. Es sind dem Rathe länger als zehn Jahre durch Processe vor dem Kammergerichte und Klagen vor dem Reichstage vielfache Widerwärtigkeiten aus jenem Klostersturm erwachsen, bis endlich 1534 diese Sache mit anderen zur Entscheidung jenes allgemeinen christlichen Concils reservirt wurde, das neben zahlreichen anderen Fragen auch über die Fortexistenz der Klöster zu befinden berufen sein sollte.

Nach der Zerstörung des Paulsklosters hat der Erzbischof es an verschiedenen Gewaltstreichen gegen die Stadt nicht fehlen lassen. Die Landsknechte, welche er zur Bewältigung des aufständischen Landes Wursten geworben hatte, lagerten lange im Gebiete der Stadt Bremen, plünderten, mordeten und brannten in den Dörfern und schossen auch wol in die Stadt hinein. Als der Rath den Erzbischof, der selbst in der Nähe bei den Truppen war, bitten ließ, dem Unwesen zu steuern, erhielt er noch die spöttische Antwort, die Bremer seien ja reich genug, sich der wenigen Knechte zu erledigen. Etwas Wesentliches ausgerichtet hat der Erzbischof mit solchen Gewaltthaten so wenig, wie ihm irgend ein erhebliches Hemmniß der evangelischen Entwickelung in Bremen gelungen ist. Seine wiederholten Mandate wider die verdammte Lutherische Ketzerei und wider die Verbreitung und das Lesen Lutherischer Schriften, die erneueten Verhandlungen auf den Landtagen des Stiftes oder auf dem Capitelssaale des Bremer Doms blieben ohne jeden Eindruck.

Es konnte nichts fruchten, daß Lübeck, Hamburg, Stade, Buxtehude ihre Vermittlung in den Streitigkeiten anboten, daß man gelehrte Leute, Dr. Kilian König von erzbischöflicher Seite, Dr. Hieronimus Schorff aus Wittenberg von Seiten der Stadt heranzog; wenn auch dieser oder jener äußere Anstoß zu beseitigen war, ein gütlicher Ausgleich war um keinen Preis mehr zu treffen, denn mit jedem Tage trennten sich die beiderseitigen Anschauungen weiter von einander.

Wo man auf der einen Seite eine Lästerung des göttlichen Wortes empfand, sah man auf der andern eine Beschimpfung der lieben Heiligen, wo diese unerhörte Eingriffe in verbriefte oder lang hergebrachte Rechtstitel wahrnahm, berief sich jene Seite auf zwar ungeschriebene aber unverjährbare Menschenrechte. Zug um Zug wurden die gleichen Vorwürfe von beiden Seiten, nur freilich mit sehr verschiedenem Sinne erhoben, wie immer wo zwei Weltanschauungen mit einander im Kampfe liegen.

Der Rath fühlte in dieser gewaltigen Gährung die Last der Verantwortung zu stark, als daß er nicht hätte wünschen müssen, sie wenigstens in etwas mit seinen Bürgern zu theilen. Er ließ es geschehen, daß im Jahre 1523 ein Ausschuß von zehn Bürgern gewählt wurde, welche, wie es scheint, den besondern Auftrag hatten, der Ordnung der kirchlichen Angelegenheiten in der Stadt sich anzunehmen. Sie suchten die Mönche in den Klöstern und die Weltgeistlichen in ihren Kirchen auf, um sie zu bitten, daß sie wenigstens das Lästern auf die neue Lehre unterließen, aber wenn auch einer oder der andere seine Mönchskutte oder seinen Chorrock ablegte und zum Evangelium übertrat, im Ganzen mußte doch auch hier der gütliche Versuch mißlingen.

Man konnte es am Ende den Dominikanern nicht allzusehr verdenken, wenn sie in die neue Welt sich nicht fügen mochten und in ihrer Katharinenkirche gewaltig auf die Ketzer und auf den Rath schimpften. Die Ketzerrichterei war ja vom Ursprung her ihre Specialität gewesen. Der Rath verfuhr denn auch glimpflich genug mit ihnen, indem er die ärgsten Schreier aus der Stadt entfernte, um einige Jahre später, als die Gemüther sich mehr beruhigt hatten, ein liberales Abkommen mit ihnen zu treffen, welchem sie für den Rest ihres Lebens eine sorgenfreie Existenz verdankten. Andere Geistliche, armselige Tröpfe, die schwerlich begriffen, um was es sich in dieser welterschütternden Bewegung handele, begnügten sich mit dem passiven Widerstande, zu welchem ihr geistiges Unvermögen sie drängte. Uns ist die Antwort des Priesters zu Unser Lieben Frauen Martin Stedebargen auf die an ihn gerichtete Aufforderung, das Evangelium zu predigen, aufbewahrt; sie ist charakteristisch für Tausende von Priestern, welche die Noth, nicht der eigene Wille zu Gegnern der Reformation machte: he habbe Mijje jingen gelehrt und konde nicht predigen, he habbe sin Dage ock nicht gepredigt und wuste ock so Niemand in der Jle tho bekommen, de predigen konde in siner Stede.

Nun, Heinrich von Zütphen hatte bereits für eine Persönlichkeit gesorgt, welche die Predigt in der ersten Stadtkirche übernehmen konnte, es war der schon genannte Jacob Probst, gleich nahe mit Heinrich selbst wie mit Luther befreundet, ebenfalls ein Augustiner, ein niederländischer Landsmann Heinrichs, wie dieser aus der Heimath entflohen, nachdem er, weniger standhaft als jener, in harter Gefangenschaft seinen evangelischen Glauben abgeschworen hatte. Er hatte dann ein Jahr lang in Wittenberg gelebt und muthmaßlich dort die Ehe geschlossen mit einer Frau, die, mit Luthers späterer Gattin befreundet, das freundschaftliche Band zwischen den Pfarrhäusern in Wittenberg und Bremen noch enger schließen half. Probst kam um Pfingsten 1524 in unsere Stadt, in welcher Bruder Heinrich anderthalb Jahre lang den Dienst des Evangeliums ganz allein hatte versehen müssen. Luther, welcher die Wahl eben dieses Mannes veranlaßt hatte, schrieb voll Freude an Spalatin: Die Bremer machen Fortschritte im Worte; schon haben sie unsern Jacobus aus Ypern zum Evangelisten an eine zweite Kirche berufen. Etwas später aber traf auch schon ein dritter evangelischer Prediger hier ein, Johann Timann von Amsterdam, den sich die Pfarrleute von St. Martini erkoren hatten. Der Ueberlieferung zufolge soll auch er aus Wittenberg und also unter Luthers Einwirkung hierher gekommen sein, nachdem auch ihn die Verfolgungssucht des burgundischen Hofes zur Flucht aus den Niederlanden gezwungen hatte.

Mehr als dreißig Jahre haben Probst und Timann gemeinschaftlich in ihrer neuen Heimath gewirkt bis in die Zeit hinein des beginnenden Conflicts innerhalb der Bremischen Kirche, in welchem Timann bekanntlich mit zelotischer Strenge Hardenberg gegenüber den lutherischen Standpunkt vertrat. Auch Probst hat, abweichend von manchen anderen Freunden Luthers, über den Tod des Reformators hinaus streng an dessen Anschauung im Abendmahlsstreite festgehalten, aber ohne jenen Zug fanatischer Rechthaberei, der uns in Timann begegnet. Es scheint in Probst etwas von jener gemüthvollen Heiterkeit gewesen zu sein, die in Luthers Hause herrschte, wenn nicht grade Dämonen den Reformator plagten oder allzu ernste Sorgen seine Stirn umwölkten. In den uns erhaltenen Briefen Luthers an Probst — elf an der Zahl — klingt manchmal jene heitere Laune durch, welche auf eine gleichgestimmte Seele rechnet. So wenn er einem ernsten, ja mißmüthigen Schreiben, wie sie in Luthers letzten Lebensjahren nicht selten sind, im Auftrage seines Herrn, d. h. seiner Frau Käthe hinzufügt, ob denn das Meer hier ausgetrocknet sei? Denn nachdem durch das Evangelium die Erlaubniß, Fleisch zu essen, gekommen sei, würden Schollen, Hering und Makrelen in Wittenberg immer rarer, so daß man dort nicht so sehr durch die Freiheit des Evangeliums als durch die Noth des Hungers zum Fleischessen gezwungen werde. Vielleicht auch fürchte das Salzgethier den Zorn des Papstes, des Gottes der Erde, und die Meere fliehen seinen Blitzstrahl, nachdem dieser auf Erden verachtet wird. Kein Brief, mittelst dessen nicht Grüße zwischen den beiderseitigen Frauen gewechselt werden, denen in den späteren Jahren auch Grüße von Luthers Tochter Margarethe sich anschließen, welche sich Probst, wie Luther einmal sagt, selbst zum Pathenkinde erwählt hatte, und von der wiederholt ein Dank für kleine Geschenke übersandt wird. Man gewinnt den Eindruck, als ob das Ideal eines evangelischen Pfarrhauses, wie es Luthers Haus repräsentirte, einen Widerschein in dem seines Freundes Probst gefunden habe, mit welchem ernste und heitere Momente seines reichen Lebens zu theilen dem Reformator bis an seinen Tod Bedürfniß blieb, denn der letzte Brief, den er an Probst schrieb, ist vom 17. Januar 1546 datirt, nur einen Monat vor seinem Tode.

Probst und Timann waren nicht lange in Bremen, als Heinrich von Zütphen davonzugehen beschloß. Er folgte dem Rufe des Dithmarser Priesters Boye, weil er es für Unrecht hielt, in Bremen gute Tage zu haben, wo fortan Weiber und

Kinder geschickt seien, den thörichten Lehren der Papisten zu widerstehen, während andere an ihren Seelen Noth litten. Das war seine Art, kühnen Muthes überall in die vorderste Reihe der Kämpfer zu treten, keiner Gefahr zu achten, wo es sich um die Ausbreitung des Glaubens handelte, den er mit tiefster Seele erfaßt hatte. Er gleicht in der That in seinem Wesen so sehr, wie in seinem tragischen Geschicke, den Missionaren früherer Jahrhunderte, welche mit der Verwegenheit, die ihnen das Bewußtsein einer göttlichen Sendung gab, vor den Augen des empörten Volkes die Altäre der alten Götter zertrümmerten und ohne Zittern dem Märtyrertode entgegensahen. Er zog, obwol gewarnt vor den Tücken der Mönche, gegen Ende November 1524 von hier fort, um schon vierzehn Tage später zu Heide von den fanatisirten Bauern dem qualvollen Flammentode übergeben zu werden.

Die Nachricht davon mußte in Bremen, wo man zwei Jahre lang gewohnt gewesen war, in Heinrich den geistigen Führer zu erblicken, eine erschütternde Wirkung üben. Probst insbesondere, der alte Freund und Genosse des unglücklichen Märtyrers, war tief ergriffen. Er schrieb einen schmerzerfüllten Bericht an die ehemaligen Antwerpener Ordensbrüder, adressirte denselben aber schließlich an Luther, den er zugleich um einen Trostbrief an die Bremische Gemeinde bat. Wie hätte nicht auch Luther aufs lebhafteste berührt werden sollen von einem Ereignisse, das nicht allein die Sympathie des Menschen und zumal des Freundes herausforderte, sondern dazu ihm abermals das Geschick vor Augen stellte, das seine Feinde ihm selbst wol hätten bereiten mögen? Seine Theilnahme hat ein dreifaches Zeugniß hinterlassen. Denn dem von Probst begehrten Trostbriefe fügte er auch eine Auslegung des 9. Psalms und endlich eine Historie von der Marter des seligen Bruders Heinrich bei. In allen drei Stücken findet das persönliche, väterliche Verhältniß, in welchem Luther auch der Bremischen Gemeinde gegenüberstand, einen classischen Ausdruck. Aber welch ein Unterschied zeigt sich doch in der Auffassung Luthers und in derjenigen Probsts? Er ist ebensosehr durch den Abstand der persönlichen und örtlichen Beziehungen des Einen und des Andern zu dem schmerzlichen Ereignisse, wie durch den der Charaktere bedingt. Probst, noch ganz erfüllt von dem frischen Eindrucke der lebensvollen Persönlichkeit Heinrichs, ist bei der Nachricht von seinem grauenhaften Ende „betrübt bis zum Tod", er ringt sich nur schwer den Gedanken ab, daß auch in dieser Marter des Gerechten sich Gottes Wille offenbart habe. Der tiefe persönliche Eindruck überwiegt bei ihm die Würdigung der allgemeinen Bedeutung dieses Märtyrerblutes für die evangelische Sache. Luther erhebt sich sofort über den, durch die größere persönliche und örtliche Entfernung ohnedies gemilderten, Schmerz zu der allgemeinen Ansicht, welche seinem muthigen Herzen entspricht: „Weil denn der barmherzige Gott euch zu Bremen so gnädiglich heimsucht und so nahe bei euch ist, dazu seinen Geist und Kraft so scheinbarlich unter euch in diesem Heinrico erzeigt, daß ihr's ergreifen mögt, hab ich's für gut angesehen, seine Geschicht und Leiden an euch zu schreiben, auf daß ich euer Herz ermahne in Christo, daß ihr nicht betrübt seid, noch seinen Mördern in Diedmar übel nachredet, sondern fröhlich seid, Gott danket und lobet, der euch wirdig gemacht hat, solche seine Wunder und Gnaden zu sehen und zu haben."

Indem die drei Schriften sowol in der originalen Fassung Luthers als auch in einer wahrscheinlich von Bugenhagen besorgten niederdeutschen Uebersetzung alsbald im Druck über ganz Deutschland verbreitet und mit dem lebhaften Interesse, welches jede Schrift Luthers erweckte, gelesen wurden, lenkten sie aller Augen nicht allein auf das unglückliche Opfer seines Glaubens, sondern auch auf die evangelische Gemeinde unserer Stadt, die durch den Märtyrertod ihres Stifters gleichsam geweiht erschien.

Die Historie vom seligen Bruder Heinrich, in welcher Luther nicht nur die Marter und den Tod, sondern auch die

Bremische Wirksamkeit des Freundes auf Grund der eigenen Briefe desselben und Probst'scher Berichte dargestellt hat, reiht Luther geradezu unter die Bremischen Geschichtschreiber ein. Die Luther'sche Schrift ist von den Bremischen Chronisten ihrer Erzählung über den Beginn der Reformation in unserer Stadt fast wörtlich zu Grunde gelegt worden, und sie erweist sich, so weit sie an der Hand anderer Documente geprüft werden kann, im Großen und Ganzen als durchaus zuverlässig. Es wird nicht viele Städte in Deutschland geben, welche die historische Ueberlieferung über den Anfang ihrer Reformationsgeschichte auf einen so ehrwürdigen Ursprung zurückführen können, wie Bremen.

In der That haben der Tod Heinrichs von Zütphen und das Luther'sche Sendschreiben die Sache der Reformation in Bremen rasch gefördert. Das Jahr 1525 sah die letzten Reste des katholischen Cultus aus den Stadtkirchen verschwinden. Die Kirchengemeinden revindicirten ein uraltes christliches Recht, indem sie die widerspenstigen Geistlichen gewaltsam entfernten und evangelisch gesinnte an ihre Stellen beriefen. In der Kapelle des Rembertihospitals setzte der Rath kraft seines Patronatrechtes den evangelischen Geistlichen Johann Bornemacher ein, die Willehadikapelle schloß er. Auch die deutsche Taufe und deutsche Gesänge wurden jetzt eingeführt, um fortan allen Gliedern der Gemeinde eine innere Theilnahme an allen Akten des Gottesdienstes zu ermöglichen. Nur im Dom, in den beiden Klosterkirchen und in der Deutschordenskapelle wurde vor einer immer mehr dahin schwindenden Zahl von Gläubigen die Messe noch ferner celebrirt.

Wie mußten diese neuen Eingriffe in seine kirchliche Gewalt den Erzbischof wieder in Harnisch bringen! Sein Bruder, Herzog Heinrich von Braunschweig, jener Fürst, den Luther durch seine derbe Schrift „wider Hans Worst" für immer gekennzeichnet hat, schürte jetzt wie früher die Flammen des erzbischöflichen Zornes. Ein anderer Bruder

Bischof Franz von Minden und der Braunschweigische Vetter Herzog Erich ließen es an mannigfachen Gewaltthaten gegen Bremische Bürger und Güter nicht fehlen. Und als nun die schon früher erwähnten Verhandlungen auf dem Bremer Capitelshause fruchtlos verlaufen waren, wandte sich der Erzbischof mit den Klagen über seine Hauptstadt an den Kaiser. Aber diese war ihm mit dem gleichen Schritte sogar noch zuvor gekommen. Wenige Tage nach einander trafen im Frühjahr 1526 zwei kaiserliche Mandate ein, deren eins dem Erzbischof befiehlt, alsbald seine Landsknechte aus dem Gebiete der Stadt wegzuziehen und sich jeder ferneren Gewaltthaten gegen Bremen zu enthalten, während das andere die von der Stadt gegen die Priesterschaft geübten Widerrechtlichkeiten rügt und jedes weitere Vornehmen gegen Erzbischof und Clerisei bei Strafe des Landfriedensbruches untersagt. Die Wiedereinsetzung der vertriebenen Geistlichen verlangte der Kaiser nicht, der noch die Zeit zu einem aktiven Vorgehen gegen die Ketzer nicht für gekommen hielt.

Schon geraume Zeit vor Eintreffen dieser Mandate hatte der Zorn des Erzbischofs in einer neuen schmählichen Gewaltthat sich entladen. Der eben genannte Johann Bornemacher war auf einer Reise, die ihn durch Verden führte, von den erzbischöflichen Schergen ergriffen und am 2. Januar 1526 - ein zweiter Märtyrer seines Glaubens — verbrannt worden. Aber diese Bluttat scheint entfernt nicht die tiefe Bewegung hervorgerufen zu haben, wie Zütphens Tod. Wir kennen sie nur aus späten Quellen und einem in apokrypher Form uns überlieferten Spottgedichte, das mit der beißenden Wendung schließt: „wenn Christus nicht getödtet wär', so möcht' er kommen nach Verden".

Den Reformator scheint sie nicht berührt zu haben; sie fiel in eine Zeit, wo sein Gemüth umdüstert war von der socialen Revolution, die sich im Bauernkriege, und von den radikaleren religiösen Anschauungen, die sich in der Partei der Wiedertäufer offenbart hatten. Unter den letzteren war eben jetzt die Zahl der unglücklichen Opfer, welche von katholischen und protestantischen Eiferern einem gräßlichen Tode durch's Schwert oder durch Feuer oder Wasser übergeben wurden, eine so große, daß jetzt ein Hymnus auf den Märtyrertod eine bittere Selbstkritik gewesen wäre. Vielleicht auch war wirklich, wie die Chroniken andeuten, Bornemacher selbst anabaptistischer Haeresien verdächtig und also der Theilnahme der Rechtgläubigen nicht würdig. Denn schon hatte die trübe Zeit begonnen, da der Protestantismus sich in die Fesseln der Orthodoxie zwängte, da Luther nach allen Seiten hin ausschaute, daß die reine Lehre nicht geschädigt werde. Wol hatte diese reine Lehre hier in Bremen sichere Bürgen an den Probst und Timann, den Zelst und Pelte und noch anderen Geistlichen, die seit 1525 in Function getreten waren, fast lauter Männer, die unter Luthers persönlichem Einflusse gestanden hatten und zum Theil noch fortdauernd standen, aber dennoch hat Luther es an wiederholten Warnungen auch hierher nicht fehlen lassen. Hatten doch die Anabaptisten, in Süddeutschland mit Feuer und Wasser vertilgt oder verjagt, eine Zuflucht am Unterrhein und in den Niederlanden gefunden, von da nach Ostfriesland sich gewandt und auch hier Anhänger geworben.

Natürlich genug. Denn hatte wol die evangelische Kirche die Hoffnungen erfüllt, mit denen die große Masse sich ihr zugewandt hatte? Die Begeisterung für den großen evangelischen Gedanken, nur einen Augenblick empfunden, war längst verraucht unter den Anforderungen des Tages und trat höchstens noch einmal in jocoser Form zum Vorschein, wie in jenem groben Fastnachtsscherz von 1529, da die Bremer, wie die Chronik sagt, eine Komödie anrichteten mit einer Procession, gingen durch die Stadt und um die Stadt, hatten einen Papst ausgeputzt, den trugen sie, dazu auch etzliche Cardinäle und Mönche, holten Knochen aus der Schinderkuhle, klebten die Lichter darauf, zogen zuletzt in ein Wirthshaus und hielten Zeche, Alles zu Hohn und

Spott dem Papst und seinen Geistlichen. Sicherlich war diese Art reformatorischen Eifers nicht nach dem Herzen der evangelischen Geistlichen, sie zeigt wol, daß diesen die Herrschaft über die Gemüther aus den Händen zu gleiten begann. Die große Masse, welche seit geraumer Zeit unter dem Drucke einer schweren wirthschaftlichen Krisis stand, hatte von der neuen Kirche auch eine Besserung ihrer socialen Lage erwartet. Der Bauernkrieg hatte Mittel- und Süddeutschland in furchtbarer Weise darüber belehrt, wie die gedrückte Menge des Volkes das Freiheitsideal des Evangeliums verstand. Was wog für die Masse wol schwerer, der Gewissensdruck der päpstlichen Kirche oder der Druck der Frohndienste, der Armuth, des Hungers? Es war nur menschlich, daß die Reformation die Revolution in ihrem Gefolge hatte, es wäre zu verwundern gewesen, wenn es nicht so gekommen wäre. Und es war natürlich, daß die Trümmer der wiedertäuferischen Partei, ihrer ehemaligen charakter- und maßvollen Führer beraubt, sich unter innerlich haltlosen neuen Führern mit den revolutionären Tendenzen verbanden und jenes herrliche Communistenreich der Zukunft verkündeten, das bald in Münster eine so grauenhafte Wirklichkeit erlangen sollte.

Beide Tendenzen haben sich schon zu Ende der zwanziger, stärker noch zu Anfang der dreißiger Jahre auch hier vereint geregt. Wir besitzen einen Brief Bugenhagens an den Rath vom September 1528, worin dieser treue Verfechter des Lutherthums auf's eindringlichste vor den Schwärmern warnt und mahnt, es sollten nicht nur die Prediger mit dem Worte gegen solchen Irrthum streiten, sondern auch der Rath, nach dem Beispiel Nürnbergs und des Kurfürsten von Sachsen, allen Fleiß dagegen anwenden. „Ihr werdet sonst eine Unlust in eurer Stadt kriegen zu Verderbe Leibes und der Seele, der nicht zu wehren sein würde".

Indes ist uns nicht bekannt, daß der Rath dieser Ermahnung schon jetzt Folge gegeben hätte. Ihm war, wie die Vorgänge der nächsten Jahre zeigen, unter der fortdauernden

Gährung die Herrschaft über die Bürger ein wenig aus den Händen geglitten. Auch lagen ihm zur Zeit nähere Sorgen am Herzen. Es galt zunächst, den Rest des Katholicismus in der Stadt zu überwinden, ehe an einen Ausgleich des im evangelischen Lager herrschenden Zwiespaltes gedacht werden konnte. Im Jahre 1528 schloß man die beiden Klöster und richtete in St. Katharinen eine öffentliche Schule ein, welche das heranwachsende Geschlecht mit dem evangelischen Geiste erfüllen sollte. Das St. Johanniskloster wurde etwas später in eine Armen- und Krankenanstalt umgewandelt. Um so stärker empfand die Bürgerschaft jetzt die Anomalie der Fortdauer der Messe im Dom, „der ungöttlichen Ceremonien," wie man sagte. Aber der Rath scheute doch dem Domcapitel gegenüber vor einem gewaltsamen Schritte zurück. Anstatt die Messe zu verbieten, untersagte er seinen Bürgern die Theilnahme an derselben, wie es scheint im Einverständnisse mit Herzog Ernst von Lüneburg, der Bremen im Jahre 1529 besuchte. Erst einige Jahre später, 1532, als schon die politische Revolution die Oberhand in der Stadt gewonnen hatte, wurde der katholische Gottesdienst auch im Dom gewaltsam beseitigt und Jakob Probst genöthigt, die erste evangelische Predigt von der Kanzel der Kathedrale zu halten.

Es ist heute sehr schwer zu beurteilen, in wie weit mit den revolutionären Bewegungen der ersten dreißiger Jahre die Ausbreitung wiedertäuferischer Lehren in unserer Stadt verquickt gewesen ist. Das siegreiche Lutherthum hat nach dem Vorbilde älterer Besieger radikaler Tendenzen zu gut verstanden, die Spuren der anabaptistischen Elemente zu verwischen. Nur so viel ist von ihnen übrig geblieben, um die Ansicht zu rechtfertigen, daß die bürgerlichen Unruhen, welche eine Zeit lang die alte politische Ordnung über den Haufen zu werfen drohten, in naher Verbindung mit der wiedertäuferischen Lehre standen, welche eben jetzt große Theile Norddeutschlands schnellen Schrittes eroberte. Es scheint, daß Melchior Hoffmann selbst, einer ihrer thätigsten Apostel, eine Zeit lang sich hier aufgehalten hat und daß die evangelischen Geistlichen nicht ohne Sorgen für den Bestand ihrer Kirche waren. Sie haben, wie es scheint, schon zu Anfang 1530 derlei Besorgnisse gegen Luther geäußert, der inmitten jener sorgenschweren aber auch noch einmal von hoher Begeisterung erfüllten Tage auf Schloß Koburg, da seine ganze Aufmerksamkeit von den Vorgängen in Augsburg gefesselt schien, sich Zeit abmüßigte, um seine Gedanken unserm Norden, den in Friesland und Bremen der Kirche drohenden Gefahren zuzuwenden. Zwei Briefe vom 1. Juni 1530 an Jakob Probst und Johann Zelst sind dessen Zeugen. Zwei Jahre später hören wir aus mehreren mit dem Rathe von Soest gewechselten Briefen, daß die beiden eben genannten Geistlichen aus Bremen fortbegehren, Luther empfahl sie deshalb den Soestern. Es war die Zeit, da die Revolution hier in Blüte stand, der Rath, das Gewehr in den Graben werfend, entwichen war und bald auch Probst und Timann die Stadt verließen. Indeß kehrte der Friede in unsere Stadt zurück, ehe tiefere Schäden angerichtet waren. Das Jahr 1534 hat neben der Wiederaufrichtung der staatlichen Ordnung durch die sog. Neue Eintracht auch einen Ausgleich mit dem Erzbischof Christoph und die Einführung der ersten evangelischen Kirchenordnung in unserer Stadt gesehen. Mit diesen Akten war die Reformation in Bremen dauernd gesichert. Die Stadt hatte ein neues Fundament ihres geistigen Lebens gewonnen, aus dem nothwendig einmal auch eine neue politische Gestaltung erwachsen mußte. Das Lutherthum freilich, das gleichzeitig mit der staatlichen Ordnungspartei über die radikaleren Strömungen den Sieg davon getragen hatte, erfuhr hier schon kurz nach des Reformators Tode eine Erschütterung, von der es sich bis zur Stunde nicht erholt hat, aber die geistigen Grundgedanken der Reformation haben darum, und vielleicht eben darum, ihre Wurzeln nur immer tiefer in das Leben des Bremischen Gemeinwesens eingesenkt.

Die Kirchenordnung trägt in der auffallendsten Weise die Spuren des Kampfes wider die Anabaptisten an sich, unter welchem sie zu Stande kam. Ehe der Rath kraft seiner neuen episkopalen Gewalt sie verkündete, sandte er sie zur Begutachtung nach Wittenberg. Kein Wunder, daß Luther dem Rathe schrieb, daß ihm die Ordnung fast wol gefalle; sie war unter der Einwirkung Probsts und Timanns begreiflicherweise vollkommen im Lutherschen Geiste abgefaßt. Merkwürdig, der Rath hatte durch den Ueberbringer der Kirchenordnung an Luther auch eine Frage über die Ausübung seiner weltlichen Gewalt, in Bezug auf die Criminaljustiz, richten lassen und Luthers Antwort darauf, milde wie im Grunde sein Herz war, verdient wol unsere Beachtung: „Der Rath möge seines herkommenden Rechts und Gewohnheit brauchen, es sei Diebe henken oder Mörder köpfen u. s. w., denn solche Weise und Gerichte wollen wir nicht wenden, ohne daß wir rathen, wo die Sachen zu gering sind, dem gestrengen Rechte und Schärfe nicht zu viel folgen; denn es auch zu hart ist umb einen Ort von Gülden zu henken, wie oft geschehen, so man wol anders straffen mag."

Kann es ein beredteres Zeugniß geben von der fast kindlichen Verehrung, welche der Reformator in unserer Stadt genoß?

Und dies Gefühl hat ungestört fortgedauert bis an Luthers Tod, von diesem freundlich erwidert schon durch das Medium der nie erkalteten Freundschaft zu Jakob Probst, der nun als Superintendent die erste Stellung in der Bremischen Kirche einnahm. Durch ihn erhielt die Bremische Gemeinde noch einen Scheidegruß, wenige Tage bevor Luther jene Reise nach Eisleben antrat, von der er nicht wieder heimkehren sollte. Es heißt darin: „Gruß und Frieden! Alt, hinfällig, träge, müde, kalt und schon einäugig schreibe ich dir, mein Jakob, der ich schon auf die, wie ich glaube, wolverdiente Ruhe des Todes gehofft habe. Als hätte ich niemals etwas vollbracht, geschrieben, gesagt, gethan, so werde ich überlaufen mit Anforderungen zu schreiben, zu sprechen, zu handeln. Aber Christus ist Alles in Allem, mächtig und thätig, er sei gelobt in Ewigkeit. Amen.

„Daß, wie du schreibst, die Schweizer so heftig gegen mich schreiben, um mich Unglücksmenschen zu verderben, darüber freue ich mich sehr. Denn das habe ich erstrebt, das habe ich gewollt mit jener meiner Schrift, durch die sie beleidigt sind, daß sie mit ihrem eigenen öffentlichen Zeugnisse bezeugten, sie seien meine Feinde. Das habe ich erlangt und wie gesagt, ich freue mich. Mir unglückseligstem aller Menschen ist genug an jener Seligkeit des Psalms: Wol dem, der nicht wandelt im Rathe der Sacramentirer, noch tritt auf den Weg der Zwinglianer, noch sitzet auf dem Stuhle der Züricher. Da hast du, was ich denke. Wenn du übrigens bittest, daß ich für dich beten soll, das thue ich, bete du hinwiederum für mich..... Und denke, daß du mir nicht nur wegen unserer alten und vertrauten Freundschaft, sondern um Christi willen, den du gleich mir lehrest, von Herzen lieb bist. Wir sind Sünder, aber er ist unsere Gerechtigkeit, der in Ewigkeit lebt. Amen. Grüße deine Frau, die Deinen, die Unsern in unser Aller Namen ehrerbietig."

Ein halbes Jahrhundert später war der Name Luthers in unsrer Stadt ein Parteiname, jene Schweizer, vor welchen der Reformator mit fast schon sterbender Hand seine Bremischen Freunde noch einmal so kräftig gewarnt hatte, hatten den Thron der Bremischen Kirche eingenommen, um zwei Jahrhunderte hier zu herrschen. Heute sind die Fehden zwischen Luther und Zwingli oder Calvin dahin, welche so tiefe Schatten schon in das Leben des Reformators geworfen und lange unsere Stadt in zwei feindliche Heerlager zerspalten haben; heute freut sich die ganze evangelische Bevölkerung Bremens des Recken unter den Geistern unsrer Nation, der die Riesenschlacht gegen das uralte Rom kühnen Muthes begann und sie, wenn auch nicht für die ganze Nation, doch für Millionen ihrer Söhne durchgefochten hat.

5.

Neue politische Bahnen und der Syndicus Johann von der Wyck.

Die tiefe Umwandlung, welche das geistige Leben der Nation durch die religiöse Erneuerung erfuhr, mußte nothwendig neue Triebe auch im innern staatlichen Leben hervorrufen und auf die Beziehungen der Staaten und der Stände des Reiches zu einander einen entscheidenden Einfluß gewinnen.

In beiden Richtungen tritt die umgestaltende Kraft der Reformation in Bremen überraschend schnell zu Tage. Nur sieben Jahre nach Heinrichs von Zütphen Einzug in unsere Stadt sehen wir den Rath die letzte politische Consequenz aus dem Kampfe mit dem Erzbischof ziehen, indem er den Anspruch auf die Reichsunmittelbarkeit der Stadt erhebt, ein Streben, welches die folgenden zwei Jahrhunderte der Bremischen Geschichte beherrscht hat. Gleichzeitig knüpft er die engsten Beziehungen zu den oberländischen evangelischen Fürsten an, mit denen Bremen bisher kaum irgend einen Berührungspunkt gehabt hatte.

Es war, als wenn die Stadt, deren Gedanken- und Interessenrichtung bis dahin mit den Wogen ihres Stromes weit mehr nach Norden als hinauf ins Oberland gezogen war, nun da sie aus dem Quell echtesten deutschen Geistes getrunken hatte, die Wurzeln ihrer Kraft so rasch und so tief wie möglich in den Boden des deutschen Reiches einsenken müsse, mit welchem sie Jahrhunderte lang nur mit dünnen Fasern verbunden gewesen war. Wie leise, oft kaum bemerkbar, hatten früher die großen Wellenschläge des nationalen Lebens die Bewohner unserer Stadt berührt, wie fern hatten sie dem großen Conflicte gestanden, welcher das Schicksal unserer Nation bestimmte, dem Kampfe zwischen Kaiser und Papst, einen wie geringen Antheil an der Gedankenarbeit und an der mächtigen Kunstentfaltung des Mittelalters genommen! Erst die Reformation hat die Stadt wieder auf's engste geistig und politisch mit dem Vaterlande verknüpft, sie im vollen Sinne wieder zu einem Gliede der Nation gemacht.

Die politischen Consequenzen, welche sich für Bremen aus der Parteinahme für das Evangelium ergaben, so schnell und sicher erkannt zu haben, ist, wenn ich mich nicht täusche, das Verdienst eines Mannes, dessen Gedächtniß in unserer Geschichte bisher sehr verdunkelt war, des Rathssyndicus Johann von der Wyck.

Der politische Reformator unserer Stadt hat mit dem geistlichen Reformator, Heinrich von Zütphen, das Geschick getheilt, durch Mörderhand um seines Glaubens willen zu sterben. Und dies Geschick hat ihm immer eine gewisse Theilnahme bewahrt. Aber die feinsten und dauerhaftesten Früchte seiner Wirksamkeit für Bremen ließen sich nicht, wie die des kühnen Predigers, gleichsam auf offenem Markte ernten, sie übten keinen unmittelbaren Einfluß auf die große Masse des Volkes. So kommt es, daß unsere Chroniken seiner nur bei untergeordneten Anlässen erwähnen, solchen, die ihn während der Revolutionsstürme der ersten dreißiger Jahre gelegentlich mit den Massen in Berührung brachten. Erst an der Hand der jüngst publicirten Urkunden zur Geschichte der Bremischen Reformation*) ist es möglich, seine Bedeutung für unsere

---

*) Ich verweise auch für diesen Aufsatz auf das Bremische Jahrbuch Serie 2, Band 1.

Stadt einigermaßen zu würdigen, und diese rechtfertigt es wol, wenn ich das Wenige, was aus seinem früheren Leben bekannt ist, in den Kreis dieser Betrachtung hereinziehe.

Johann von der Wyck entstammte einem erbmännischen Geschlechte der Stadt Münster in Westfalen. Wir begegnen ihm zuerst zu Anfang des Jahres 1515 in Rom, im Kreise jener Männer, die in der Sache des Hauptes der deutschen Humanisten, Johanns Reuchlin, die freie geistige Entwickelung gegen pfäffische Beschränktheit vertheidigten, in enger Gemeinschaft mit einem berühmten Sohne unserer Stadt, dem Bremischen Domcantor Martin Gröning. Soeben hatte Hochstraten von dem seine Klage gegen Reuchlin abweisenden Urteile des Mainzer Gerichtshofes an Papst Leo X. appellirt. Nun finden wir Gröning beschäftigt, für die römische Curie Reuchlins Augenspiegel, um den bekanntlich der Prozeß sich drehte, ins Lateinische zu übersetzen, Wyck aber zum ersten Anwalt des Meisters vor dem römischen Gerichtshofe bestellt. Es scheint, daß er schon längere Zeit als Anwalt in Rom gelebt hatte und mindestens bis zum Sommer 1518 ist er dort geblieben. Reuchlin preist ihn in einem Briefe an Leo X. als ausgezeichnet rechtskundig und scharfsinnig. Wie er bei den Gegnern gehaßt und gefürchtet war, ergeben einige Stellen der Briefe der Dunkelmänner. Da hören wir, wie der in Rom weilende Hochstraten eines Tages zu Johann von der Wyck sich drohend wendet: „Sieh, du bist gegen mich, aber gedenke, wenn ich den Sieg haben werde, so will ich dich so tribuliren, daß du in ganz Deutschland nicht sicher sein sollst." Ein anderes Mal heißt es: „Unser Meister (d. i. Hochstraten) ist in großer Misere, daher schafft ihm Geld oder die Sache wird schlecht gehen, weil Reuchlins Prokurator Johann von der Wyck sich die größte Mühe giebt und hin und wiederläuft. Und neulich hat er eine Schrift gegen unsern Meister Jakob losgelassen, so skandalös, daß ich mich wundere, daß Gott ihn nicht offenbar züchtigt."

Den Ausgang des Prozesses, der nach einem für Reuchlin allgemein günstig gedeuteten Vertagungsurteil vom Jahre 1516 in Folge der inzwischen eingetretenen reformatorischen Bewegung 1520 mit dem Siege Hochstratens endete, scheint Wyck nicht mehr in Rom erlebt zu haben.

Von den Tagen an, da sich die gebildete deutsche Welt an den Pfaffenbriefen ergötzte und von der Wycks Gedanken völlig in dem Kampfe für geistige Freiheit lebten, entschwindet er für zehn Jahre unseren Blicken, um erst 1528, ein anderer Mann, das Herz mit dem neuen religiösen Gehalte, den Kopf mit politischen Plänen erfüllt, in Diensten der Stadt Bremen uns wieder zu begegnen. Von nun an sehen wir den Verehrer Reuchlins als einen eifrigen Vorkämpfer des Lutherthums, wenn auch ihn, den gelehrten Humanisten, vielleicht nicht so sehr das Bedürfniß des Gemüths in das evangelische Lager getrieben haben mag, wie der Zorn über die frivolen Misbräuche der römischen Kirche, die er Jahre lang aus nächster Nähe hatte beobachten können. Man glaubt diesen Zorn noch glimmen zu sehen, wenn er einem für das Reichskammergericht bestimmten Artikel, in dem der Rath sich dagegen verwahrte, daß er die Messe und andere Ceremonien ganz und gar abgethan habe, mit seiner raschen Hand die Randglosse beifügte: „zu wissen daß heidensche Torheiten zu Bremen sin abgethan, welche die Widdersacher werden angeben christlich, aber mögen das nit bewisen".

In Bremen fand von der Wyck, als er das Amt des Rathssyndicus übernahm, die kirchliche Reformation im wesentlichen durchgeführt, aber den Kampf mit dem Erzbischof und dem Domcapitel noch unerledigt. Das erste, was die Chroniken von ihm berichten, ist sein Auftreten gegen jene „heidnischen Thorheiten". Er machte sich im Jahre 1529 zum Wortführer der Bürgerschaft für das Verlangen, daß die Messe auch im Dom verboten werde, wie es scheint unter dem Einflusse des Herzogs Ernst von Lüneburg, der in jenem Jahre Bremen besuchte. Mit diesem der Reformation so treu ergebenen Fürsten hat Wyck damals die engen Beziehungen angeknüpft, welche bis an seinen Tod fortdauerten. Durch ihn fand er auch die Wege, um Bremens politische Existenz auf eine neue Basis zu stellen.

Bis jetzt hatte die Stadt alle Schritte auf dem Wege der Reformation in völliger oder doch fast völliger politischer Isolirung gethan, höchstens hatte sie an den Nachbarstädten, Hamburg, Lübeck, Stade, Buxtehude, die aber in der kirchlichen Entwickelung hinter Bremen zurückstanden, einigen Anhalt gegen die Feindseligkeiten des Erzbischofs gefunden. Aber war es möglich, auf dem einsamen Wege zu beharren, seit der Friede von Cambray und der Speirische Reichstag von 1529 die Weltlage verändert und die streitbare alte Kirche zum Kampfe wider die Evangelischen gestimmt hatte? Schon hatte der Erzbischof, den Speirischen Beschlüssen gemäß, sich mit der Klage auf Wiederherstellung des katholischen Gottesdienstes und der gebrochenen Kirchen und auf Ersatz des den Geistlichen zugefügten Schadens an das Reichskammergericht gewendet, und damit Potenzen in den Streit gezogen, denen die Stadt allein nicht gewachsen war. Sie mußte eine Stütze suchen an den Fürsten, welche bereits als die Häupter der Evangelischen in Deutschland anerkannt waren, indem sie der Protestation gegen den Reichstagsschluß von Speier beitrat. Aber noch ehe der Rath durch die Vermittelung des Herzogs Ernst diesen Schritt that, faßte er — wie mir nicht zweifelhaft ist unter dem Einflusse seines Syndicus, der eine gleiche Kühnheit später in der Wirksamkeit für seine Heimathstadt bewährt hat — die Möglichkeit in's Auge, an den Reichsgewalten einen Halt gegen den feindlichen Erzbischof zu gewinnen. Die Zugehörigkeit der Stadt zum Erzstifte, seit Jahrhunderten unwillig ertragen, mußte jetzt vollends unerträglich sein. Der Rath weigerte sich entschieden, die Landtage des Stifts zu besenden, auf denen er auch an den der Mehrzahl nach noch altgläubigen Stiftsrittern keine Stütze fand. Was bedeutete jetzt, da der Erz=

bischof thatsächlich auch die geistliche Gewalt über die Stadt verloren hatte, nachdem von der weltlichen kaum mehr als die Bestellung des Stadtvogts übrig geblieben war, was bedeutete noch die Zugehörigkeit der Stadt zum Stifte? Der Rath beantwortete die Klagen des Erzbischofs, indem er im November 1529 an das Kammergericht und wenig später auch an das Reichsregiment den Antrag stellte: „gemeine Stadt Bremen in kaiserlicher Majestät und des heiligen Römischen Reichs Verspruch, Schutz und Schirm, auch für ein Stadt des heiligen Römischen Reichs gnediglich anzunehmen und von dem tirannischen, unchristlichen Gwalt des Erzbischofen zu erledigen und zu eximiren."

Es mag zweifelhaft erscheinen, ob von der Wyck sich ernstliche Hoffnung machte, mit einem solchen Antrage in der gegenwärtigen Lage der Dinge durchzudringen: ihm war praktisch zur Zeit vielleicht mehr an der Begründung, welche die zahlreichen Gewaltthaten des Erzbischofs gegen die Stadt aufführte, als an dem Antrage selbst gelegen. Es kam den Reichsgewalten gegenüber vor Allem darauf an, den Klagen des Bischofs die Spitze abzubrechen. Darum aber bleibt es doch nicht minder denkwürdig, daß in Bremen so frühzeitig das politische Endziel erkannt wurde, zu welchem nach der ganzen bisherigen Entwickelung der Stadt die Parteinahme für das Evangelium nothwendig führen mußte, wenn nicht im Gegentheil unter den Erschütterungen, welche die Reformation mit sich brachte, die in Jahrhunderte langen Kämpfen errungene Selbständigkeit zu Grunde gehen sollte.

Mit der vollkommenen Frontveränderung der Bremischen Politik hängt muthmaßlich die Reise zusammen, welche von der Wyck im Auftrage des Raths Anfang September 1529 zu Herzog Ernst nach Celle unternahm. Auf dem Wege dahin wurden er und sein Begleiter, der Rathssecretär Jakob Louwe, zwischen Langwedel und Verden vom Erzbischof selbst, wie von einem Wegelagerer, überfallen, in die Stadt Verden geschleppt und dort aller ihrer Papiere beraubt. Die

Sache machte in Bremen so großes Aufsehen, daß sogleich die Bürgerschaft auf dem Rathhause zusammentrat und das Domcapitel nöthigte, Schritte zur Befreiung der städtischen Gesandten zu thun. Diese wurden dann in der That entlassen, aber Wyck mußte dem Erzbischof eine schriftliche Urfehde übergeben, daß er sich auf Erfordern alsbald wieder stellen werde. Das veranlaßte neue Erregung in der Stadt. Auf Verlangen der Witheit, der Elterleute des Kaufmanns und der Aemter und der gesammten Bürgerschaft wurde auch diese Gewaltthat in die Widerklage der Stadt beim Kammergericht aufgenommen. Im Februar 1530 erging von Speier an den Erzbischof mit anderen Befehlen auch der, dem Syndicus die abgedrungene Handschrift zurückzustellen.

Damit hatte die Urfehde ohne Zweifel ihre Wirksamkeit verloren, wenn auch Christoph dem Befehle keineswegs sofort parirte, aber ihm war bei der Plünderung der Gesandten neben den Briefen der Stadt noch eine andere Handschrift von der Wycks in die Hände gefallen, die sich von schlimmerer Bedeutung erwies. Wyck hatte sich, grade wie die mitteldeutschen Theologen und Juristen um dieselbe Zeit, bereits 1529 mit der Frage beschäftigt, ob es erlaubt sei, dem Kaiser Widerstand zu leisten? Citate aus alten Schriftstellern, in welchen die Frage im bejahenden Sinne beantwortet wird, fanden sich in einem ihm abgenommenen Memorial und gaben dem Erzbischof eine erwünschte Handhabe, den Syndicus, dessen Name in ganz Deutschland seit den Tagen des Reuchlin'schen Prozesses bekannt war, wegen seiner antikaiserlichen Gesinnung zu verleumden. Die Sache war unleugbar von Bedeutung für die politischen Bestrebungen, deren Leitung in von der Wycks Händen lag. Dieser hat sich dadurch freilich nicht abhalten lassen, seine Studien über die Frage fortzusetzen und einen Traktat über sie zu schreiben, welcher im Gegensatze zu Luther's Auffassung sich für die Statthaftigkeit des Widerstandes aussprach. Georg Spalatin hat diesen Aufsatz später in deutscher Uebersetzung veröffentlicht.

Dem Gedankenkreise von der Wycks lagen die politischen Nothwendigkeiten näher als theologische Bedenken, indes nahm er doch auf diese so viel Rücksicht, daß er zur Begründung seiner Ansicht neben alten Juristen auch zahlreiche Stellen aus Kirchenvätern herbeibringt.

Doch handelte es sich zur Zeit lediglich um eine theoretische Erörterung der Frage; man dachte hier so wenig daran, wie der sächsische Kurprinz bei dem ersten Entwurfe eines protestantischen Bündnisses, daß die Frage einmal eine praktische Bedeutung gewinnen könne. Sehr nachdrücklich betonte von der Wyck diesen theoretischen Charakter in einem Schreiben, das er im Mai 1530 an den Lüneburgischen Kanzler Förster nach Augsburg richtete. Er fürchtete, daß der Erzbischof auch auf dem dortigen Reichstage ihn in übles Licht stellen werde, und das war um so bedenklicher, als eben dem Reichsregimente der Antrag auf die Erhebung Bremens zur Reichsstadt vorlag.

Nach ihrer Entlassung aus der Haft ritten die beiden städtischen Gesandten nach Celle und von da, wenn unsere Chroniken recht berichten, weiter nach Braunschweig. Muthmaßlich aber liegt in dieser Notiz eine Verwechslung mit einer späteren Versammlung vor, denn noch waren die Dinge nicht so weit gediehen, um schon jetzt, wie die Chronik angibt, Abreden über das christliche Bündniß und die Matricularbeiträge seiner Mitglieder zu treffen.

Allerdings hat Bremen zu Anfang des Jahres 1530, nachdem es durch Vermittlung des Herzogs von Lüneburg den Kurfürsten Johann und den Landgrafen Philipp um Schutz gegen die Gewaltthätigkeiten des Erzbischofs ersucht hatte, auf demselben Wege dem Kurfürsten eine „Vereinigungs-Verschreibung" zugesandt, welche dieser, grade im Begriffe zum Reichstage nach Augsburg aufzubrechen, besiegelte und zu gleichem Zwecke an den Landgrafen weiter beförderte. Es bleibt aber zweifelhaft, ob hierunter bereits ein vorläufiger Beitritt zu dem Bündnisse zu verstehen ist, welches bekanntlich erst am Schlusse des Jahres in Schmalkalden zu Stande kam, oder etwa der förmliche Anschluß an die Protestation von Speier. In jedem Falle ist sicher, daß Bremen seit Beginn des Jahres 1530 in nahen Beziehungen zu den beiden politischen Häuptern des Protestantismus stand und durch sie mit den wichtigsten Angelegenheiten der Nation.

Von der Wyck wäre unter diesen Umständen gerne nach Augsburg gegangen, nicht allein wegen des allgemeinen Interesses an der evangelischen Sache, für die dort eine entscheidende Wendung erwartet wurde, sondern auch wegen der besonderen Anliegen Bremens. Er fürchtete, daß der Erzbischof mit Umgehung des von ihm selbst zuerst beschrittenen Rechtsweges die Streitigkeiten mit der Stadt, die dem Kammergericht zur Entscheidung vorlagen, vor den Reichstag ziehen werde, und daß die üblen Nachreden, die er gegen Bremen und gegen ihn, den Syndicus selbst, verbreitete, von nachtheiliger Wirkung sowol auf die Beurteilung jener Streitigkeiten, wie auf den Antrag wegen der Reichsunmittelbarkeit der Stadt sein würden. Ueberdies heischte die Beförderung dieses Antrages eine persönliche Einwirkung auf das Reichsregiment. Aber Bremen war als mittelbarer Stand natürlich zum Reichstage nicht geladen und Wyck scheute es, bei der fortdauernden Feindseligkeit des Erzbischofs gegen ihn, ohne besonderes Geleit nach Augsburg zu reisen. Von den Herren des Rathes aber, denen die neuen politischen Bahnen noch fremd waren, achtete sich, wie Wyck bemerkt, keiner geschickt für die Vertretung der städtischen Interessen in dem ihnen unbekannten Kreise des Reichstages. So ersuchte der Rath und Wyck noch besonders den Herzog Ernst und seinen Kanzler Johann Förster um die Wahrnehmung der Bremischen Anliegen.

Indes sind die Angelegenheiten der Stadt doch auf dem Reichstage nicht zur Sprache gekommen. Wyck bemerkt richtig, es stünden so viele Städte mit ihren Bischöfen in Unfrieden, daß es sich nicht geziemen wolle, alle diese Gebrechen vor kaiserlicher Majestät zu verhandeln. Wenn demnach auch sein Wunsch, „daß wir von Bremen durch unsern Bischof nicht mehr als andere vermittelst dieses Reichstages und des Kaisers belästigt werden", in Erfüllung ging, so mußte doch der für die evangelische Partei so ungünstige Verlauf des Reichstages von bedeutenden Folgen für unsere Stadt sein.

Als daher die Einladung des Kurfürsten von Sachsen zu einer Versammlung der evangelischen Stände nach Schmalkalden einlief, zögerte Bremen nicht, derselben zu entsprechen. Wyck reiste, mit unbeschränkter Vollmacht zum Anschlusse an das evangelische Bündniß ausgerüstet, um Mitte Dezember dahin ab. Er hat die denkwürdigen Tage vom 22. bis zum 31. Dezember dort mit verlebt und er und der Gesandte Magdeburgs waren die einzigen unter allen städtischen Abgeordneten, welche sogleich sich rückhaltlos für den Bund erklärten, auf dessen Schwertspitze die Zukunft des Protestantismus in Deutschland ruhte. Es ist merkwürdig genug, daß eben die beiden Städte, die am schnellsten unter allen ihren Schwestern die politische Lage der protestantischen Partei erkannt haben, als es endlich sehr viel später, als man damals besorgte, zum Waffenkampfe um die Errungenschaften der Reformation kam, am nachdrücklichsten und allein erfolgreich den Angriffen der Gegner widerstanden haben.

Wyck hat von da ab an einer Reihe allgemeiner Bundestage und besonderer Verhandlungen der Schmalkalder Theil genommen: er war 1531 im April zum zweiten Male in Schmalkalden, im Juni und wieder im Dezember in Frankfurt, im November 1532 in Braunschweig, im Januar des folgenden Jahres in Höxter und nochmals im Juni 1533 in Schmalkalden. Welchen Werth man auf seinen Eifer und seine juristische Sachkunde legte, beweist der Umstand, daß man auf dem ersten Frankfurter Tage ihn als Anwalt der evangelischen Stände des sächsischen Kreises beim Reichskammergericht in's Auge faßte. Er lehnte indes das Anerbieten unter Bezugnahme auf seinen Bremischen Dienst ab. Man wird annehmen dürfen, daß ihm die politische Thätigkeit mehr zusagte, als die civilistische, die ihm in Speier dargeboten wurde. Und muthmaßlich war noch ein anderer Umstand für seinen Entschluß maßgebend, die inneren Wirren, welche soeben in Bremen eine bedenkliche Wendung genommen hatten.

Nur einen Monat vor der Unterzeichnung des ersten Frankfurter Abschiedes hatte von der Wyck sich vergeblich bemüht, den Aufruhr zu stillen, der am 10. Mai zur Ermordung des Comthurs Rudolf von Bardewisch und seiner Diener führte. Als ein Jahr zuvor die bürgerlichen Unruhen begonnen hatten, die ihren Ausgangspunkt von der Anklage nahmen, daß die alte städtische Gemeinweide zu Gunsten Einzelner verkleinert sei, war der Syndicus im Einverständnisse mit dem Rathe zum Wortführer des bürgerlichen Ausschusses gemacht, der die Klagen vor dem Rathe vertrat. Offenbar war seine Meinung, den Forderungen der Bürgerschaft, so weit sie sich als berechtigt erwiesen, durch rasche Abhülfe Genugthuung zu schaffen und damit eine Bewegung zu ersticken, welche der Stadt und der protestantischen Sache Gefahren bringen konnte. Aber es waren in dem Aufruhr Elemente thätig, welche doch weder Wyck noch der Rath für jetzt zu beherrschen vermochten. Schon in dem voraufgehenden Aufsatze ist darauf hingewiesen, daß sich in die erneuerten politischen Kämpfe um die Theilnahme der Bürgerschaft an der Verwaltung eine von den Wiedertäufern angeregte radikalere religiöse Strömung mischte, deren Spuren leider in der Ueberlieferung sehr verdunkelt sind.

Während die Aufständischen unter Führung Johann Doves eben ihre stärksten Schläge vorbereiteten, mußte von der Wyck im März 1532 im Auftrage des Herzogs Ernst von Lüneburg zum Reichstage nach Regensburg reisen. Hier ereilte ihn am 2. Mai die Nachricht von der Vertreibung des Domcapitels, von der tumultuarischen Einführung Jakob

Probsts auf die Kanzel des Doms, von der Entweichung der Bürgermeister und des größten Theiles des Raths aus Bremen. Herzog Heinrich von Braunschweig führte persönlich im Namen seines durch jene Ereignisse angeblich am Aufbruche nach Regensburg verhinderten Bruders, des Erzbischofs Christoph, die schwersten Klagen über die Stadt Bremen vor dem versammelten Reichstage. Sie machten hier sowol auf evangelischer wie auf katholischer Seite den übelsten Eindruck, der sich in der Niedersetzung eines besondern Ausschusses für die Berathung der erzbischöflichen Klagschrift kundgab. Wyck richtete am folgenden Tage einen von leidenschaftlichem Unwillen erfüllten Brief an den Rath. „Ja wahrlich ist solche Supplication", sagt er, „dermaß auf Vortheil gestellt, daß dieselbe Euern Ehrbarkeiten und sämmtlich den von Bremen Unglimpf, Unehre und Schande auferlegt und hat in des Reiches Rath viel Aufsehens gemacht, auch die evangelische Sache, wie denn dem Teufel gewöhnlich, damit beschwert, auch einen großen Anstoß und Lästerung dem Evangelio gegeben." Er habe sich geschämt, versichert er, nicht allein Syndicus der Stadt Bremen zu sein, „sondern auch, daß ich mich aufhalte in solcher Stadt, da so böse Zucht, Recht und Polizei, auch solche Leute, die sich so unchristlich, unrechtlich und verächtlich schicken." „Wahrlich meiner gnädigsten, gnädigen Kurfürsten, Fürsten, Grafen und Städte der christlichen Verständniß Räthe können aus dem Handel nicht anders ermessen, dann Unfug und Frevel und wird nicht anders auch vermerkt, dann daß eigennützige aufrührische böse Leut die ganze Stadt bister machen und schändlich beflecken, aus welchem ungezweifelt viel Böses entstehen wird."

So harte Vorwürfe konnte dem Rathe nur ein Mann machen, der sich seiner Ueberlegenheit bewußt war, und der unter dem unmittelbaren Eindrucke der allgemeinen Gefahr stand, die aus derartigen Ereignissen und aus ihrer klug berechneten Ausbeutung durch die Katholischen dem eben im

Werke befindlichen Friedensgeschäfte erwachsen konnte. Allein von der Wyck hat in der Erregung des Moments die Wirkung der Bremischen Unruhen überschätzt, sie sind doch ohne unserer Stadt oder der evangelischen Sache tiefere Schäden zuzufügen gestillt worden. Das Friedensbedürfniß des Kaisers wurde von gewichtigeren Motiven beherrscht, sie konnten durch so unbedeutende Anlässe nicht paralysirt werden. Am 23. Juli hat Wyck selbst in Nürnberg namens des Herzogs Ernst und der Stadt Bremen den ersten Religionsfrieden unterzeichnet.

Er ist muthmaßlich bald darauf nach Bremen zurückgekehrt, aber schon im November war er, wie bereits erwähnt, auf einer neuen Schmalkaldischen Versammlung in Braunschweig, wo man trotz dem eben geschlossenen Frieden über die eventuelle Kriegsrüstung und die von jedem Bundesverwandten zu leistenden Zahlungen unterhandelte. In beiden Punkten war es, wie schon früher in Frankfurt, so auch jetzt ungemein schwierig eine Uebereinstimmung zwischen den fürstlichen und den städtischen Abgeordneten zu erzielen. Denn jene waren nur zu geneigt, den Städten die größeren Lasten und den geringeren Einfluß auf die Bundesbeschlüsse zuzuweisen und warfen diesen engherzige Ansichten vor, wenn sie auf eine gleichmäßige Vertheilung der Lasten und der Stimmenzahl drangen. So hatte das Verhältniß zwischen von der Wyck und den kursächsischen Gesandten bereits eine Schärfe angenommen, als ersterer dringende Briefe von seiner Vaterstadt Münster erhielt, er möge den Bund bewegen, für die Stadt gegen ihren Bischof und das Domcapitel einzutreten. Wyck folgte dem Begehren, stieß aber auf hartnäckigen Widerstand, der zu fatalen Scenen Anlaß gab.

Er hat aber, durch die Misgunst des Augenblicks unbeirrt, von da ab die Anliegen der ihm seit langer Zeit fremd gewordenen Vaterstadt nicht wieder aus den Augen verloren. Es ist wol möglich, daß die keineswegs völlig begründeten harten Vorwürfe seine Vertrauensstellung bei dem Bremischen

Rathe erschüttert hatten. Als im Spätherbst der Rath von Münster auf Verlangen der zur Zeit noch lutherisch gesinnten Bürgerschaft ihm die eben erledigte Stelle des Syndicus anbot, lehnte er nicht ab, sondern erbat sich nur Frist, da er noch mit dem Bremischen Reichskammergerichtsprozeß beschäftigt war. Inzwischen ertheilte er schon damals nach Münster seine politischen Rathschläge, vor Allem den, die Stadt möge ihre Aufnahme in den Schmalkaldischen Bund beantragen.

Er hatte für diesen Plan an Herzog Ernst eine willige Stütze gefunden; als er aber am ersten Januar 1533 zur Versammlung nach Höxter kam, wo unter dem Vorsitze des Landgrafen Philipp weiter über die Bundesrüstung verhandelt werden sollte, fand er doch bei diesem Fürsten, dem die Friedensvermittelung zwischen Stadt und Stift Münster oblag, zur Zeit noch Widerspruch gegen die Aufnahme Münsters in den Bund. Indes scheint doch auch der Landgraf Wyck für den richtigen Mann gehalten zu haben, um in der Hauptstadt Westfalens Ordnung zu stiften, wo der neue Rath ein fast willenloses Werkzeug ehrgeiziger Volksführer geworden war. Noch während die hessischen Gesandten an dem Frieden zwischen Stadt und Bischof und Domcapitel arbeiteten, traf Wyck gegen Ende Januar in Münster ein, das ihn nun förmlich zum Syndicus bestellte, obwol er sein Bremisches Amt nicht niedergelegt hatte. Er blieb mit einer vierzehntägigen Unterbrechung, die er zu einer eiligen Reise in den Haag verwandte, bis Ende März in Münster, wo der am 14. Februar glücklich erzielte Friede die Aussicht auf eine ruhige Entwickelung der Dinge zu eröffnen schien. Zu Anfang April kehrte er nochmals nach Bremen zurück, konnte aber mit dem hiesigen Rathe, dem er sich auch zu ferneren Diensten erbot, zu keinem Einverständnisse kommen. Gegen Ende April ist er zu dauerndem Aufenthalte nach seiner Vaterstadt übergesiedelt, ohne seinen Abschied von Bremen erhalten zu haben. Auch hat er im

Juni des Jahres Bremen noch einmal auf einem Tage in Schmalkalden vertreten und noch im November bezeichnete er sich als Syndicus der Städte Bremen und Münster.

Ihm sollte in seiner Vaterstadt nur eine kurze Wirkenszeit vergönnt sein; und sie ist erfüllt gewesen von bitteren Kämpfen mit eben jenen Elementen, deren ungleich maßvolleres Auftreten in Bremen ihn kurz zuvor in so helle Zornesflammen versetzt hatte. Er hatte den Dienst seiner Vaterstadt ohne Zweifel in der Hoffnung angetreten, auch die Politik dieser in neue Bahnen zu lenken, die ihr innere Selbständigkeit und äußere Sicherheit im Bunde der evangelischen Mächte verbürgten. Aber ihn traf das eigenthümliche Verhängniß, daß eben seine Vaterstadt zum Schauplatze jener politischen und religiösen Radikalen wurde, deren Erscheinen in Bremen ihm so große Besorgnisse für die evangelische Sache eingeflößt hatte. Er hat freilich die ärgste Entwickelung der Münsterschen Dinge, die ihre tiefen Schatten bis auf den heutigen Tag werfen, nicht mehr erlebt, aber es muß doch ein schmerzliches Gefühl gewesen sein, mit dem er, ein vom Pöbel verjagter, schiffbrüchiger Mann, Ende April 1534 sich wieder auf den Weg nach Bremen machte.

Indes erreichte er unsere Stadt nicht mehr. Den Wiedertäufern entronnen, fiel er in dem Städtchen Fürstenau seinen grimmigeren Feinden, den Katholischen, in die Hände, die ihn unverhört und unverurteilt im Gefängnisse des dortigen bischöflichen Schlosses hinrichteten. Man schrieb die Ermordung allgemein dem Bischof von Münster zu. Voll tiefer Betrübniß machte der treue Freund von der Wycks, Herzog Ernst, am 11. Mai dem Kurfürsten Johann Friedrich Meldung davon: „und ist wahrlich hoch erbärmlich, daß der fromm ehrliche Mann, der Euer Liebden auch allen evangelischen Ständen also getreu, daß er also jämmerlich unverklagt und also ins Geheim seines Lebens beraubt. Ich zweifle nicht, der allmächtige Gott wird's rächen und des Bischofs Vorhaben zu Schanden machen."

Das Leben Johanns von der Wyck, auf das einst das heitre Sonnenlicht aus den reinen Höhen klassischer Bildung gefallen war, das dann, von dem geistigen Gehalte des Protestantismus ganz ergriffen, seine Spuren in die politischen Bahnen Bremens tief eingedrückt hatte, klingt tragisch aus unter den Händen der finsteren Mächte, deren Bekämpfung es gewidmet gewesen war. Die Fäden, die ihn mit unserer Stadt verbanden, sind zerrissen, nicht abgesponnen, und die Nachwelt hat sie lange sorglos liegen lassen. Vielleicht wird es im Laufe der Zeit noch besser gelingen, als im Vorstehenden versucht ist, den Antheil festzustellen, welchen er an der engen Verknüpfung der Geschicke Bremens mit Deutschland und an der Aufstellung des letzten politischen Zieles der Stadt gehabt hat, dessen endliche Erringung nach neuen schweren Kämpfen ihr Leben noch am heutigen Tage bestimmt.

6.

Bremen im Schmalkaldischen Kriege.

> Civitas pro saxis et moenibus incolentium virtute
> munienda est, quos si jungat concordia, nullus
> potest esse murus inexpugnabilior.
>
> (Inschrift am ehemal. Osterthor zu Bremen.)

Bremen hat die erste ernste Probe, welche seine junge Theilnahme an den allgemeinen Geschicken der Nation ihm aufzwang, im Jahre 1547 ruhmvoll bestanden und das Vertrauen gerechtfertigt, welches Kurfürst Johann Friedrich zu der Festigkeit ihrer Bewohner hegte. Freilich war die Stadt mit Wällen und Mauern, mit Volk, Geschütz und Munition zur Nothdurft versehen, wie der Kurfürst bemerkt, aber dennoch hätte sie schwerlich die zweimalige Belagerung so unerschütterten Muthes überstanden, wenn nicht die ganze Bevölkerung von der Gesinnung beseelt gewesen wäre, die Johann Friedrich dem Rathe mit den Worten aussprach: „wir zweifeln nicht, wo wir bei Gott und seinem Wort dermaßen bestendig verharren, und uns davon nicht abbringen lassen werden, und darüber zusetzen alles, was wir vermögen, sein Almechtigkeit wird unsere Feinde darwider nicht obsiegen lassen, sondern uns dabei gnediglich schützen und erhalten."

So wenig wie unter den Führern des protestantischen Bundes hatte sich in Bremen trotz dem Zögern des Kaisers der Gedanke zur Ruhe gelegt, daß man die Freiheit des Evangeliums einmal mit der Schärfe des Schwertes werde vertheidigen müssen. Das Verhalten des Erzbischofs allein hätte genügt, diese Vorstellung wach zu halten.

Zwar hatte er im Jahre 1534 seinen Frieden mit der Stadt gemacht, demzufolge alle Zwietracht und Irrungen abgethan und vergessen sein sollten, bis das allgemeine Concil über die religiöse Frage entscheide; aber gewiß hat Niemand in Bremen sich von solchen Zusagen des falschen, lügnerischen Fürsten blenden lassen. Noch kurz vor jenem Vertrage hatte, wie man in Bremen sehr wol wußte, die ewige Geldnoth den Erzbischof, der wie kein anderer auf seine fürstliche Ehre zu pochen liebte, zu dem Schritte getrieben, sein Stift der burgundischen Krone, das heißt Karl V. selber zum Kaufe anzubieten, „das Stift in der Burgundier Hände zu verändern", wie man sich ausdrückte. Der Erzbischof war dieser Angelegenheit halber im Jahre 1534 persönlich in den Niederlanden gewesen und der Schmalkaldische Bund schenkte ihr und dem gleichen Plane des Bischofs Franz von Münster eine sehr ernste Aufmerksamkeit. Es leuchtet ein, welche ungeheure Gefahr die Durchführung eines solchen Planes dem Protestantismus gebracht haben würde. Wenn er weiter gediehen wäre, so hätte schon jetzt der Kriegsfall eintreten müssen, für den das Schmalkaldische Bündniß geschlossen war.

Es wird nicht allein die Existenz dieses Bundes, sondern mehr noch die allgemeine Lage Europas gewesen sein, welche dem Kaiser damals abriethen, auf die ihm durch Münster und Bremen angebotene Erweiterung seiner Hausmacht und Veränderung des deutschen Territorialstandes einzugehen. Aber ob nicht die Diversion, welche wider Erwarten unsere dem eigentlichen Kriegstheater fern gelegene Stadt während des Schmalkaldischen Krieges in schwere Mitleidenschaft zog, doch durch den Plan von 1534 mitbestimmt worden ist, ist eine wol aufzuwerfende Frage.

Auch nach Beseitigung jener Gefahr hat Bremen dem Friedensvertrage zum Trotz sich darüber zu beklagen gehabt, daß kein Jahr dahinging, in welchem das städtische Gebiet nicht von fremden Kriegsknechten überlaufen und oft die Stadt selbst in Schrecken versetzt wurde. Man macht sich heute schwer einen Begriff von Zuständen, unter denen es möglich war, daß bei währendem Reichs- und Landfrieden Tausende von Landsknechten wochenlang in den Wesergegenden plünderten, brandschatzten, den Bauern Hab und Gut auffraßen und ihre Weiber und Kinder ruinirten, ohne daß man mit Sicherheit erfahren konnte, welchem Herrn sie dienten. Und doch hören wir solche Klagen namentlich in den Jahren 1539 und 1544 von Bremen, Hoya und Lüneburg. Niemand bezweifelte freilich, daß der Erzbischof und sein Bruder Heinrich von Braunschweig die Urheber dieser Nothstände seien, und man vermuthete, daß selbst der burgundische Hof seine Hand dabei im Spiele habe, aber die Führer der Heerhaufen weigerten jede Auskunft darüber.

Gleichzeitig hatte Bremen eine langwierige, schwere Fehde mit Junker Balthasar von Esens auszufechten, der nach alter Friesenart die Kaufmannsschiffe plünderte und den Handel auf alle Weise störte. Zwar that ihn der Kaiser auf Bremens Klage 1538 in die Acht, aber die Stadt fand für die Execution derselben wenig Beistand. Vielleicht hat sie indessen diesen Beziehungen zum Kaiser die Reihe von Gnadenbriefen zu verdanken, mit welchen Karl V. sie im Jahre 1541 von jenem Regensburger Reichstage aus überschüttete, auf welchem er den Protestanten weiter entgegenkam, als zu irgend einer andern Zeit. Die Privilegien hätten der Stadt, wenn auch nicht den Namen, wie sie früher beantragt hatte, so doch im wesentlichen die Stellung einer freien Reichsstadt gegeben, wenn sie ganz in's Leben traten. Aber man weiß, auf wie schwachen Füßen solche pergamentenen Freiheitsbriefe standen, wenn sie nicht mit dem Schwerte in der Hand vertheidigt wurden. Es bedurfte nur eines Protestes des Erzbischofs, um den Kaiser schon nach drei Jahren zu einer theilweisen Zurücknahme der Privilegien zu bewegen.

So eng waren durch die Person des Kaisers alle Fragen der europäischen Politik mit einander verknüpft, daß eine Stadt wie Bremen jede Schwankung derselben mitempfinden mußte. Und doch lagen die großen Gegensätze, welche die Welt bewegten, Kaiser und Papst, Haus Habsburg und Frankreich, Christus und Muhamed, jetzt dem Interessenkreise der Stadt so fern, wie die Kämpfe, die ehedem das Geschick Europas bestimmt hatten. Nun aber kam die Zeit, da jene Gegensätze für einen Augenblick zurückgedrängt waren, da Karl V. nach der letzten Demüthigung Franz I. von Frankreich und nach der Beseitigung der Türkengefahr auf dem Gipfel seiner Macht stand und sich stark genug fühlte, das neue Element ernstlich anzugreifen, das in die bunte Mannigfaltigkeit der politischen und geistigen Strömungen des alten Europa sich eingedrängt hatte, den Protestantismus. Dieser hatte, während jene älteren Gegensätze im Kampfe mit einander lagen, unausgesetzt an Terrain gewonnen und drohte zu einer Macht zu werden, welche den mächtigsten Herrscher des Abendlandes in Deutschland zu der Ohnmacht verurteilen konnte, aus der das Kaiserthum seit Maximilian mühselig sich emporgearbeitet hatte.

Eben jetzt aber näherte sich dem Kaiser auch wieder Papst Paul III. und berief endlich das allgemeine Concil nach Trient, um dem verhaßten deutschen Nationalconcil vorzubeugen, das von jenem so oft gegen diesen ausgespielt worden war. Es gab keinen günstigeren Moment für Karl, um die unbequemen Neuerer zu beugen. Dennoch zögerte er von Monat zu Monat mit dem Beginne des Kampfes, so lange noch eine Aussicht blieb, daß sich die Protestanten dem Tridentiner Concil unterwerfen würden. Wie viele Schlachten hatte er nicht mit seinen deutschen Landsknechten geschlagen, er wußte was ein Krieg gegen sie bedeute und daß er in diesem die Krone des Reiches wage. Erst als ein Vertrag mit Paul III. ihm eine enorme Summe Geldes zur Verfügung stellte und damit außerordentliche Rüstungen ermöglichte, beschloß er den Krieg und begann die Werbungen.

Und nun freilich entwickelten die Hauptleute des Schmalkaldischen Bundes, Kurfürst Johann Friedrich und Landgraf Philipp, eine erstaunliche Thätigkeit. Mit unerhörter Schnelligkeit brachten sie ein kriegstüchtiges Heer an die Donau, um dem Angriffe des Kaisers zuvorzukommen. Die süddeutschen Städte setzten sich in Vertheidigungszustand und bildeten ein Angriffsheer unter Schärtlin von Burtenbach, der den glücklichen Gedanken faßte, durch einen raschen Einfall in Tirol das Concil auseinander zu jagen und dem Kaiser den Zuzug aus Italien abzuschneiden. Ihn selbst, der noch fast ohne Truppen in Regensburg saß, hätte man dann ohne Schwierigkeit überwältigen können. Da aber zeigte sich die ganze Schwäche eines Bundeskrieges. Ueberall standen die leidigen Bedenklichkeiten der nur zur Vertheidigung Verbündeten entgegen, wo es sich um kecken Angriff handelte.

So vergingen die köstlichsten Augenblicke, deren glückliches Ergreifen der europäischen Geschichte eine andere Wendung und dem Protestantismus vielleicht die unbedingte Herrschaft in Deutschland hätte geben können.

Hier kann nur kurz daran erinnert werden, wie es der Zauberpolitik des Kaisers gelang, das Heer der Verbündeten an der Donau zu ermüden, ohne ihm eine Feldschlacht zu liefern und es alsdann durch den Verrath des Herzogs Moritz aufzulösen. Als Johann Friedrich auf die Kunde von seines Vetters Einfall in Eilmärschen in sein Land zurückgekehrt war, mußte auch der Landgraf das Feld räumen. Ohne Schwertstreich lag Süddeutschland zu Füßen des Kaisers. Ulm, Straßburg, Frankfurt, Augsburg, welches Schärtlin noch Jahr und Tag vertheidigen zu können meinte, ergaben sich unter demüthigenden Bedingungen, der alte Herzog Ulrich von Würtemberg mußte fußfällig des Kaisers Gnade anflehen. Derweil war es freilich Johann Friedrich gelungen, sein Land von den Truppen des Herzogs Moritz zu säubern und dessen Land zu besetzen; nun aber rückte im Frühjahr 1547 Karl V. selbst heran und am 24. April ereilte den Kurfürsten bei Mühlberg sein Geschick. Wenige Tage später gerieth auch Landgraf Philipp durch spanische Tücke in die Gefangenschaft des Kaisers. Es war kein protestantisches Heer mehr im Felde: ein Jahr nach Luthers Tode schien der Protestantismus der Gefahr seiner Vernichtung preisgegeben zu sein. Wer wollte dem Kaiser noch widerstehen, den soeben der Tod auch von seinem alten Gegner Franz I. befreit hatte?

Es ist ein Ruhmesblatt in der Geschichte unserer Stadt, daß sie von den kaiserlichen Waffen unbezwungen blieb. Freilich hat sie nicht den Kaiser selbst vor ihren Mauern gesehen und nicht ihr glücklicher Widerstand und der durch diesen erst ermöglichte vereinzelte Sieg der Evangelischen bei Drakenburg haben den Protestantismus gerettet, aber sie trugen doch dazu bei, den nach der schnellen Katastrophe in Sachsen tief gesunkenen Muth im evangelischen Lager zu beleben. Sie belehrten Deutschland, daß der dem Reiche so lange entfremdete Norden einen Vorrath ungebrochener Kraft besitze, welcher dem Vorherrschen der südeuropäischen Gewalten einmal ein Halt gebieten könne.

Gleich bei Beginn des Feldzugs von 1546 war seitens der Bundesfeldherren auch an die Städte Bremen, Hamburg, Lübeck, Braunschweig, Magdeburg u. s. f. die Aufforderung zur Zahlung der Kriegssteuern ergangen. Die Städte zeigten sich aber nach der Meinung des Kurfürsten und des Landgrafen sehr saumselig. Wieder und wieder wurden sie darauf hingewiesen, wie viel bei diesem großen und wichtigen Werke, „welches Gottes allein seligmachendes Wort und unsere wahre christliche Religion, auch die Freiheit und Libertät des Reichs deutscher Nation belangt", auf dem Spiele stehe. Indes hat Bremen trotz der Gefahren, die es schon früh für die eigene Sicherheit aufsteigen sah, doch recht bedeutende Zahlungen an die Kriegskasse geleistet und seinen vollen Eifer für die gemeinsame Sache auch bekundet, als im August die Aufforderung der Fürsten zu schleuniger Besendung eines auf den 20. September nach Ulm berufenen Bundestages eintraf.

Die niedersächsischen Städte hatten sich in früheren Jahren oft darüber beschwert, daß die Bundesversammlungen stets im Oberlande abgehalten würden und wol damit gedroht, dieselben nicht ferner zu beschicken. In so weiter Entfernung aber war kein früherer Tag gehalten worden. Hamburg und einige andere Städte fanden daher die Zumuthung unbillig angesichts der Kosten und großen Gefahren der weiten Reise und schlugen eine Versammlung der sächsischen Städte in Braunschweig vor. Bremen hatte gegen diese nichts zu erinnern, aber es säumte doch so wenig wie Magdeburg zwei Rathsherren und einen Secretär auf den Ulmer Tag abzufertigen und sie, dem Begehr der Fürsten gemäß, mit uneingeschränkter Vollmacht zur Beschließung alles dessen auszurüsten, „das ihnen dünket göttlich, ehrlich, recht und billig sein und das gemeinem Verständniß (d. h. dem evangelischen Bunde), auch deutscher Nation zu Nutz, Wolfahrt, Gutem und Gedeihen reichen und kommen mög, fürnemlich das zu Erhaltung, Handhabung und weiter Ausbreitung göttlichs Worts und Namens, auch deutscher alter Libertät und Freiheit dienstlich und vor gut angesehen." Auch in Bezug auf Geldbewilligungen wurde den Gesandten keine andere Beschränkung auferlegt, als daß sie darauf achten sollten, daß der ursprünglichen Abrede gemäß Gleichheit unter den Ständen beobachtet werde. Merkwürdig ist in dem hierauf bezüglichen Theile der Vollmacht, daß der Rath absichtsvoll vermied, den Kaiser als den Gegner zu bezeichnen; er redet von den „Kriegsübungen, so der Papst mit samt seinem Anhang gegen und wider diejenigen, so das reine göttliche Wort einmal bekannt und angenommen und durch göttliche Verleihung darbei zu bleiben vermeinen, fürgenommen hat." Auch später hat der Rath consequent die Fiktion aufrecht gehalten, als ob nicht der Kaiser der Gegner der Stadt sei.

Inmittelst schickten auch die Fürsten von der Donau her ihre Gesandtschaft zu dem Tage nach Braunschweig mit dem dringenden Verlangen, die Städte möchten ihrer Bundespflicht gemäß die vollen Zahlungen leisten, auch nichts davon für heimische Besatzungen und Kriegszurüstungen abziehen, wie auch sie selbst, die Fürsten, die stattlichen Besatzungen in ihren Landen auf ihre Kriegsquoten nicht mit verrechneten.

Darin war offenbar der Kernpunkt des Streites bezeichnet. Die niederdeutschen Städte erkannten die Gefahren für zu dringend, die ihnen selbst von den Niederlanden her drohten, als daß sie sich die Anschauung aneignen konnten, daß auch über ihre Sicherheit an der Donau entschieden werde. Die entgegengesetzte Auffassung der Bundesfeldherren spricht sich, wenn auch in stark übertriebener Weise, noch in den Vorwürfen aus, welche der Landgraf im März 1547 den sächsischen Städten machte, daß die Dinge im Oberlande ganz anders verlaufen sein würden, auch das Oberland nicht endlich gar abgefallen wäre, wenn jene in ihren Zahlungen nicht so säumig sich erwiesen hätten. Eine Bemerkung, die mehr nach dem Versuch einer Selbstrechtfertigung für die begangenen Fehler aussieht, als daß sie eine Erklärung für den schlimmen Verlauf des oberdeutschen Feldzugs böte.

Bremen hat in jedem Falle, was es etwa gegen die Bundesgenossen versäumt haben mag, durch seinen muthigen Widerstand völlig wieder wettgemacht; denn daß die Zahlung von einigen tausend Gulden mehr in die oberländische Kriegskasse den Verlauf des Feldzugs anders gestaltet haben würde, wird sich gewiß nicht behaupten lassen.

Wie nahe aber die Gefahr für Bremen selbst war, erfuhr der Rath schon im Juli 1546 durch die Meldung eines evangelischen Stiftsritters, die Feinde hofften mit dem niederländischen Haufen vor Bremen zu rücken. An der Donau selbst, im Lager der Verbündeten, theilte man eine Zeit lang den Glauben, daß die Werbungen in den Niederlanden zu einem Zuge gegen die norddeutschen Bundesverwandten bestimmt seien. Erst am 7. August schrieben die beiden Fürsten an den Bremer Rath: „Ihr dürft euch in dem sächsischen Lande unseres Versehens des Kaisers niederländischen Kriegsvolks halben itziger Zeit nichts befahren, dan wir werden glaublich bericht, als sollen sie ihren Zug den Rheinstrom herauf zu nehmen."

Diese Vermuthung erwies sich als richtig: die niederländischen Völker zogen Rhein aufwärts und es gelang dem Grafen Christoph von Oldenburg nicht, ihnen den Uebergang über den Strom zu wehren; sie erreichten ohne Anstand das kaiserliche Lager an der Donau.

Nichtsdestoweniger fuhr Bremen in seinen Kriegsrüstungen fort: Landsknechte wurden geworben, Geschütz und Munition beschafft, die Befestigung der Stadt revidirt. Um die Herbeischaffung der großen Gelderforderniße zu erleichtern, entschloß man sich damals, im Herbste 1546, den Silberschatz, welchen die Frömmigkeit früherer Generationen in unseren Kirchen angesammelt hatte, einzuschmelzen. Ein dieser Sache halber angelegtes, besonderes Rechnungsbuch erzählt uns zum Bedauern der Gegenwart, welche Schätze deutschen Kunstfleißes aus der Liebfrauen-, Stephani- und Anschariikirche, aus der Willehadicapelle und dem zerstörten Paulskloster damals in die Hände des Münzmeisters übergegangen sind.

Sehr bald schon zeigte sich, wie berechtigt die Besorgniß und die Vorsicht der Stadt gewesen war. Der Donaufeldzug war kaum zu Gunsten des Kaisers entschieden, als Karl V. um Mitte November in seinem Feldlager zu Wittislingen in Schwaben die Kriegsobristen Graf Philipp von Eberstein, Christoph von Wrisbergen und Herbert Langen verpflichtete, sechszehn Fähnlein Fußvolk und 500 Reuter auf drei Monate und eventuell darüber hinaus in des Kaisers Dienst zu werben, mit ihnen die protestantischen Gebiete Westfalens und Niedersachsens zu durchziehen und soviel Schlösser und Städte, wie sie bekommen können, für den Kaiser anzunehmen. Gleichzeitig detachirte er, wie es scheint, aus den Niederlanden einen andern Haufen unter Führung Jobsts von Cruningen, der sich sodann mit jenem verband. Es handelte sich in erster Linie offenbar darum, den Häuptern des Bundes den Zuzug aus diesen Gebieten abzuschneiden, daneben aber vielleicht auch um Wiederaufnahme des früher erwähnten Planes einer Erweiterung des burgundischen Territoriums.

In raschem Laufe nahm jenes Corps Besitz von der Grafschaft Tecklenburg, von dem Bisthum Osnabrück, dessen Bischof Franz II. von Waldeck dem Protestantismus geneigt war, von den Herrschaften Rietberg und Lippe, endlich von der Stadt Minden, die, obwol ganz protestantisch, nicht den mindesten Widerstand wagte. Das alles geschah in der kurzen Zeit vom 25. Januar bis 10. Februar 1547. Der Fall Mindens zumal machte in Bremen das peinlichste Aufsehen; der Rath behauptete, mit einigen Geschwadern Reiter hätte er abgewandt werden und bis zu deren Eintreffen die Stadt sich halten können.

Der Weg nach Bremen lag nun offen und man mußte dem Eintreffen des Feindes entgegensehen. Derweil saßen die Gesandten der sächsischen Städte noch immer in Braunschweig und berathschlagten die gemeinsame Rüstung und die von jeder Stadt zu leistenden Geldbeiträge. Vergebens bemühte der Bremer Rath sich, in den schleppenden Gang der Verhandlungen Beschleunigung zu bringen, indem er am 17. Februar zugleich seinen festen Willen aussprach, „mittelst Hülfe und Verleihung des Allmächtigen sich von dem heilsamen Worte nicht abbringen und drängen zu lassen, sondern zur Erhaltung der göttlichen Ehre und des Worts dasjenige zu thun, was ihnen als frommen und ehrliebenden Leuten zustehe und gebüre, der hohen und ungezweifelten Vertröstung, Gott der Allmächtige werde sie darin gnädig erhalten." Aber dieser Brief konnte im Augenblick schon nicht mehr abgeschickt werden; die Wege nach Süden waren bereits von feindlichen Heerhaufen gesperrt. Erst mehr als acht Tage später gelang es, ihn mit einer Nachschrift über die neuesten Ereignisse den Bremischen Gesandten in Braunschweig zuzustellen.

Am 19. Februar erschien der Feind im Hollerlande, zog am nächsten Tage an der Stadt vorüber in's Werderland, brennende Häuser und Scheuern hinter sich lassend, und setzte sich zwischen Walle und der Burg fest. Es sollte sich nun zeigen, ob dem Willen der Bremischen Bürgerschaft auch die That entsprechen werde. „Die Stadt Bremen", sagt der Chronist, „war in Gott wol getröstet, gedachte bei ihren alten Privilegien und Gerechtigkeiten zu bleiben und der Stadt Schlüssel Wrisbergen nicht unter die Augen zu bringen, wie die von Minden, des sie große Schande haben vor allen umliegenden Städten." Das war in der That der Sinn der ganzen Bremischen Bevölkerung, sie war von einer religiösen Erhebung beherrscht, unter der jede Gefahr und jedes Opfer gering erschien, und die heranrückenden Belagerer sollten bald erfahren, welch eine reale Kraft die idealen Güter zu entwickeln vermögen, wenn der Angriff auf sie einem entschlossenen Willen begegnet.

Das Lager Cruningens, der den Oberbefehl führte, war gut gewählt, denn nicht allein befand sich an der Nordwestseite der Stadt deren schwächste Vertheidigungsstelle, er durfte vor allem hoffen von dort aus ihr am leichtesten die Zufuhr auf der Weser abzuschneiden, falls die Stadt wirklich Widerstand leisten sollte. Wie wenig indes der an rasche Siege gewöhnte kaiserliche Feldherr dies erwartete, zeigen die Bedingungen, unter denen er schon am 20. Februar die Uebergabe forderte: Sendung einer Botschaft an den Kaiser zu fußfälliger Ueberbringung der Stadtschlüssel, Abschwören jedes Bündnisses gegen kaiserliche Majestät, Versprechen allen kaiserlichen oder von des Kaisers Feldherren gegebenen Befehlen gehorsam zu sein, Eröffnung der Stadt und Einlaß der kaiserlichen Truppen. Die Erwiderung, die ihm darauf zu Theil wurde, mußte ihn freilich belehren, daß er es hier mit einem festeren Muthe zu thun habe, als auf seinem Zuge durch Westfalen. Die von Rath und Bürgerschaft gemeinsam beschlossene Antwort lautete: "Ein ehrbarer Rath zu Bremen hat mit der Gemeinde beschlossen, sie wollen sich in keine Handlung begeben mit den muthwilligen Mordbrennern und Bösewichten, darüber wollen sie wagen, daß der unterste Stein nach oben komme."

Mochte der Feind immerhin ihre Schiffe und Güter, ihre Meierhöfe und ihr Vieh vernichten, um solchen Preis war ihnen die Freiheit ihrer Stadt und ihres Glaubens nicht feil. Von den Bewohnern der umliegenden Dörfer ließ man, so viel nur möglich, in die Stadt herein, so daß dem Winter zum Trotz die Kirchhöfe und die Straßen voll von ihnen lagen.

Nicht anders als Cruningen erging es dem Erzbischof Christoph, der sich alsbald im kaiserlichen Lager eingefunden hatte und laut seine Freude äußerte, wenn er die brennenden Gehöfte im Bremischen Gebiete sah. Als er am 24. Februar die schriftliche Aufforderung an den Rath richtete, derselbe möge am folgenden Tage seine stattlichen Bürgermeister und Rathsverwandte, auch etliche von den Elterleuten, Aemtern und der Gemeine nach Utbremen hinaus senden, da er mit ihnen zu reden habe, daran uns, unserer Stadt Bremen und des ganzen Erzstifts Gedeih und Verderb gelegen, erhielt er zur Antwort, wenn er mit dem Rathe zu handeln habe, so möge er nach alter Gewohnheit in eigener Person mit zwanzig bis dreißig Begleitern in die Stadt kommen.

Dieses standhafte Gemüth, an welchem der Kurfürst Johann Friedrich, als er die Kunde von Bremens Widerstand vernahm, sonderes Gefallen trug, bewährte sich in der ganzen Zeit der sechswöchentlichen Belagerung. Es würde ermüdend sein, die einzelnen Begebenheiten aus dieser Zeit dem Chronisten nachzuerzählen, alle die kleinen Plänkeleien, die Plünderungszüge von Seiten der Stadt und des Feindes, das Niederbrennen von Häusern und Dörfern, die Vernichtung von Schiffen und Kaufmannsgut, den Bau der Brücke, welche der Feind bei Lankenau über die Weser schlug, um sein Heer auch vom linken Ufer her verproviantiren zu können, sodann die Zerstörung dieser Brücke durch einen kecken Zug der Bremischen Bürger und Knechte. Dabei versäumte die Stadt nicht, beständig an der Verstärkung von Wall und Mauer zu arbeiten nach den Rathschlägen, welche ihr Graf Christoph von Oldenburg gegeben, der zu Anfang März auf einige Tage in Bremen erschienen war, um bei der Organisation des Widerstandes zu helfen und alsdann für baldigen Entsatz Sorge zu tragen. Vor den Thoren der Stadt riß man, so viel wie möglich, die Häuser nieder, um freie Schußlinien zu gewinnen; damals wurden die letzten Reste des 1523 zerstörten Paulsklosters weggeräumt und selbst die alte Rembertikirche wurde abgebrochen, um erst nach fünfzig Jahren neu zu erstehen. Von der Thätigkeit der Stückgießer geben uns die erhaltenen Inschriften der während der Belagerung gegossenen Geschütze Kunde.

Wol hatte der Rath für eine reichliche Verproviantirung gesorgt und das Glück fügte es, daß eben in dieser Zeit der Fischfang ungewöhnlich gut ausfiel, aber doch mußte die Stadt manche Sorge beschleichen, wie Woche um Woche dahinging, ohne daß der erhoffte Entsatz erschien, während des Feindes Rüstung täglich stärker wurde. Längst hatte der Erzbischof sein Geschütz zur Beschießung seiner Hauptstadt gesandt, Graf Anton von Oldenburg, des Grafen Christoph feindlicher Bruder, hatte drei große Stücke zu Schiffe herbeibringen lassen, weiteres Geschütz wurde aus den Niederlanden erwartet. Zum Glück mangelte es dem Feinde einstweilen noch an Munition, wie noch vier Wochen nach begonnener Belagerung Wrisberg in einem Schreiben an den Kaiser klagte.

Indessen kamen die Gesandten der sächsischen Städte in Braunschweig trotz allem Drängen der Bremer zu keinem festen Entschluß und zu keinem ernstlichen Handeln für die bedrohte Stadt, obwol sich Hamburg, Lüneburg, Hannover,

Braunschweig und die kleineren Städte sagen mußten, daß
auch ihr Geschick sich muthmaßlich an der Weser entscheiden
werde. Nach Ansicht der Bremischen Gesandten aber wurde
von ihnen weit mehr das Lauern, das Hinzögern, als das
gemeine Beste gesucht, es war ein ewiges Feilschen um die
Zahl der Mannschaften und um die Geldsummen, die jede
Stadt aufzubringen habe.

Gegen Ende März langten zwei Briefe des Kurfürsten
Johann Friedrich an, der inmitten eigener Bedrängniß Zeit
fand, der befreundeten Stadt zu gedenken. Er entschuldigt
sich, daß er nicht, wie er gewünscht, selbst zum Entsatze
Bremens kommen könne: „wiewol wir wol geneigt, euch in
eigener Person zu entsetzen, so können wir doch itzmals, weil
unser Feind so nahent an uns liegt und, wie die Zeitungen
lauten, der Kaiser selbst im Hereinzuge ist, Herzog Moritz
zu helfen, dazu nicht kommen." Aber er habe Graf Albrecht
von Mansfeld abgeordnet, schleunigst Hülfsvölker zu sammeln,
in das Stift Bremen zu ziehen, „euch zu entsetzen und also
die Freiheit und Nahrung, doch in alle Wege das göttliche
allein seligmachende Wort vorangesetzt, helfen zu erhalten."

Das lautete einigermaßen tröstlich für die Stadt, die
eben jetzt auch die Kunde erhielt, daß Hamburg eine Anzahl
von Orlogschiffen die Weser heraufsenden und zu Lande
einige tausend Mann zu Fuß und zu Roß schicken werde.
Aber die Dinge standen schon so, daß die Bürger nicht
länger auf auswärtige Hülfe warten, sondern versuchen
wollten, sich selbst zu helfen. Vor allem kam es darauf an,
der Weser wieder mächtig zu werden, die bei Gröplingen
und Oslebshausen durch feindliche Schanzen gesperrt war.
Das gute Glück fügte es, daß der auf Zerstörung dieser
Schanzen gerichtete Plan viel größere Folgen hatte, als man
hoffen konnte. Am 30. März wurden an der Schlachte einige
Schiffe gerüstet und mit Mannschaft versehen; am frühen
Morgen des folgenden Tages rückte ein stattlicher Haufen
Bürger und Knechte, vier Fähnlein stark, dazu auch Reiter,

aus der Stadt an das feindliche Lager, griff dasselbe auf zwei Seiten an und nöthigte den Feind zum Scharmützel. Mittlerweile liefen die Schiffe die Weser hinab, fielen auf die Schanzen, aus denen Geschütz und Rüstzeug erobert wurde, fuhren dann weiter die Weser hinab und gewannen Kähne und Schiffe mit Proviant und anderen für das feindliche Lager bestimmten Gütern.

Wenn nun dies schon ein großer Gewinn war, so wurde der Tag zum entscheidenden Vortheil dadurch, daß in jenem Scharmützel der Oberfeldherr des feindlichen Heeres, Jobst von Cruningen, von einer Kugel tödtlich getroffen war. Schon am nächsten Morgen geschah das Unerwartete, der Feind zündete selbst seine Lager an und zog unter einer starken Nachhut über Burg, wo er die Lesumbrücke hinter sich niederbrannte, in das Erzstift ab.

Bremen war einstweilen frei. Durch eigene Kraft und glückliche Zufälle, aus sonderlicher Gnade des Allmächtigen, wie der Rath seinen Gesandten in Braunschweig schrieb, hatte es des Feindes sich entledigt. Aber darum legte man die Hände nicht in den Schoß. Es herrschte kein Zweifel darüber, daß der Feind wieder kommen und daß die Stadt ihre Kräfte noch einmal zu erproben haben werde. Durch Pallisadenreihen, Fallgruben und Brustwehren wurden die Festungswerke erst jetzt verstärkt, Pech- und Theerkränze wurden für den Fall einer Berennung der Mauern als Willkomm für den Feind herbeigeschafft. An dem Tage des Abzuges des feindlichen Heeres waren endlich die durch widriges Wetter aufgehaltenen Hamburgischen Orlogschiffe auf der Weser erschienen, auf der nun ein regelmäßiger Wachtdienst eingerichtet wurde. Die Verhandlungen in Braunschweig kamen auch endlich zu einem Schlusse, noch ehe man dort die Nachricht von der Befreiung Bremens hatte, aber freilich nicht ohne der hartbedrängten Stadt die gleichen Leistungen an Geld und Mannschaft aufzuerlegen, welche Hamburg, Braunschweig und Magdeburg übernehmen wollten.

Alles Bitten und Flehen der Bremischen Gesandten, man möge bedenken, wie schwere Opfer Bremen schon habe bringen müssen, wie unmöglich es sei, aus der belagerten Stadt die Geldsummen herbeizuschaffen, half nichts. Man antwortete, wem das Feuer am nächsten sei, der solle billig vor andern das meiste dazu thun. Die Gesandten mußten, mit Ueberschreitung ihrer Vollmacht, in die hohen Forderungen willigen, um nur endlich das Entsatzheer in Bereitschaft zu bringen. Auch dann freilich dauerte es noch lange, bis der Aufbruch erfolgen konnte. Die Grafen Christoph von Oldenburg und Albrecht von Mansfeld mußten erst noch die Werbetrommel rühren lassen, um die volle Zahl der Mannschaften zusammen zu bringen. Als die Gesandten, noch immer ohne Kunde von der Befreiung der Stadt, dies dem Rathe am 6. April meldeten, fügten sie hinzu, die Grafen ließen den Bremern sagen, sie möchten nicht verzagen oder kleinmüthig werden, sie wollten in Kurzem zum Entsatze kommen, hofften, Gott werde dem kleinen Häufchen, das bis zum Ende beständig bleibe, Segen und Gnade geben, daß es sich dennoch gegen den Teufel bei göttlichem Wort und deutscher Freiheit behaupte; nur solle man mit dem Gelde nicht zögern, das die hohe unvermeidliche dringende Noth fordere. „Hier wird gesagt", so schließt der Bericht, „daß an vielen Orten viel Geld darauf verwettet werde, daß der Kaiser todt sei. Gott gebe ihm Glück dazu."

Die falsche Nachricht ist wenigstens als Symptom der Stimmung in den protestantischen Kreisen interessant. Der Kaiser hatte keinen Augenblick gezögert, als er die Nachricht von Cruningens Tode erhalten, einen neuen Oberbefehlshaber nach Niedersachsen abzuordnen, den Herzog Erich von Braunschweig. Er war ein neunzehnjähriger junger Mann, der mit der ganzen Keckheit der Jugend sich vor Bremen die Sporen zu verdienen dachte. In Eilmärschen rückte er mit frischen Truppen heran, um das Werk Cruningens zu vollbringen, bevor die zögernden Evangelischen herbeikämen.

Wrisberg, der nach Cruningens Tode den Befehl über dessen Truppen übernommen hatte, zog in weitem Bogen um die Stadt herum nach Süden, und vereinigte sich in der Gegend von Verden mit dem Herzog.

Noch auf dem Heerzuge, mehrere Tagemärsche von Bremen entfernt, übersandte Erich dem Rathe eine Aufforderung zu sofortiger Uebergabe der Stadt, die er befehligt sei in Ihrer Majestät Gnad und Ungnad einzufordern und zu nehmen. Da auch er selbstverständlich eine abschlägige Antwort erhielt, sah sich der Feind zu einer zweiten Belagerung zu schreiten genöthigt.

Diesmal war es die Ost- und Südseite der Stadt, auf welche sich der Hauptangriff richtete. Entscheidend für diesen veränderten Plan war einmal der Umstand, daß demnächst von Süden her das evangelische Entsatzheer heranziehen mußte, dessen Verbindung mit der Stadt um jeden Preis verhindert werden sollte, ferner aber, daß die Lage im Nordwesten jetzt schwieriger war, seit die Hamburger Kriegsschiffe die Weser beherrschten. Am 19. April erschien Herzog Erich mit seinen Truppen am linken Weserufer in Arsten und Habenhausen, während Wrisberg sich in Hastedt am rechten Ufer festsetzte. Ehe er die Feindseligkeiten begann, sandte der Herzog am folgenden Tage eine nochmalige Aufforderung zur Uebergabe an den Rath, im Gegenfalle drohte er Schwert und Feuers, so viel Gott Gnade giebt, nicht zu sparen. Der Rath blieb unentwegt bei seinem Sinne. Er vertheidigte sich in der Antwort gegen den Vorwurf, als habe er je gegen den Kaiser conspirirt oder sei demselben ungehorsam gewesen, und hob hervor, daß es gegen alle kaiserlichen Rechte sei, jemand ungehörter Sache und unerkannten Rechtes zu verdammen, wenn man trotzdem die Stadt mit Schwert und Feuer verfolgen wolle, so müsse er das dem Allmächtigen befehlen, der es zu seiner Zeit als ein rechter Richter wol richten und finden und sein göttliches Wort, um dessen willen uns allein dieser Krieg zugeschoben ist, wol erhalten wird.

Einen vollen Monat sah Bremen nun den Feind auf's neue vor seinen Mauern. Wieder begannen die Plünderungszüge, die kleinen Scharmützel, die gelegentliche Beschießung der Stadt, die doch kaum einen erheblichen Schaden anrichtete. Derweil ging es lustig im Lager des jungen Herzogs her, der die Freude über den sicher erwarteten Sieg schon im voraus genoß. Unsere Chronik erzählt, daß einst ein alter Kriegsmann unwillig gerufen habe: „ist das ein kaiserlicher Krieg? das mag wol ein Kinder-Krieg sein!", ein Wort, das dem unberufenen Kritiker des herzoglichen Knaben den Kopf gekostet haben soll.

Am 1. Mai erhielt man in Bremen die sichere Kunde, daß endlich Graf Christoph von Oldenburg im Lüneburgischen gerüstet stehe und nur noch den Zuzug der Hamburger erwarte, um heranzurücken. Inzwischen aber richtete der Feind sich zu längerem Verweilen ein: oberhalb der Stadt wurde eine Brücke über den Strom geschlagen, um eine regelmäßige Verbindung zwischen beiden Lagern herzustellen, Erzbischof Christoph und andere Fürsten kamen und gingen, und die Zuversicht in Erichs Heer wurde sonderlich belebt, als am 8. Mai die Kunde von der schon vor vierzehn Tagen erfolgten Niederlage und Gefangennahme des Kurfürsten Johann Friedrich anlangte. Eine solenne Kanonade verkündete auch der Stadt den entscheidenden Sieg des Kaisers. Aber nichts konnte Muth und Ausdauer der Bürger noch erschüttern.

Vergeblich bemühte sich Graf Anton von Oldenburg, die Stadt zu gütlicher Uebergabe zu bewegen; wenn sie nicht freiwillig die Thore öffne, so müsse er, dem kaiserlichen Befehle gehorsam, zur Execution der über Bremen verhängten Acht schreiten. Der Rath antwortete, er sei nicht nach Ordnung des Reichs einigen Ungehorsams gegen kaiserliche Majestät mit Recht überwunden, sich aber in eine Particular-Handlung mit den muthwilligen Feinden einzulassen, welche die Stadt mit Raub und Brand so hoch beschädigen, und sich von dem reinen göttlichen Worte und althergebrachter

Freiheit abbringen zu lassen, das vermöge er ohne Verletzung
Ehre und Gewissens nicht zu thun. Der Rath erinnerte den
Grafen daran, daß er vordem, als die Stadt auf ordentlichem
Rechtswege die Acht über den Junker Balthasar von Esens
erwirkt und ihn, den Grafen, zur Hülfe bei der Execution
mit kaiserlichen Mandaten aufgefordert habe, sich habe ent=
schuldigen lassen; er könne dies jetzt um so mehr, da das
Mandat nichtig sei und unerhörter Sache ohne Recht und
wider des Reiches Ordnung ausgegangen.

Der Siegesfreude in Erichs Lager folgte die Hiobspost
auf dem Fuße, schlimme Zeitung aus seinem eigenen Lande,
welches von dem endlich im Marsche befindlichen Heere
Christophs von Oldenburg und Albrechts von Mansfeld
erbarmungslos gebrandschatzt wurde. Dem ungestümen jun=
gen Krieger, der sich nach Lorbern sehnte, wurde die Zeit
vor Bremen lang und bang. Noch einmal versuchte er es
mit einer gütlichen Unterhandlung. Denselben Männern,
die er vor wenig Wochen als der kaiserlichen Majestät
offenbare Rebellen, widerwärtige Feinde und Echter beschimpft
hatte, ließ er nun, falls sie sich unter des Kaisers Gnade
begeben wollten, die Bestätigung aller ihrer Privilegien
und langjährigen Gewohnheiten anbieten. Als er auch hier=
auf abschlägigen Bescheid erhielt, hob er am 22. Mai die
Belagerung auf, um in schnellen Märschen in sein gefähr=
detes Land zurückzukehren.

Der Herzog zog am linken, Wrisberg am rechten Ufer
Weser aufwärts, bei Hoya sollte ihre Vereinigung stattfinden.
Jener erreichte dies noch am Abend des 22., Wrisberg aber,
der im lockern Sande große Schwierigkeiten namentlich für
die Fortschaffung des Geschützes fand, kam nur bis Achim.
Hier empfing er spät Abends von Erich Botschaft, er möge
zeitig am nächsten Morgen nach Holtorf, nahe bei Draken=
burg, aufbrechen, wohin der Herzog ebenfalls weiter rücken
werde. Vergeblich suchte Wrisberg, der nach eingelaufener
Kunde von dem Heranrücken der Evangelischen am Morgen

des 23. Mai in scharfem Ritte zum Herzog geeilt war, diesen von dem ungestümen Vormarsch abzuhalten, weil Gefahr sei, daß Oldenburg und Mansfeld sich zwischen beide werfen und einen nach dem andern schlagen würden. Erich beharrte bei seinem Plan und alle Anstrengungen, die Wrisberg seinen Truppen auferlegte, hatten nicht vermocht die Distanz zwischen den beiden Heerhaufen auszugleichen, als am Nachmittage die erstaunten Führer des protestantischen Heeres den Herzog Erich nahe bei Drakenburg auf niedriger Hügelkette in Schlachtordnung vor sich erblickten. Ein Scharmützel der beiderseitigen Vorhut hatte ihm das Nahen des Feindes angezeigt. Ueber den Gang der Schlacht, die sich alsbald entspann, sind uns mehrere Berichte von Theilnehmern aufbewahrt. Der anschaulichste unter ihnen ist wol der des braunschweigischen Hauptmanns Joachim Hagen, der schon am 24. Mai noch aus dem Feldlager bei Drakenburg an den Rath seiner Stadt berichtete. Nach der Schilderung jenes Geplänkels mit der feindlichen Vorhut fährt er fort: „aber wir sind fortgezogen und bis vor die Drakenburg gekommen, daselbst auf einem Berge in ansehnlichem großem Vortheil haben unsere Feinde gehalten, fünf Fähnlein Reiter und fünfzehn Fähnlein Knechte stark mit siebenzehn Stück Geschütz. Als wir nun um den Berg den Vortheil des Windes gewinnen und gegen die Feinde im Namen des Herrn ansetzen wollten, da haben sie ihre Geschütze mit aller Macht auf uns und wir hinwieder unser Geschütz auf sie abgehen lassen. Ob die Feinde nun von uns durch dies Schießen beschädigt, können wir eigentlich nicht wissen, unseres Theils ist Tile Wulf ein Bein abgeschossen. Nach solchem Schießen ist unser Reiterzug mit der ganzen Schlachtordnung (d. h. und alles Fußvolk) auf den Feind gefallen und hat der Allmächtige, der unsere Losung gewesen, nämlich Gott ist mit uns, seine göttliche Gnade diesem armen Häuflein verliehen, daß die Feinde auf der Flucht aus ihrem Vortheil geschlagen und die Schlacht, dem Herrn sei Lob und Dank, gestern zwischen vier und fünf Uhr von uns erobert ist." Er berichtet dann, daß Herzog Erich mit etlichen Reisigen geflohen sei, daß aber der Graf von Hoya mit 2600 Mann vom feindlichen Fußvolk zu Gefangenen gemacht und mehrere namentlich aufgeführte vom Adel und andere Reisige erschossen und erstochen seien. „Die andern alle aber hat unser Kriegsvolk todt geschlagen und in die Weser gejagt, darin ein großer Theil ertrunken." Das gesammte feindliche Geschütz sei den Siegern in die Hände gefallen, die dagegen auch Schaden, doch der Gottlob nicht groß ist, an Todten und Verwundeten genommen und ihre Kriegskasse mit etwa 40 000 Gulden verloren haben.

Die Plünderung der Kassenwagen war Wrisberg geglückt, der während der Schlacht mit einem Theile seines Heeres herangekommen war, aber das Schicksal derselben nicht mehr hatte wenden können. Denn die Schlacht war, wie die verschiedenen Berichte übereinstimmend angeben, durch einen einzigen Angriff der Evangelischen, der günstigen Position Erichs zum Trotz, entschieden worden. Der junge Herzog erlag durch seine eigene Schuld der Uebermacht und der durch das Bewußtsein der religiösen Verantwortung getragenen Tapferkeit des evangelischen Heeres. Wenn Erich später Wrisberg anklagte, daß seine Pflichtversäumniß an der Niederlage Schuld getragen habe, so hat er dem Obersten entschieden Unrecht gethan. Es soll soweit gekommen sein, daß die beiden Feldherren ihre gegenseitigen Vorwürfe der Pflichtwidrigkeit einerseits und der Kriegsunerfahrenheit andrerseits in einem Duell zum Austrag bringen wollten, das nur mühsam abgewandt wurde.

Die unverdienten Vorwürfe Erichs haben dann Wrisberg veranlaßt, auch seinerseits einen Schlachtbericht niederzuschreiben, in welchem er sich einer Anzahl noch am späten Nachmittag gegen die Sieger gelungener Waffenthaten rühmt. Der Bericht macht den Eindruck, als wenn nach Wrisbergs Ansicht nur der Einfall der Nacht ihn verhindert habe, die

Schlacht mit dem Hauptcorps des Feindes wieder aufzunehmen und herzustellen. Er wollte sich mit solchem Berichte auch gegen den Spott wehren, der sich reichlich über den mit dem Golde des Siegers nach Friesland flüchtenden Oberst ergoß.

> Wir ha'n das Feld,
> Wrisberg das Geld;
> Wir ha'n das Land,
> Er hat die Schand!

so jubelte und spottete man im protestantischen Heere, das nach altem Brauche die Nacht auf der Wahlstatt gehalten, aber vergeblich am nächsten Morgen den Angriff Wrisbergs erwartet hatte.

Hier wenigstens und hier allein hatten die Feldzeichen der Evangelischen die Oberhand behauptet. Eine gerechte Freude erfüllte die Gemüther der Sieger und die der Bremischen Bevölkerung.

Ein Landsknechtszug, den die Stadt dem davon eilenden Feinde nachsandte, hatte freilich das Schlachtfeld nicht mehr erreicht, aber doch durfte sie den Sieg vom 23. Mai auch als den ihrigen feiern. Die evangelischen Feldherren zollten der Tapferkeit der Bremischen Bevölkerung gerechte Anerkennung, indem sie mit einer stattlichen Kriegerschaar nach Bremen ritten und die siebenzehn eroberten Geschütze, welche bestimmt gewesen waren die Mauern der Stadt zu brechen, als Siegesbeute dem Rathe darbrachten. Jahrelang haben sie als Erinnerung an Drangsal und Erlösung hier auf dem Domshofe gestanden, bis endlich nach erfolgtem Religionsfrieden Herzog Erich sie wieder einlöste. Die erbeuteten Pistolen des Herzogs und andere Kriegstrophäen haben bis zu Anfang des gegenwärtigen Jahrhunderts in der Waffensammlung unseres Zeughauses geruht; erst in der Noth der Revolutionskriege sind sie mit dem übrigen kostbaren Inhalt desselben verschleudert worden.

Das Pfingfest stand vor der Thür, als die Sieger von Drakenburg ihren Einzug in Bremen hielten. Am Pfingstsonntag, dem 29. Mai, begrüßte sie der Rath, von zahllosem Volke umgeben, auf dem Markte durch eine Rede des Bürgermeisters Daniel von Büren, eines der Männer, deren Namen in der Bremischen Geschichte unvergeßlich sind. Der Kämmerer des Raths, Tile von Cleve, war nach alter Sitte zum Maienkönig erkoren und bewirthete die siegreichen Feldherren auf dem kurz zuvor neu erbauten Schütting.

Der festlichen Freude sind dann schwere Jahre gefolgt, bis der Zorn des Kaisers über die widerspänstige Stadt beschwichtigt und die Reichsacht wieder gelöst war. Aber den Muth hat sie auch jetzt nicht sinken lassen; daß sie bereit war, wenn es nöthig werden sollte, ihre Freiheit zum dritten Male zu vertheidigen, beweist schon der Umstand, daß uns die Inschriften von sechszehn Geschützen erhalten sind, welche die Stadt im Jahre 1548 hat gießen lassen. Bremen hat ihrer doch glücklicher Weise nicht gegen einen neuen feindlichen Angriff bedurft; manche jener Inschriften aber sind werthvoll als Zeugnisse des Geistes, der auch jetzt noch die Bevölkerung beseelte. Eben der Gedanke, dem der Rath angesichts des Feindes wiederholt Ausdruck gegeben hatte, tönt uns noch von dem St. Mathäi Apostel Stück des Jahres 1548 entgegen:

> Vi Gades word wage lif unde blot,
> Vor dine Er alle have unde god,
> Dine Frigheit di nicht nemen lat,
> Wultu bestaen, dat is min rat.

7.
Die Predigt vor der Censur.
Eine Erinnerung aus dem Jahre 1819.

Selbst in dem „tollen Jahre" 1819, für immer denkwürdig durch die kecken Eingriffe in das Geistesleben unserer Nation, und in den bleiernen Jahren, die ihm folgten, ist das Censoramt, welches der Staat sich über die Geister anmaßte, wol nur selten gegen die christliche Predigt gerichtet worden. Sonderbare Zufälle haben diese Ausschreitung in unserer Stadt hervorgerufen und ihr eine Bedeutung verliehen, als ob es sich um die Ausrottung eines den Bestand der Rechtsordnung in Deutschland gefährdenden Uebels handle. Und doch war weder in Bremen bei der Bevölkerung ein revolutionärer Geist oder bei der Regierung die Tendenz staatlicher Bevormundung lebendig, noch war der Prediger, welcher von der Bremischen Censur betroffen wurde, Bernhard Dräseke, ein demagogischer Kopf.

Dräseke war im Herbst 1814 von Ratzeburg als dritter Prediger und als erster lutherischer Geistlicher an die hiesige St. Ansgariikirche berufen worden, also zu einer Zeit, da nach glücklich erkämpftem Frieden die Wogen der patriotischen Empfindungen hoch gingen und die Hoffnungen auf eine kräftige volksthümliche Entwickelung Deutschlands in Blüte standen. Beweglichen Geistes, wie er war, nahm Dräseke den lebendigsten Antheil an den öffentlichen Dingen, gewiß auch an dem frischen Zuge, der das staatliche Leben seiner neuen Heimath bewegte. Sogleich nach wieder erlangter Freiheit hatte man hier eine Revision der uralten Verfassungsformen in's Auge gefaßt, und die Verhandlungen darüber wurden nach dem Frieden und namentlich 1815 lebhaft betrieben, um dann freilich unter dem Vorwalten der Reaction in Deutschland bald einen schleppenderen Gang anzunehmen und endlich ganz einzuschlummern. Im Laufe der Verhandlungen legte die Bürgerschaft im April 1815 dem Senate auch den Entwurf eines Preßgesetzes vor, eines Gesetzes über die Preßfreiheit, wie sie denselben nannte. Denn in der That war eine im wesentlichen nur durch die Vorschriften des gemeinen Rechtes beschränkte Freiheit der Presse der Grundsatz, von welchem dieser Entwurf ausging; nur bezüglich der politischen Presse, namentlich der Zeitungen, sollte, „bis in dieser Hinsicht allgemeine Reichs- und Bundesschlüsse stattfinden werden", die bisherige Censur bestehen bleiben. Freilich eine sehr bedeutsame Ausnahme, die aber doch nur in der Erwartung gemacht war, daß ein etwaiges Bundespreßgesetz von liberalen Grundsätzen werde geleitet werden.

Man darf annehmen, daß auch die Bremische Regierung mindestens in ihrer Mehrheit gleich liberalen Tendenzen huldigte, aber pflichtgemäß richteten sich ihre Gedanken mehr auf das Erreichbare, als auf das Wünschenswerthe. Und eben jetzt, da das Bremische Staatswesen nicht ohne Ueberwindung mannigfacher Schwierigkeiten durch das Wolwollen der großen Mächte hergestellt war, konnte der Senat dem Gedanken nicht völlig beipflichten, welchen die Bürgerschaft in den Motiven zu dem Gesetzentwurfe aussprach: „wir würden uns der wiedergeschenkten Freiheit in den Augen von ganz Deutschland unwerth bezeigen, wenn wir, statt uns den Gewinn des Zeitalters frei und selbstthätig anzueignen, ihn schüchtern als Geschenk von fremder Hand erwarten wollten." Der Senat, welcher unter der Führung Smidts der neuen

Gestaltung Deutschlands mit optimistischer Zuversicht entgegen sah, hielt ein einseitiges gesetzgeberisches Vorgehen in einer Sphäre, deren Wirkung naturgemäß die Grenzen des kleinen heimischen Staates beständig überschritt, mit der Rücksicht auf die verbündeten großen Mächte nicht vereinbar. So blieb der Entwurf des liberalen Preßgesetzes liegen, und einstweilen die Censur bestehen, welche die provisorische Regierungscommission gleich nach der Reactivirung des Staates im November 1813 angeordnet hatte. Allein diese Einrichtung traf doch nur die „Bremer Zeitung"; diese freilich wiederholt in so strenger Weise, daß das Blatt, welches Eigenthum des Gymnasiums war, wider den Willen des Senats hier und auswärts wie ein officiöses, um den heutigen Ausdruck zu gebrauchen, angesehen wurde. Im Uebrigen herrschte hier die Freiheit des Gedankenausdrucks wie in der Rede, so in der Presse.

Man war daher auf's höchste betroffen, als im Herbste 1819 die in der 35. Sitzung der Bundesversammlung am 20. September gefaßten Beschlüsse bekannt wurden, welche namentlich die in Karlsbad vereinbarten Maßregeln gegen die Universitäten und als Nr. III. das berufene Bundespreßgesetz enthielten. Der erste Paragraph des Bremischen Entwurfs von 1815 hatte gelautet: „In der Regel kann hierselbst alles ohne vorhergehende Censur gedruckt und verkauft werden", ein Satz, der auch ohne gesetzliche Feststellung dennoch in Uebung war. Im ersten Paragraphen des Bundesgesetzes aber hieß es: „So lange, als der gegenwärtige Beschluß in Kraft bleiben wird, dürfen Schriften, die in Form täglicher Blätter oder heftweise erscheinen, desgleichen solche, die nicht über zwanzig Bogen im Druck stark sind, in keinem deutschen Bundesstaate ohne Vorwissen und vorgängige Genehmhaltung der Landesbehörden zum Druck befördert werden." Das Princip, dessen allgemeine Anerkennung den hiesigen Wünschen entsprach, war völlig auf den Kopf gestellt.

Darauf freilich kam es nun an, wie dasselbe sich in der Uebung gestalten werde. Bremen sollte noch vor Schluß des Jahres eine merkwürdige Probe davon erleben.

Der Senat hielt es für Bundespflicht, alsbald mit der Verwirklichung der Absichten der Bundestagsbeschlüsse vorzugehen, d. h. die äußeren Einrichtungen dafür zu treffen, denn von einer revolutionären Gesinnung, welche ernste Maßnahmen erfordert hätte, war hier schlechterdings nichts zu bemerken. Unmittelbar nach Eingang der Frankfurter Beschlüsse ordnete er am 6. October an, es sei für die Schriften unter zwanzig Bogen stark, zu welchen auch die einzeln erscheinenden Predigten von Pastor Dräseke zu rechnen, ein Censor zu ernennen.

Weshalb nur geschah dieser Predigten besonderer Erwähnung, war etwa Dräseke doch ein revolutionärer Kopf? Man sollte denken, daß vor solchem Verdachte ihn die nahen Beziehungen schützen mußten, welche ihm seine viel bewunderte Kanzelberedsamkeit und seine Fruchtbarkeit in der Publication von Predigten zu den angesehensten Geistlichen Preußens verschafft hatten und die Zeichen besonderer Huld, welche ihm schon damals, lange bevor er selbst unter die kirchlichen Würdenträger Preußens aufgenommen wurde, Friedrich Wilhelm III. und andere Fürsten zuwandten. Aber er war freilich ein Mann von warmer patriotischer Empfindung, der in der Gedankenrichtung fortlebte, welche die Nation in den Tagen ihrer Erhebung genommen hatte, und der die Freiheit, welche ihm sein Amt in unserer Republik gewährte, nutzte, um gelegentlich auch seinen patriotischen Hoffnungen und Befürchtungen lebhaften Ausdruck zu geben. Das war an sich um so unverfänglicher, als er im wesentlichen nichts anderes sagte, als was der gebildete Theil seiner Zuhörer ohnedies empfand oder dachte. Allein die durch keine andere Rücksicht als die Stimme des Gewissens gebundene Stellung des Predigers änderte sich gar sehr, wenn das gesprochene Wort im Druck in alle Welt hinauswanderte, um uncontrollirbare Wirkungen auf eine unbekannte Menge zu üben. Das unverantwortliche Wort des Predigers wurde zum Gegenstande der öffentlichen Kritik und lief alle Chancen schriftstellerischer Thätigkeit.

Nun aber hatte Dräseke bald nach dem Antritte seines Bremischen Amtes begonnen — wie es heißt hauptsächlich um einem armen Buchdrucker Beschäftigung zu geben — seine Predigten für seine Gemeindeglieder einzeln in Druck zu geben; sie wurden dann in zwanglosen Heften unter dem Titel „Predigten über freigewählte Abschnitte der heiligen Schrift" gesammelt und fanden ihren Abnehmerkreis hauptsächlich in Bremen. Ausgewählte Stücke aus denselben publicirte er außerdem durch einen Lüneburger Verleger für einen größern Leserkreis, der aber der Natur der Sache nach aus dem ernsten religiös gesinnten Theil der Nation, nicht aus den unruhigen Köpfen sich bildete.

Dennoch waren diese Predigten geeignet, unter den gegebenen Umständen die Aufmerksamkeit einer verantwortlichen Regierungsbehörde auf sich zu ziehen. Erst ganz kürzlich hatte man in einer von ihnen die folgenden Sätze gelesen: „Ein furchtbares Mißtrauen steht geharnischt zwischen Volk und Fürsten und schüttelt auf beide seine Schlangen. Der eine Theil sieht Verheißungen, welche als heiliger Dank für seltene Treue gegeben wurden, in lahme und halbe Erfüllung gehn; der andere sieht aufrührische Rotten, wo nur unverabredetes Einverständniß über die große Zeit die Gemüther verbindet, durch alle Provinzen und Stände schleichen. Hier bringt den einzelnen das kühne Wort, das er öffentlich geredet, um Amt und Freiheit; dort werden neunhundert, die nichts als demüthige Bitten um Linderung des unerträglichen Elends an das landesväterliche Herz legen möchten, nicht einmal vor- und zu Worte gelassen." — „Erflehen als wär es ein Almosen muß der Betheiligte sein Recht und findet's auch dann kaum. Sogar an Personen, welche in der schauderhaften Nacht der Willkür die Träger des Lichts und des Rechtes waren, welche mit Schrift und Rede den Geist, der die Ketten zerbrach, weckten, welche durch Einsicht und Tugend, Muth und Talent des Zeitalters und der Menschheit von Gott selbst bestellte Sprecher sind (E. M. Arndt), vergreift sich der Wahn, und muß er offenes Feld scheuen, wählt er Schleichwege."

Es war begreiflich, daß der Senat Predigten solchen Inhalts seiner Censurcommission zur besondern Beachtung empfahl, nicht weil er, wenigstens in seiner Mehrheit, der darin geübten Kritik der öffentlichen Zustände die subjektive Berechtigung aberkannte, sondern weil er sie von dem ihm amtlich obliegenden Standpunkte politischer Beurteilung aus für bedenklich hielt.

Als daher der Senat am 13. October eine Censurcommission einsetzte, ließ er Dräseke durch einen diesem besonders befreundeten Herrn ersuchen, seine Predigten so zum Drucke zu befördern, daß die Censur keinen Anstoß an ihnen nehmen müsse. Gleichzeitig gab er sämmtlichen hiesigen Buchhändlern und Buchdruckern — selbst Betty Gleim als Inhaberin einer Steindruckerei vergaß man nicht — Kenntniß von dem Bundespreßgesetz und der Einsetzung jener Censurbehörde. Am 25. October endlich wurden die Bundestagsbeschlüsse vom 20. September durch obrigkeitliche Verordnung publicirt. Man sieht, die Bremischen Behörden prästirten so viel Diligenz in diesen Angelegenheiten, wie man billiger Weise nur verlangen konnte.

Aber in der Zwischenzeit zwischen der Einsetzung der Censurcommission und der Publication der Beschlüsse hatte die Wiederkehr des 18. Octobers die Erinnerung an die große Zeit erneuert, von welcher sich die Nation ganz andere Früchte versprochen hatte, als die ihr nun von Frankfurt geboten wurden und als die nahe bevorstehende Wiener Ministerialconferenz verhieß. Am Sonntag, 24. October, Tags vor der Publication, hatte Dräseke seiner Gemeinde in einer tiefempfundenen Predigt sein sorgenvolles Herz aus=

geschüttet, dem tiefen Kummer, welcher die besten Patrioten ergriffen hatte, einen beredten Ausdruck gegeben, zu welchem die Worte des Psalms: „Ich will schweigen und meinen Mund nicht aufthun, Gott wird's wol machen" den Refrain bildeten. Da hatte er gefragt: „Warum redet man von Verheißungen an das Volk, die eben so nothwendig als nothgedrungen waren, als von einer freien Gunst? und von Wünschen des Volks, die nur das Recht anstreben, als von thörichter Ungeduld? Warum macht man, wo dem ernsten Willen alles so nahe liegt, so vornehme, so weitläuftige, so schwierige Zurüstungen, als gehe nur durch Umwege und Abwege die Straße zum Heil? Warum begnügt man sich, wo man die Gabe in der Hand hat und die Hand nur öffnen dürfte, den Leuten zuzurufen: Wartet! wartet!? Soll etwa die wachgewordene Zeit über diesem Warten wieder einschlafen? Warum fällt jedes kühne Wort, das für die Freiheit sicht, wie ein Stein des Anstoßes auf? Warum sollen eben nun wieder Lehrer und Schriftsteller unter Vormundschaft treten, so doch von Gottes und Rechts wegen eben sie die Vormünder der Zeit sind? Giebt das Censoramt die Schlüssel der Weisheit? Bläst man die Sonne damit aus, daß man den Leuten die Augen verbindet? Warum fährt man vor aller Mannlichkeit zusammen, wie vor einem Schreckbild und fürchtet Menschen, die doch nur ihr gutes Recht wollen und auf dem geraden Wege des Rechtes das Heil der Menschheit? Hat dieser gute Geist uns nicht gerettet? Warum meint man ihn austreiben zu müssen als einen bösen Dämon?"

Und dann hatte er der Freiheit, die edle und starke Menschen bilde, ein begeistertes Loblied gesungen und wieder gefragt: „Den Menschen mißtrauen, weil man selber nicht taugt, ist es besser, als den Menschen sich anschließen für edle Bestrebung, weil man Gutes und Großes von ihnen erwartet? Oder wie denkt man's zu rechtfertigen und was meint man damit zu gewinnen, wenn man das Trachten nach gottgefälliger und menschensegnender Gemeinschaftlichkeit, wie es an Männern und Jünglingen die Zeit offenbart hat, als Rottenwesen und Landesverrätherei behandelt, und Regungen eines Geistes, den man ehren oder doch schonen sollte, mit Einkerkerungen und Dienstentlassungen belohnt?" Endlich aber hatte sich sein Idealismus doch zu dem optimistischen Glauben bekannt: „Zernichtet aber, mein Volk, bist du dessenungeachtet nicht! Gott wird's wol machen."

Schon am 27. October sandte der Buchdrucker den Druckbogen dieser Predigt der Censurcommission ein, welche hieran ihr Probestück machen sollte. Gleichzeitig sandte er noch ein medicinisches Manuscript, von welchem Senator Schumacher als Referent urteilte, es sei unverdächtig, „da es eine Gattung der Gehirnfieber, nicht aber die jetzige der revolutionriechenden Staatsmänner befaßt." Desto zweifelhafter war es ihm, ob man die merkwürdige Predigt, die sehr kräftig sei und wol recht in's Wunde treffe, ganz verbieten oder ganz zulassen solle, denn ein Herausstreichen der ihm besonders anstößig erscheinenden Stellen schien ihm nicht möglich. Doch neigte er sich mehr dahin, sie ganz zuzulassen, da sie eigentliche Persönlichkeiten vermeide. Anderer Meinung aber waren die Collegen in der Censurbehörde. Man fand es nicht artig von Pastor Dräseke, daß er die Censur in solche Verlegenheit setze. Die Predigt werde um so mehr zu Klagen und unangenehmen Erörterungen führen, als sie unmittelbar nach Publication des Preßgesetzes erscheine, und den Maßstab abgeben werde, wie unser Staat das Gesetz auszulegen und anzuwenden gedenke. Die Commission habe die gesetzliche Verpflichtung, „mit wachsamem Ernste" ihre Functionen auszuüben. Indeß glaubte Senator Horn, „daß ein so einsichtsvoller Mann, wie Herr Pastor Dräseke, die Nichtzulassung zum Druck (über die Kanzel hat die Censur Gottlob nichts zu sagen) unserer Verpflichtung gemäß finden und die anstößigen Stellen ändern werde. Wenn er aber vorzöge, die bedenklichen Stellen durch Lücken im Druck

bezeichnen zu lassen, so würde ich für die Commission nichts
Uebles sehen, indem solches ein Zeugniß gäbe, daß unser
Staat den Bundesgesetzen (auch den lästigen) ernstlich zu
gehorchen denkt. Der Ruf des Gegentheils würde in dem
nahe bevorstehenden neuen Congreßfieber sehr nachtheilig sein
können." In einem Privatbillet Schumachers wurde Dräseke
sodann darauf hingewiesen: „Die Zeit ist sehr gespannt, die
Regierungen auf alles im höchsten Grade aufmerksam, was
Unruhe erregen und das Feuer, welches sie unter der Asche
zu sein glauben, zum Ausbruche bringen könnte, daher ängst-
liches Aufmerken auf die Stimmen bedeutender Schriftsteller
und Redner. Nicht was diese mit ihren Reden beabsichtigt,
der Sinn, in dem sie gesprochen oder geschrieben, wird
beachtet, sondern die Deutung, die man ihren Worten beilegen kann und die das Publikum ihnen unfehlbar beilegen
wird." Gewiß, die Censurcommission nahm ihre fatale Aufgabe „mit wachsamem Ernste" wahr, nur machte sie den
Fehler, daß sie es Dräseke überließ, ob er den Text ändern
oder Lücken lassen wolle. Wider Erwarten zog Dräseke das
letztere vor, und der Buchdrucker begnügte sich, den Satz der
beanstandeten Stellen herauszunehmen und durch eben so
viele punktirte Zeilen zu ersetzen, als er abgebrochen hatte.
So erschien die Predigt mit den von der Censurcommission
als Zeichen ihres Eifers nicht ungern gesehenen, unglück-
seligen Lücken, die jeden, der sie aufschlug, belehren mußten,
daß er ein staatsgefährliches, also um so interessanteres Werk
vor sich habe.

Indessen gingen zwei Monate ins Land, ohne daß man
von der Predigt etwas Sonderliches hörte; schon hatten
einige andere Predigten die Censurbarrière glücklich passirt,
jene schien im Strome der Zeit schon untergetaucht zu sein.
Die Augen aller politisch erregten Männer waren auf Wien
gerichtet, wo die Minister der deutschen Staaten, wie man
mit nur zu gutem Grunde besorgte, keine erwünschten Gerichte
für Deutschland bereiteten. Auch Smidt war auf Drängen

des Senats von Frankfurt aus dahingegangen, obwol die vier freien Städte am Congresse nur durch einen gemeinsamen Vertreter, den Senator Hach aus Lübeck, Theil nahmen. Er war nicht eben freundlich dort empfangen worden, denn er stand selber im Verdachte liberaler — oder nach dem Sprachgebrauche jener Tage revolutionärer — Gesinnung, man schob ihm insbesondere mehrere Artikel der „Bremer Zeitung" in die Schuhe, die wol weniger ihrer Tendenz als des fatalen Aufsehens wegen, das sie in Deutschland gemacht, doch gerade von ihm derart lebhaft mißbilligt waren, daß sie wiederholt zu ernsten Rügen und endlich zur förmlichen Entfernung des Redacteurs der Zeitung geführt hatten. Smidt hatte, weil er wol wußte, wie die großstaatlichen Minister über ihn urteilten, wiederholt abgerathen, ihn nach Wien zu schicken, aber der Senat bestand darauf, weil er glaubte, daß Smidt, auch ohne an den eigentlichen Verhandlungen Theil zu haben, dennoch die Bremischen Interessen wirksamer wahrnehmen und namentlich in der erwarteten Verhandlung über gemeinsame deutsche Zollangelegenheiten das Gewicht des großen Seehandels kräftiger als der Lübeckische Vertreter gegen die befürchteten Schutzmaßregeln werde geltend machen können. So ging Smidt nach Wien, in dem Vertrauen, welches ein gutes Gewissen und gute Gründe dem Menschen geben, trotz aller bösen Zeichen der Zeit von dem Glauben an eine gesegnete Zukunft des deutschen Staatenbundes erfüllt. Die ihm sogleich nach seiner Ankunft in der Kaiserstadt entgegentretenden Verdächtigungen hinsichtlich seiner Mitschuld an der Haltung der „Bremer Zeitung" brachten ihn freilich doch sehr in Harnisch, indeß als ihn Fürst Metternich trotzdem mit gewohnter Liebenswürdigkeit empfing und ihm völlig offen sagte, was man gegen ihn habe, gelang es ihm schnell, den Ungrund der Verdächtigungen zu erweisen und alles Mißtrauen gegen seine Person und seine Absichten zu zerstreuen. Die vollkommene Loyalität der Bremischen Bevölkerung zu beweisen, war ihm Herzenssache und politisches Bedürfniß, da er den Gedanken beständig als Richtschnur festhielt, daß ein kleiner Staat, zumal ein republikanischer, sich unter den großen monarchischen nur durch die gute Meinung, die man von ihm hege, aufrecht erhalten und seinen Einfluß geltend machen könne. Da plötzlich warf jene ihm völlig unbekannte Predigt vom 24. October einen tiefen Schatten auf seinen Weg.

Gegen Mitte December war er mehrmals in auffallender Weise nach dem Pastor Dräseke gefragt worden. Dann sagte ihm Graf Münster, Dräseke habe zum 18. October eine Predigt gehalten, die viel Aufsehen errege, weil man eine gefährliche politische Tendenz in ihr zu finden glaube, die Censur habe zwar beim Druck Manches gestrichen, was aber stehen geblieben, sei noch arg genug, er (Smidt) werde schon mehr davon hören. Smidt erfuhr denn auch, daß die Predigt dem Grafen Münster von Hannover zugeschickt, von ihm sogleich dem Fürsten Metternich gegeben — gewiß ein freundnachbarliches Verhalten — und von diesem in lithographischen Abdrücken an mehrere Gesandte vertheilt sei, ja daß der österreichische, der preußische und der hannoversche Gesandte in Hamburg schon Auftrag hätten, deshalb Beschwerdeschriften an den Bremer Senat zu richten. Smidt, der alsbald unter dem 15. December über diese heikle Angelegenheit an den Senat berichtete, meinte dabei: „es wäre doch gar betrübt, wenn wir auch an Herrn Pastor Dräseke wieder das Beispiel erleben sollten, daß uns politische Unannehmlichkeiten nur gar selten durch einen geborenen Bremer, sondern in der Regel nur durch bei uns eingebürgerte Fremde zugezogen werden, und am ersten durch solche, die durch Bremische Anerkennung ihrer wirklichen Verdienste übersättigt, sich von dem Standpunkte Bremischer Bescheidenheit dispensiren zu können glauben, die der Bremischen Freiheit zwar gebrauchen wollen, aber vergessen, daß sie sich dabei auch mit uns behelfen müssen, und doch steht nach dem naiven Ausdruck unserer kundigen Rolle beides miteinander in wesentlicher Verbindung." Als Smidt dies schrieb, kannte er die incriminirte Schrift noch nicht und hatte noch gar keine Ahnung davon, in welchem Maße dieselbe die ruhebedürftigen deutschen Staatsmänner aus der Fassung gebracht hatte. Tags darauf erst erhaschte er ein Exemplar des lithographischen Abdrucks und als er am 17. December Gast des Fürsten Metternich war, führte ihn dieser in ein Nebenzimmer und eröffnete ihm: in der lithographischen Abschrift habe man, um Raum zu sparen, noch eine Menge Punkte weggelassen, welche von der Censur gestrichene Stellen andeuteten, in dem Original nehme sich das alles noch viel auffallender aus und das Publikum müsse im Vergleich mit dem, was wirklich gesagt sei, in diesem Ausgelassenen sich so viel eigene Dinge denken, daß es fast besser gewesen wäre, man hätte gar nichts gestrichen. Der Kaiser, sagte der Fürst, habe die Predigt selbst gelesen, er finde es unbegreiflich, daß dergleichen nach Erfolg der Bundesbeschlüsse vom 20. September in Bremen öffentlich von der Kanzel gesagt und noch vielmehr, daß man es im Druck habe ausgehen lassen können und daß diese Predigt, deren Inhalt man in England mit den Libellen der Radicales und Reformers in eine Klasse stelle, in allen Buchhandlungen öffentlich verkauft werde. Der Kaiser sei entschlossen, von allen Befugnissen, wozu der Bundesbeschluß vom 20. September ihn berechtige, Gebrauch zu machen und habe dazu bereits Auftrag gegeben. Er hoffe indeß, daß der Senat die Sache bereits sehr ernstlich genommen haben werde und er bitte, demselben zu schreiben, daß der Kaiser an dem, was man darin thue oder lasse, ein lebhaftes persönliches Interesse nehme.

So hohe Ehre hatte Dräseke gewiß nicht erwartet, als er, von patriotischer Trauer erfüllt, seiner Gemeinde sein Herz ausschüttete, aber auch die Censurcommission hatte bei den von ihr gehegten Bedenklichkeiten sicherlich nicht vermuthet, daß der Schrift an höchster Stelle eine so fatale Beachtung werde geschenkt werden.

Smidt berichtete natürlich den Inhalt jenes Gesprächs alsbald an seine Committenten. Und jetzt, da er die Predigt selbst gelesen hatte hielt er auch mit seinem eigenen Urteil über sie nicht zurück: „Daß diese Dinge", schrieb er, „so nicht auf die Kanzel gehören, daß sie bei Ungebildeten der verkehrtesten und verderblichsten Auslegung und Anwendung fähig sind und daß, wenn Dräseke sein hörendes Publikum hinreichend zu kennen glaubt, um diese in Bremen nicht zu besorgen, wie das denn auch nach meiner innigsten Ueberzeugung nicht der Fall ist, doch auch ein ganz anderes Resultat bei seinem lesenden Publikum, für das er selbst keinen Maßstab haben kann, möglich ist, daß er seine Stellung als Bremischer Staatsbürger, welche doch auch einer christlichen Würdigung fähig ist, dabei gänzlich unberücksichtigt gelassen und seinen Beruf, als Bewohner eines deutschen Bundesstaats seinem Predigtamte diese Volksredneransdehnung geben zu dürfen keineswegs hinreichend documentirt hat, um den Verdacht, daß gar keine Art von pfäffischer Eitelkeit dabei im Spiel gewesen, im Voraus zu beseitigen, darüber möchten wol die meisten unbefangenen Stimmen ziemlich einverstanden sein und es möchte weniger eine einzelne Stelle, als der Totaleindruck sein, was zu dieser Ansicht auffordert.

„Es ist freilich immer eine mißliche Sache, über die Intention eines anderen eine Meinung haben zu wollen — — aber wer in seinem Leben so viel theologische und ascetische Schriften gelesen hat, wie ich, wer besonders auch die Holländer, wo es immer politische Factionen gab, kennt, und weiß, wie das 3. und 33. Capitel Hesekiels bei jedem Parteikampfe von ihnen gebraucht und gemißbraucht worden, der ist leicht geneigt, auch in der Copie von Luthers Auftreten in Worms mit dem „ich kann nicht anders, ich darf nicht anders, Gott helfe mir", ein manierirtes Wesen zu erblicken, vor dem er wenig Respect hat, donec probetur contrarium.

„Er erschrickt auch nicht vor einseitiger Anwendung einer biblischen Redensart, womit ein Prediger sich das Monopol des Urteils darüber anmaßt, ob es Zeit oder Unzeit sei, seine Meinung über den politischen Stand der Dinge dem Volke wie eine göttliche Wahrheit zu verkündigen, denn wer den wirklichen politischen Standpunkt, den die Propheten in der israelitischen Theokratie einnahmen und wozu sie in eigenen politischen Instituten, den Prophetenschulen, gebildet und erzogen wurden, historisch kennt, der kann die Anmaßung, mit der sich unsere Prediger für Nachfolger dieser Propheten ausgeben, und was ihnen ziemte auch für sich ziemlich achten möchten, nur in so fern sie aus einem verzeihlichen Irrthum entspringt, bemitleiden, aber unmöglich ihnen etwas darauf zu gute thun.

„Wie dem aber auch sei und wenn Dräseke selbst aller Eitelkeit und alles Pfaffenthums baar und ledig erfunden würde, was mir das liebste sein soll, so glaube ich doch, es ist unsere Sorge, in diesen Dingen nach Feuer und Licht zu sehen und mit solchen Mitteln, die es bewirken, zu beschaffen, daß er die Kanzel nicht wieder zu dergleichen mißbrauche. Was hierin Zeit oder Unzeit sei, muß ihm vorgeschrieben werden, da er gezeigt hat, daß er es selbst nicht zu würdigen weiß. So viel ist einmal aus dem Erfolge klar, daß durch sein Eingreifen das Schifflein unseres Staats einer schwankenden Bewegung preisgegeben ist, welche nicht in unsern Curs gehört, und da er nicht berufen ist, das Steuerruder desselben zu führen, so muß er davon bleiben. Kurz will er sich nicht mit uns behelfen, so kann er unserer Freiheit auch nicht gebrauchen. Er ist keine solche Schöne, daß wir in einem Augenblick, wo unsere höchsten Interessen in Frage stehen, nur darauf denken sollten, um seiner Launen willen Speer und Lanze zu brechen."

Dieses Schreiben des leitenden Bremischen Staatsmanns konnte natürlich eines großen Eindrucks nicht verfehlen. Es war eine unerquickliche Weihnachtsbescheerung, welche dem Bremischen Senate zu Theil wurde. Am 23. December kam Smidts erster diese Angelegenheit berührender Bericht zu seiner Kunde, am 26. December liefen gleichzeitig mit dem zweiten Smidt'schen Berichte die in Aussicht gestellten Schreiben der Geschäftsträger Oesterreichs, Preußens und Hannovers ein, nicht identische Noten dem Wortlaute nach, aber doch identisch im Sinne und in der Unfreundlichkeit ihrer Ausdrucksweise, ohne Zweifel auf gemeinsam concertirter Instruction der leitenden Minister der drei Staaten beruhend und, um den Effect der Strafandrohung zu erhöhen, am gleichen Tage, am 24. December, von Hamburg abgesandt. Die vier Bürgermeister, die vier Mitglieder der Censurcommission und Syndicus Gröning kamen alsbald in lebhafte Bewegung, und um der Sache einen noch etwas pikanteren Reiz zu geben, zeigte Pastor Dräseke, noch ohne Ahnung von dem, was ihm bevorstand, in diesem Augenblicke der Censurcommission an, daß seine in den letzten Monaten gehaltenen Predigten, fünf an der Zahl, völlig in der Gestalt, in welcher die Commission für das hiesige Publikum den Abdruck gestattet habe, unter dem, ihren Inhalt bezeichnenden, Titel „Die Gottesstadt und die Löwengrube" in einer für das größere Publikum bestimmten zweiten Auflage in Lüneburg nächstens würden ausgegeben werden. Das ging nun zwar an sich die hiesige Censur nichts an, nachdem man sich vergewissert hatte, daß auch der neue Druck außerhalb Bremens geschehe; diesmal mochten die hannoverschen Censoren ihre Zähne an der harten Nuß probiren. Allein unter dem Eindrucke der gegenwärtig gegen Dräseke und Bremen gerichteten Haupt- und Staatsaction erreichte man doch, daß die neue Ausgabe nicht als zweite Auflage bezeichnet und damit der Anschein gerettet wurde, als sei die incriminirte Predigt zum ersten Male nur als Manuscript gedruckt.

Wenn man heute diese Predigt in ihrer originalen Gestalt liest — und die oben daraus citirten Stellen waren solche, an welchen selbst die milde Bremische Censur Anstoß genommen und die sie deshalb unterdrückt hatte — so begreift man kaum noch einen öffentlichen Zustand, unter welchem die hier vorgetragenen Gedanken aufreizend oder gar verbrecherisch erscheinen konnten. Wir sind an jede Art öffentlicher Kritik so sehr gewöhnt, daß die hier geübte als eine milde Form derselben erscheinen wird; die Staatsmänner von damals geberdeten sich, als ob durch diese Rede der Feuerbrand an das deutsche Staatsgebäude gelegt sei. Am mäßigsten drückte sich noch der preußische Gesandte Graf Grote aus, in dessen Schreiben nur das scherzhafte Mißverständniß unterlief, daß er auch den vom Fürsten Metternich veranstalteten lithographischen Abdruck in das hiesige Sündenregister setzte. Er sagt: „Die lithographisch und als Dienst Schrift (so!) verbreitete höchst auffallende Kanzelrede, welche der Prediger Dräseke vor ohngefähr zwei Monaten in Bremen gehalten hat, erregt allgemeine Aufmerksamkeit. Diese Predigt giebt einen neuen Beweis davon, wie sehr die Religion gemißbraucht und selbst die Kanzel von übelwollenden Geistlichen dazu benutzt wird, um Unzufriedenheit mit den Regierungen, bösartige Gesinnungen und Keime des Aufruhrs im Volke zu verbreiten. Je mehr die Ruhe und Sicherheit der Staaten dadurch gefährdet wird, um desto heiliger und dringender ist die Pflicht der Regierungen, dem verderblichen und verbrecherischen Uebel kräftig entgegen zu wirken." Ein wenig schärfer redet schon Frhr. v. Düve, der Vertreter Hannovers: „Eine von dem Pastor Dräseke in Bremen am 18. October gehaltene und durch den Druck öffentlich bekannt gemachte Predigt hat selbst bei dem in Deutschland eingerissenen Preßunfuge noch Erstaunen erregen müssen. Die Kanzel ist in diesem Falle mißbraucht worden, um demagogischen Grundsätzen durch arglistige Vermischung mit den Lehren der Religion mehr Eingang zu verschaffen und um die neueren Bundesgesetze zu umgehen, was der Redner unumwunden bekennt, indem er äußert, daß die Kirche der einzige Ort sei, der noch Gelegenheit gebe, der Welt ihre Gebrechen (hier die vermeintlich politischen) vorzuhalten." An diese Einleitung knüpfte der hannoversche Gesandte in übrigens civilen Formen die Erkundigung nach den vom Senat in diesem Falle getroffenen oder zu treffenden Maßregeln, deren Ergreifen seiner Regierung im Interesse der Ruhe und Ordnung im Königreich Hannover nothwendig scheine. Sehr viel lebhafter war dagegen das Petitum des Grafen Grote, welcher zu wissen wünschte, welche gesetzliche Ahndung der Rath gegen Dräseke und gegen die Censurbehörde verfügt habe und die Erwartung ausspricht, daß der Rath, wenn solche Verfügung etwa noch nicht getroffen sein sollte, die Schuldigen zu strenger Untersuchung ihrer Vergehungen und zu strenger Bestrafung ziehen werde; und der endlich darauf aufmerksam machte, daß eventuell Se Majestät der König, wiewol ungern, sich genöthigt sehen werde, jede den Gesetzen des deutschen Bundes angemessene Maßregel gegen den Rath der Stadt Bremen in Anwendung zu bringen. Das klang bedrohlich genug und doch war es nur eine zahme Warnung gegenüber der Lärmtrommel, welche der Freiherr von Binder-Kriegelstein, der österreichische Ministerresident, rührte. Seine „rücksichtsvolle Eröffnung" lautete folgendermaßen: „Se. Majestät der Kaiser, mein allergnädigster Herr, haben mit eben so vielem Erstaunen als Unwillen vernommen, daß in der freien Bundesstadt Bremen bei Gelegenheit der Feier des 18. Octobers durch den dortigen Pastor Dräseke eine Kanzelrede gehalten worden, welche mit Recht als eine der frevelhaftesten Unfuge der neueren Zeit zu erkennen ist. Als Kanzelrede ist sie unbegreiflich. Als Druckschrift gehört sie zu den aufrührischsten (so!) Libellen. Als Handhabung der Censur beweist sie durch die abgedruckten und nicht weniger durch die punktirten Stellen, deren Sinn sich nach jenen leicht errathen läßt, die unverantwortlichste Umgehung der Bundesbeschlüsse. Bei einer Gelegenheit, wo die heiligsten Institutionen der Religion gemißbraucht und die Kanzel selbst zur Tribüne benutzt wurde, um dem Volke Aufruhr zu predigen, müßte die Regierung des Staates, welcher einen ähnlichen Unfug zu dulden bereit wäre, unbedingt als der Verschwörung gegen jede bestehende gesetzliche Ordnung der Dinge selbst zugethan, als Mithelferin zu dem verruchten Zwecke betrachtet werden. Wenn ein Fall wie der gegenwärtige im deutschen Bunde eintritt, dann fordert es die Pflicht der Erhaltung, daß bei den Mitverbündeten kein Zweifel über die Ansicht der betreffenden Regierung obwalte. Dieser Fall tritt um so bestimmter ein, wenn ein Verbrechen seit länger als zwei Monaten verübt wurde, ohne daß auch nur irgend eine Spur von Rüge zur öffentlichen Kenntniß gelangt wäre." Auf diese freundliche Einleitung, welche der Senat, darin mit dem Kaiser Franz in gleicher Lage, gewiß mit eben so viel Unwillen als Erstaunen gelesen hat und welche noch heute nach Form und Inhalt so unbegreiflich ist, wie dem Herrn von Binder die Kanzelrede war, auf sie folgt dann das gleiche, nur ungleich kräftiger ausgesprochene Petitum, wie in dem preußischen Schreiben. Daß der Kaiser nicht sofort eine Bundesexecution oder dergleichen gegen Bremen in Antrag bringt, hat die Stadt nur seinem gnädigen Willen zu verdanken, daß er „den Weg einer rücksichtsvollen Schonung" dem ihm zustehenden gesetzlichen vorangehen läßt.

Man fragt sich erstaunt, was dieses Ungewitter, dieses Blitzen und Donnern gegen einen verbündeten Staat bedeuten sollte, in welchem vollkommene Ordnung und Ruhe herrschten, in welchem die Dräseke'sche Predigt gewiß in keinem Kopfe den Gedanken an eine revolutionäre Schilderhebung erzeugt hatte? War wirklich das deutsche Staatengebäude ein Kartenhaus, das von einem Windhauche umgeblasen werden konnte, oder wollte man nur ein Exempel statuiren und schlug deshalb mit Keulen und Dreschflegeln auf eine Mücke?

Daß man mit den Anklagen gegen die Predigt und den Senat so weit über das Ziel hinausgeschossen hatte, kam dem letztern in seiner unbehaglichen Lage am Ende zu Hülfe. Dem Senator Schumacher wenigstens ging bei der Lectüre der ministeriellen Schriftstücke der Humor nicht aus. „Es ist bereits die schöne Bescheerung wegen der Predigt angelangt" schrieb er seinen Collegen von der Censurcommission. Darüber war er nicht im Zweifel, daß nur „die verfluchten Punkte" das Unheil angerichtet hatten; aber wenn auch die Censurcommission zu diesen formell ihre Zustimmung ertheilt hatte, was half es, der rasende See mußte sein Opfer haben und wer anders als Dräseke konnte dieses Opfer sein? Mit einem Kaiser sei schlecht disputiren, meinte Horn, zumal mit einem solchen, dessen Vorfahr einmal decretirt habe, schisma solle künftig wie mensa declinirt werden. Also Dräseke wurde am 30. December vor eine Commission geladen, nachdem ihm bereits vorher mündlich vom Senatspräsidenten sein Schicksal angekündigt war, und ihm hier ein sehr ernster Tadel des Senats zu Protokoll eröffnet, auch bei Verlust des Bremischen Bürgerrechts und der Stadtwohnung — dies hatte Smidt im ersten Zorne in einem seiner Briefe insinuirt — ihm auferlegt, künftig alle politischen Beziehungen aus seinen Predigten fort zu lassen, denn Bremen bedürfe der Freundschaft der Bundesstaaten, welche er der Stadt abgewendet habe.

Dräseke sprach sein Bedauern über die Veranlassung zu dieser „Vorhaltung" aus, gelobte feierlich, in Zukunft jeden anstößigen Ausdruck zu vermeiden und wenn es für nöthig erachtet werden sollte, den Druck seiner Predigten für die Stadt und deren Gebiet zu unterlassen. Das Protokoll über diese für die Senatscommission gewiß nicht minder als für Dräseke peinliche Scene ist begreiflicherweise sehr auf Schrauben gestellt, denn gleich hier mußte ja zu Tage treten, welche unerträgliche Verantwortung die Staatsgewalt mit dem Censoramte übernimmt. Wenn Dräseke wirklich der Mann war, für welchen man ihn in Wien hielt, so hätte er sich ohne Zweifel auf das seiner Predigt nach vorangegangener Verstümmelung ertheilte Imprimatur bezogen und jede Verantwortung für dieselbe seinerseits abgelehnt. Die großen Mächte hatten in ihren Schreiben an den Senat von ihrem Standpunkte aus ganz das Rechte getroffen, wenn sie neben der Bestrafung

des Predigers auch die der Censurbehörde verlangten. That=
sächlich war es freilich nicht wol möglich, daß der Senat
seinen eigenen Collegen, die in gutem Glauben, aus Mangel
an Erfahrung, eine Ungeschicklichkeit, keineswegs eine Gesetz=
widrigkeit begangen hatten, eine ähnliche Verwarnung zu=
kommen ließ. Augenscheinlich empfand man im Senate, daß
auch die Verwarnung Dräsekes ein Unrecht gegen diesen war:
nach jener protokollarischen machte man ihm noch eine ver=
trauliche Eröffnung, deren Sinn wir nur, wie Herr v. Binder
den der gedruckten Punkte, errathen können: aller Wahrschein=
lichkeit nach wird man dem officiellen Tadel eine Ehren=
erklärung und die Entschuldigung beigefügt haben, daß man
sich in einer Zwangslage befinde. Das unbehagliche Gefühl
dieser Zwangslage ist recht deutlich erkennbar aus dem langen
Schreiben, mit welchem der Senat die Noten beantwortete,
dasselbe steht vollends auf Schrauben und verräth dem un=
befangenen Leser fast in jeder Zeile den Widerstreit zwischen
den Gedanken und den Worten seines Verfassers.

Wenn es von den Adressaten überhaupt gelesen worden
ist, so mußte den meisten Eindruck jedenfalls die Bemerkung
des Senats machen, daß Dräseke in sehr genauer literarischer
Verbindung mit den vornehmsten Geistlichen der preußischen
Monarchie stehe und nicht allein von Universitäten, sondern
von mehreren hochverehrten Fürsten und namentlich noch
neuerlich von Sr. königlich preußischen Majestät die schmeichel=
haftesten ausgezeichneten Beweise einer persönlichen Huld er=
halten habe.

Aber längst ehe dieses Antwortschreiben nach Wien,
Berlin und Hannover gelangte, war es Smidts Talente
gelungen, die deutschen Staatsmänner über den politischen
Geist seiner Heimath zu beruhigen, und sie erinnerten sich
bei Eintreffen jenes Schreibens vielleicht kaum noch des An=
lasses desselben. Denn die Ordnung und Ruhe in Deutsch=
land waren durch die Predigt doch nicht gestört worden,
wiewol die österreichische Note eine solche Befürchtung offen

ausgesprochen hatte. Und die Wiener Ministerialconferenz hatte mit wichtigeren Dingen zu thun, mit Dingen, welche auch wol Smidt überzeugen mußten, daß seine sanguinische Anschauung nicht begründet sei, die selbst in dem Umstande, daß die an der Weser gehaltene Predigt solches Aufsehen an der Donau erregte, ein Symptom für die Erstarkung des deutschen Gemeingefühls hatte erblicken wollen.

Nur in Bremen zitterte das Unbehagen, welches die Weihnachtsnoten geschaffen hatten, noch eine Weile nach, und als ein Vierteljahr später, im März 1820, sich Dräseke trotz seines Versprechens auf's neue zu Aeußerungen hatte hinreißen lassen, die eine politische Deutung heischten, da fuhr der Censorstift eifrig hinein und strich nicht nur, sondern schrieb gradezu vor, was an Stelle der gestrichenen Worte zu setzen sei; denn nicht zum zweiten Male durften die bösen Punkte erscheinen, welche das erste Mal das Bremische Staatswesen aus den Angeln zu heben gedroht hatten.

Diese Methode der Censur scheint auf Dräseke kräftiger gewirkt zu haben als die frühere. Wir hören von da ab keine neuen Klagen über ihn. Zehn Jahre später verlieh der Herzog von Koburg dem Revolutionär den Titel eines Kirchenraths, und wieder drei Jahre später berief derselbe König von Preußen, der durch seinen Ministerresidenten den übelwollenden Geistlichen des Mißbrauchs der Kanzel angeklagt hatte, diesen mit dem Titel eines Bischofs als Generalsuperintendenten der Provinz Sachsen und Oberdomprediger nach Magdeburg; und der Senat, welcher den Mann mit dem Verluste des Bürgerrechts bedroht hatte, gab ihm die vollkommenste Genugthuung, indem er den Scheidenden zum Ehrenbürger unserer Stadt ernannte. Hatte sich Dräseke so sehr oder hatten sich die Zeiten geändert?

8.
Miscellen.

I.
Der Bremische Freimarkt.

Der Bremische Freimarkt hat eine lange, wechselvolle Vergangenheit. Aber wie heute seine Spuren so schnell verwischt sind, wie die Zeltstadt mit ihrem bunten Flitter aufgebaut war, so hat das flüchtige Gebilde auch in den Acten unserer Geschichte nur wenige zerstreute Spuren hinterlassen. Jahrhunderte haben die Zelte und Buden der wandernden Krämer, Spielleute und anderes fahrendes Volk unter Geschrei und Geklinge erscheinen und verschwinden sehen, aber nur selten hat einmal die Obrigkeit „der Pflicht ihres tragenden Amtes nach" ein Wort über sie in den Acten verlautbart. Fast ein Jahrtausend ist verflossen, seit der Erzbischof durch ein Privileg König Arnulfs im Jahre 888 die Marktgerechtigkeit für Bremen erhielt. Ein wichtiges Datum für die Entwickelung der Stadt, die nun erst neben Bauern und Fischern und hofhörigen Handwerkern das Element bei sich heimisch werden sah, das ihre künftige Größe ausmachen sollte. Es war zunächst wol wesentlich ein fiscalisches Interesse, welches den Markt in's Leben rief, denn der wandernde Krämer, der nun seine Waaren zu feilem Kaufe in die Stadt brachte, mußte für den Rechtsschutz, den er, der Fremde, unter Fremden genoß, dem Bischof seinen Zoll entrichten. Aber mancher, der als Gast mit seinem Kram hereingewandert war, wurde hier heimisch und der Bischof erkannte den Werth des Marktes auch für das Aufblühen seiner Stadt und säumte nicht, sich vom Kaiser das Marktrecht bestätigen zu lassen, wie es von Otto dem Großen, Otto III., Heinrich II. geschah. Ohne Zweifel waren es von frühester Zeit an hohe kirchliche Festtage, an welchen der Markt zumeist sich belebte, das Pfingstfest, das Fest des Ortsheiligen Willehad am 9. November, später, als der Mariencultus sich mehr und mehr ausbreitete, finden wir auch das Fest Mariä Geburt, den 8. September, als hervorragenden Markttag erwähnt. Man darf annehmen, daß die Jahrmärkte zur Zeit der beiden erstgenannten Feste schon eine alte Gewohnheit geworden waren, als im Jahre 1035 Kaiser Konrad II. sie auf Ansuchen des Erzbischofs Bezelin und auf die Fürbitte seiner Gemahlin, der Kaiserin Gisela, ausdrücklich bestätigte. Er überträgt in diesem für die Geschichte unseres Marktes wichtigen Privileg dem Erzbischofe „den Markt mit dem Zoll, der Münze und allem Nutzen, der zum Markte gehört, mit der Maßgabe, daß zweimal im Jahre Alle, die des Handels halber dorthin kommen, einmal sieben Tage vor Pfingsten, das andere Mal sieben Tage vor dem Feste des heiligen Willehad dort einen Jahrmarkt abhalten." Diese Urkunde hat die beiden freien Märkte zwar nicht erst geschaffen, wol aber ihnen die officielle Geltung verliehen, welche erforderlich war in einer Zeit, da noch das Kaiserthum als die lebendige Quelle alles Rechtes im Bewußtsein des Volkes lebte. Wer nun im Frühjahr oder Herbst mit seinen Waaren oder auch nur mit seiner Fiedel oder mit seinen Quacksalbereien des Weges nach Bremen zog, that es unter Königsbann, unter dem besondern Frieden, dessen Wahrer hier der Erzbischof war, und wer den Marktfrieden störte, verfiel der Buße des Erzbischofs; kein Herzog, kein Graf noch sonst jemand sollte sich nach dem Befehle des Kaisers drein mengen. Die Marktgerechtsame des Erzbischofs verwaltete der Vogt der Stadt und wir wissen, daß dieser

z. B. von jedem Krämer, der hier sein Zelt aufschlug, einerlei ob Bürger oder Gast, vier Schillinge oder vier Loth Pfeffers erhielt und von allem hölzernen Kramwerk vier Stück von hundert, eine hohe Abgabe, wie man sieht, für welche der Vogt verpflichtet war, für Wagen und Pferd des Zahlenden Frieden zu machen. Erzbischof Giselbert erst, dem die Bürger Bremens manche Huld zu danken hatten, erließ im Jahre 1288 den einheimischen Krämern den Pfefferzoll.

Es ist wol nicht zu zweifeln, daß in den früheren Jahrhunderten unserer Stadtgeschichte jene beiden Märkte wahre Höhenpunkte im Leben der Bürger waren, nicht ohne Bedenken freilich für die ehrbaren Einwohner. Denn Spielleute und Gaukler, Possenreißer und anderes lose Gesindel, dessen Heimath die Landstraße, dessen Beruf die Ausübung von Schalksstreichen war, ist sicher seit Alters unzertrennlich mit dem Markttage verbunden: eben auf dies fahrende Volk zielt wol vorzugsweise jene Urkunde Konrads II., wenn sie von etwaigen losen Streichen — aliqua temeritas — der Marktbesucher redet. Aber dies Volk brachte außer Schelmenstreichen und lustigen Liedern und anderer Kurzweil auch Neuigkeiten aus aller Welt, denn sie waren auf manchem fernen Markte gewesen und in Gesellschaft großer Herren — wir wissen vom Erzbischofe Adalbert, wie er es liebte, eine Gauklerbande mit sich zu führen — weit im Reiche umhergefahren und hatten des Wunderbaren viel gesehen und gehört, was im trägen Laufe der Dinge sonst nicht in unsern fernen Winkel des Landes drang. Ihnen strömte insbesondere auch das Landvolk zu, das namentlich zum Herbstmarkte in großen Schaaren in die Stadt kam, nicht allein um seine Einkäufe für den Winter zu machen, sondern auch vor dem gleichzeitig hier stattfindenden allgemeinen Landgerichte Recht zu nehmen und zu geben.

Wie lange die Bestimmung Kaiser Konrads, daß zweimal im Jahre solcher Markt stattfinden solle, gehalten worden ist, wissen wir nicht. Es konnte nicht fehlen, daß im Wandel der Zeiten, der ungleich jäher und schärfer als heute sich geltend machte, unter Kriegsleiden oder Pestilenz der Markt verödete, daß in der kaiserlosen Zeit bei der zunehmenden Unsicherheit der Straßen die fremden Krämer häufig ausblieben und daß die Jahrmärkte endlich ganz in Vergessenheit geriethen.

Als nach Jahrhunderten eine Urkunde wieder von ihnen redet, erscheinen sie als eine völlig neue, der damals lebenden Generation unbekannte Einrichtung. Es war im Jahre 1382, als der Rath unserer Stadt die regelmäßigen Marktzeiten zu erneuern beschloß. Wie hatten sich inzwischen die Verhältnisse umgewandelt! Jetzt war es nicht mehr der Erzbischof, unter dessen Schutz und Schirm der Markt angesagt wurde, man berief sich nicht mehr auf ein kaiserliches Privileg, nein kraft eigenen, in schweren Kämpfen errungenen und behaupteten Rechts setzt der Rath die Märkte ein und verspricht ihren Besuchern Frieden und Sicherheit in der Stadt, als deren Herr er sich trotz dem Erzbischof fühlt. Es war die Zeit, da Bremens Gestirn sich glanzvoll erhob, da der Rath nach glücklicher Ueberwindung langwierigen inneren Zwistes das Regiment über die Stadt und ein weites Gebiet in sicheren Händen hatte und auch auswärts das nöthige Vertrauen zu finden erwarten durfte, das für eine gedeihliche Entwickelung des Marktes nothwendig war.

Eine protokollarische Notiz, welche in den ältesten Codex der städtischen Statuten eingetragen ist, besagt, daß am 29. März 1382 sämmtliche Bürgermeister und Rathsherren der Stadt Bremen einstimmig zum Nutzen und Vortheil der Stadt einen Beschluß faßten über die Errichtung zweier freien Märkte, die für ewige Zeiten dauern sollen. Am gleichen Tage sandte der Rath einen Brief an benachbarte Fürsten, Herren, Städte und Lande aus, der folgendermaßen lautete:

„Fürsten, Herren geistlich und weltlich, Rittern, Knappen, Städten, Weichbilden und allen guten Leuten, die diesen Brief sehen oder lesen hören, entbieten wir Rathmänner der Stadt

Bremen unsern Dienst, so fern sie unsere Freunde sind und machen ihnen kund und offenbar, daß wir zwei freie Märkte eingesetzt haben, die zu ewigen Zeiten in unserer Stadt zweimal jährlich stattfinden sollen. Jeder soll acht Tage dauern, also daß der eine Markt vierzehn Tage nach Pfingsten, das ist am nächsten Sonntage nach des heiligen Leichnams Tage, beginnen, und acht Tage dauern und der andere Markt an Sanct Dionysii Tage (d. i. am 9. October) beginnen und acht Tage dauern soll. Und während dieser Märkte mag wer will binnen unserer Stadt Wand schneiden und allerlei andere Habe und Kramgut, das er herbringt, kaufen und verkaufen. Und alle, die während dieser Märkte in unsere Stadt kommen, sollen da sicher sein und die Sicherheit soll in unserer Stadt auch acht Tage vor und acht Tage nach jedem Markte dauern, es wäre denn, daß jemand in unserer Stadt den Frieden bräche oder hier geächtet wäre. Auch sprechen wir aus diesem Frieden unsere offenbaren Feinde, Kirchenbrecher, Mörder, Fälscher, Diebe, die mit dem offenbaren Schein ihrer Unthat in unserer Stadt ergriffen werden, und solche, die unsere Bürger todtgeschlagen oder gefangen haben, falls dies nicht gesühnt ist. Wir bitten daher dienstlich, daß Ihr das Vorstehende Euren Untersassen und Bürgern kund, zu wissen und offenbar machet und sie auffordert, die Märkte zu besuchen. Dafür wollen wir Euch wieder zu Diensten sein."

Ferner traf der Rath am gleichen Tage ein Abkommen mit der vornehmsten von der Einsetzung der freien Märkte berührten Gilde, mit den Gewandschneidern. Er bestätigte diesen damals ihre alten Privilegien vom Jahre 1263, doch mit der von den Wandschneidern ausdrücklich acceptirten Einschränkung, daß zu den beiden beschlossenen Jahrmarktszeiten jeder ohne Ausnahme Wollenzeug in der Stadt schneiden könne. Zur Entschädigung dafür gesteht der Rath zu, daß jeder, der nicht zur Gilde gehört und außerhalb jener Markttage, doch abgesehen von zwei schon in den alten Privilegien erwähnten Ausnahmefällen, hier Wollenzeug schneidet und dessen überführt wird, dem Rathe mit drei Mark, den Wand=schneidern mit zwei Mark dafür büßen soll. Möglich, daß der Rath auch mit anderen Gilden gleichzeitig ähnliche Ab=reden getroffen hat, erhalten oder überliefert ist uns aber nichts davon.

In diesen Documenten vom 29. März 1382, in denen auch der Name des freien Markts uns zum ersten Male ent=gegentritt, haben wir die Geburtsurkunden unseres noch heute bestehenden städtischen Freimarkts zu erblicken. Was den Rath bewogen haben mag, den Frühjahrsmarkt gegen den ehemaligen um drei Wochen später, den Herbstmarkt aber um etwa eben so viel früher anzusetzen, erhellt nicht. Jedenfalls hatte der Rath nicht mehr Ursache auf ein allgemeines Land=gericht Rücksicht zu nehmen, das ehedem mindestens für die Wahl des Wilhadimarkts mitbestimmend gewesen sein mag, denn seit Bremen aufgehört hatte, die gewöhnliche Residenz der Erzbischöfe zu sein und mehr und mehr von dem Or=ganismus des Bisthums sich gelöst hatte, wurde ein solches Gericht hier nicht mehr gehalten. So bleibt nur zu ver=muthen, daß für beide Verlegungen die Witterungsverhältnisse maßgebend gewesen seien.

Aber wie ungehindert der Rath auch jetzt seine Ver=fügungen traf, die politische Witterung blieb doch nach wie vor nicht ohne Einfluß auf die Märkte und nicht jedes Jahr in dem halben Jahrtausend hat die Freuden des Freimarkts in unsern Mauern genossen. Aus dem fünfzehnten Jahr=hundert liegt uns in den beiden Recensionen der kundigen Rolle von 1450 und 1489 die gleichlautende Notiz vor: „Ferner soll man die freien Märkte halten zu solchen Zeiten, wie man sie zu halten pflegt, zweimal des Jahres", und die Ausnahmebestimmung, daß während der freien Märkte auch Gäste mit Gästen in der Stadt handeln dürfen, was sonst bei fünf Mark Strafe und Ungültigkeit des Kaufgeschäfts verboten war. Darnach scheinen sich die beiden Märkte mehr als ein Jahrhundert lang in steter Uebung erhalten zu haben, und auch aus dem 16. Jahrhundert liegt ein Actenstück vor, welches ihre Fortexistenz bezeugt. Als im Jahre 1533 sich die Wandschneider abermals ihre Privilegien erneuern ließen, vergaß der Rath nicht, nach dem Beispiele der Vorfahren der Ausnahme von dem Gildezwang in den Freimarktstagen zu gedenken.

Ein Jahrhundert später aber waren die Märkte, trotz ihrer alljährlichen Verkündigung durch Vorlesung der kundigen Rolle, dennoch „fast gahr in Abgang und Vergeßung kommen." Die wilden Zeiten des dreißigjährigen Krieges, so wenig auch Bremen direct von ihren Leiden berührt wurde, mußten sich doch in dieser Richtung geltend machen; sie führten wol loses Gesindel genug auf den Straßen des Reichs umher, aber sie hielten den fahrenden Krämer daheim, der das Seinige nicht den wilden Horden preisgeben wollte, die je länger je mehr alle Wege unsicher machten. Merkwürdigerweise betrieb der Rath doch noch während der Dauer des unseligen Kriegswesens die Erneuerung der alten Gewohnheit. Aber konnte er es auch jetzt noch kraft eigener Machtvollkommenheit thun? Die Dinge drehen sich im Kreislaufe wie die Jahre. Den in der Bildung begriffenen großen Territorialmächten gegenüber waren die Existenzbedingungen der einzelnen Stadt sehr zweifelhafter Natur geworden, und machte nicht der Erzbischof schon seit Langem vielfältige Anstrengungen, Bremen wieder zu einer landständischen Stadt seines Stifts herabzudrücken? In den „geschwinden Läuften" der argen Zeit war am Ende allein das Kaiserthum der ruhende Pol. Was immer aus dem Erzstifte werden mochte, nach welchem bereits die Krone Schweden begierig die Hand ausstreckte, am Kaiserthum allein konnte die Stadt Anlehnung suchen, um ihre Unabhängigkeit zu bewahren.

Als der Rath daher nach dem Regierungsantritte Kaiser Ferdinands III. seine alten Privilegien durchsah, um ihre Bestätigung in Wien nachzusuchen und etwa neue dazu zu erlangen, gedachte er auch der freien Märkte. Und wirklich empfing er unter dem 23. October 1637 ein Privileg, wodurch der Kaiser „auch ihre guet Gewohnheit und alt üblich hergebrachte freie Jahr- und Pferdemarckt, wie solche in der Statt Bremen kündigen Rollen begriffen und alle Jahr auff Lätare der Bürgerschafft daselbst vorgelesen zu werden pfleget, die sie bishero gehabt, redlich und löblichen hergebracht haben, gnediglich ernewert, confirmirt und bestättet." Das folgende Jahr, welches die Kriegsfurie in nächste Nähe der Stadt und erhebliche Irrungen mit Erzbischof Friedrich brachte, war nun freilich nicht geeignet, auf Grund jenes Privilegs die alte Institution wieder in's Leben zu rufen. Für das Jahr 1639 aber nahm der Rath sie ernstlich in's Auge und erließ deshalb am 17. November 1638 ein öffentliches Patent. „Demnach", so beginnt es in dem üblichen Kanzleistil, „eine Zeit von Jahren hero unsere offene freie-märckte nicht allerdings frequentiret oder bezogen und observiret worden, gleichwohl an den allgemeinen nutzlichen commerciis, Handel, Wandel und dero freien Uebung nicht nur uns und den Benachbarten, sondern männiglichen merklich gelegen, dannenhero uff ohnlengst derowegen absonderlich erhaltene allergnedigste Confirmation der Röm. Kaiserl. Mayestet wir nunmehr entschlossen, unsere freie Jahr- Pferd- und Viehmarckde jährlichs und jedes Jahr besonders hinsüro wiederumb zu halten" und dann folgt die Aufzählung sieben verschiedener Märkte, deren letzter bezeichnet wird als „ein Vieh- und Jahrmarckd uff Dionysii h. e. 9/19. October, steht 9 Tage." Endlich wird zugesichert, daß jeder Besucher dieser Märkte, doch nur der ehrlichen Leumuths, Handels und Wandels, gegen gebürliche Zollerlegung frei sicher Geleit haben und an Leib und Gütern geschützt und geschirmt werden soll. Der Pfingstmarkt ist jetzt ganz fortgefallen, an seine Stelle sind etwas früher im Jahre zwei kleinere dreitägige Märkte getreten, das Hauptinteresse concentrirt sich auf den Dionysiusmarkt, der gegen früher um einen Tag verlängert ist. Wie die Vorfahren im

Jahre 1382 ihren Entschluß der Markterneuerung den benachbarten Fürsten und Städten mitgetheilt hatten, so geschah es auch jetzt. Aus der Reihe der Städte, welchen der Rath im Januar 1639 jenes Patent mit einem Begleitschreiben übersandte, ist ersichtlich, in wie weiten Kreisen man Interesse an den hiesigen Märkten voraussetzte, es waren Stade, Buxtehude, Hamburg, Braunschweig, Hildesheim, Hannover, Minden, Münster, Herford, Emden, Köln, Frankfurt, Kassel, Mastricht, Tongern; ein besonderes Schreiben erging überdies an die Grafen von Oldenburg und Ostfriesland.

Und wirklich belebte sich der Markt trotz Krieg und Unruhen alsbald wieder, denn schon im Jahre 1642 konnte der Rath klagen, daß er etliche Jahre hero in der That verspüret, wie so große Unordnungen und Mißbräuche bei Haltung des Freimarkts eingerissen, dergestalt, daß vor Dionysiitag etliche Bürger und Fremde ihr Vieh zu verkaufen, auch ihr Gezelte und Gadem aufzuschlagen und zu eröffnen sich lassen gelüsten, dadurch das Freimarkt — denn so heißt es schon hier in officieller Sprache — aus der Acht kommen, verschmälert und andere der kündigen Rolle zuwider laufende Handlunge allgemächlich sich einschleichen. Er besiehlt daher, daß inskünftige Niemand sich gelüsten lasse, vor Aufsteckung der Freifahnen an der neuen Börse seine Gezelte und Gadem aufzuschlagen und den Verkauf zu eröffnen und gleichergestalt Niemand, wenn selbige Freifahne wiederum aufgehoben, mit dem Verkaufe fortfahre.

Seitdem hat die Freifahne, vermuthlich schon eine uralte, nicht erst 1639 getroffene Einrichtung, noch lange Jahre den Beginn des Dionysius- und später des Lucasmarkts verkündigt. Vielleicht daß unter den schweren Kriegsbedrängnissen der Schwedenzeit oder des siebenjährigen Krieges sie ein und das andere Mal nicht aufgesteckt worden ist; eine längere Unterbrechung ist seither in der Reihe der Freimärkte nicht wieder eingetreten, obwol Irrungen mit dem schwedischen und später mit dem hannoverschen Stadtvogt betreffs der

Zuständigkeit zur Vergebung der Marktstände auf dem Domshofe und vor dem Dome und allerlei andere Querelen im Geschmacke jener Zeit nicht ausblieben. Eine dieser kleinen Querelen verdient einer Erwähnung, weil sie an ein uraltes längst erloschenes Recht anknüpft: im Jahre 1677 erfuhr der Rath, daß sich der Notar Obenolius an den kaiserlichen Herrn Residenten mit dem Verlangen gewendet habe, daß ihm als Miether des ehemaligen stadtvogteilichen Hauses von den fremden Holzkrämern, so in dem Freimarkte vor gedachtem Hause mit ihren Waaren ausstehen, das 25. Stück für sich zu fordern erlaubt werde, ex ratione weil der Stadtvogt solches Recht soll gehabt haben. Die stadtväterliche Entrüstung des Raths über dies Ansinnen war groß und er beschloß, daß dem Querulanten von den Herren Camerariis solches hart soll verwiesen und ernstlich angesagt werden, solcher und dergleichen lüderlichen Händel sich hinfüro zu enthalten.

Es bleiben nur noch zwei für die Geschichte unseres Marktes interessante Daten zu erwähnen. Als im Jahre 1700 die evangelischen Reichsstände übereingekommen waren, „den Julianischen Calender zu verbessern und mehr und mehr mit dem Laufe der großen Himmelslichter zu vergleichen", beschloß der Rath, den Anfang des Marktes vom 9. October, dem Dionysiustage, der nach dem neuen Kalender thatsächlich der 19. des Monats war, auf den Lucastag, den 18. October neuen Stils, zu verlegen, und verkündigte dieses in einem abermals an zahlreiche benachbarte Städte und Lande verschickten Patente. Aber die Aenderung drang nicht gleich durch, und der Rath mußte, wie ein Proclam von 1703 besagt, wahrnehmen, daß die Jahrmärkte in verschiedenen Almanachen nicht recht verzeichnet, woher sowol Käufer als Verkäufer irrig geworden, daß sie entweder etliche Tage vor oder nach der rechten Marktzeit zur Stadt kommen, und wenn die Marktfahne öffentlich gehörigen Orts „ausgestochen" gewesen, sich niemand eingefunden. Das Hauptmotiv für diese

Verlegung, oder richtiger für die Beibehaltung der bisherigen Marktzeit, war der mit dem Jahrmarkt verbundene Viehmarkt. Man besorgte, daß der 9. October wegen der oft noch zu warmen Jahreszeit dem Schlachten unbequem fallen würde. Wunderlich, daß man schon 45 Jahre später die Ursache der neuen Zeitbestimmung und das Jahr ihres Eintritts nicht mehr kannte. Ein Schreiber, der im Jahre 1745 gleich nach Schluß des damaligen Freimarkts in den Bremer wöchentlichen Nachrichten Betrachtungen über ihn anstellte, verwirft zwar die Vermuthung, aber spricht sie doch aus, „daß das Gemählde des Evangelisten Lucas, da man gemeiniglich zu dessen Füßen einen Ochsen liegen siehet, der Einfalt damahliger Zeiten zu einem auf selbige Zeit anzustellenden Vieh- und Ochsenmarkt Anleitung gegeben."

Indessen auch der heilige Lucas hat sein Regier über den Freimarkt nicht auf die Dauer bewahren können. Als Rath und Bürgerschaft im Jahre 1815 seinen Tag in Erinnerung an die Schlacht bei Leipzig zu einem allgemeinen Festtage bestimmten, wurde auf Antrag der Bürgerschaft der Anfang des Markts auf den 21. October verlegt, den noch heute gültigen Tag.

Wie immer aber im Laufe der Jahre der Freimarkt zeitlich und örtlich verschoben ist, wie sich sein äußeres Ansehen geändert haben mag, seinen wesentlichen Charakter hat er sicherlich durch die Jahrhunderte bewahrt, und eins kann man als gewiß annehmen, daß in den Tagen seiner Herrlichkeit zu allen Zeiten viel mehr behauptet worden ist, als zu erweisen war.

II.
Schwägerschaften im Rathe.

Das Rathswahlgesetz vom Jahre 1433, welches bis in unser Jahrhundert herein in Kraft blieb, schloß von gleichzeitiger Theilnahme am Rathe aus Vater und Sohn, zwei Brüder und zwei Geschwisterkinder. Als dasselbe nach der französischen Zeit einer Revision unterzogen wurde, hob man durch das Wahlstatut von 1816 die letzte dieser Beschränkungen als absolutes Hinderniß auf; nur wessen Vater, Großvater, Bruder oder Sohn im Rathe sitze, sollte auch in der Folge unter keinen Umständen gewählt werden. Bezüglich der übrigen „bisher gesetzlich oder observanzmäßig verbotenen Verwandtschaftsgrade", nämlich zweier Geschwisterkinder und des Oheims und Neffen, wurde bestimmt, daß sie alsdann kein Hinderniß für die Wahlcandidatur bilden sollten, wenn sich in der Vorwahl von acht Stimmen sechs für die Zulassung des in Frage kommenden Candidaten erklärt hätten. Die gleiche bedingte Schranke wurde aber ferner noch der Wahlfreiheit gezogen, wenn es sich um den Stiefvater oder Stiefsohn, den Schwiegervater oder Schwiegersohn, den Schwestermann oder Frauenbruder eines Rathsherrn handelte; und endlich bestimmt, daß in allen Fällen die halbe Geburt der vollen gleich zu achten sei. Das heute gültige Gesetz hat die schon 1816 bedingungsweise zugestandene gleichzeitige Theilnahme zweier Geschwisterkinder am Rathe unbedingt zugelassen, im übrigen aber die Verwandtschaftsbeziehungen, welche damals als eventuell für die Wahl unwirksam bezeichnet wurden, zu absoluten Hindernissen erhoben.

Daß die Stiefverwandtschaft jetzt unter die Gründe der Wahlbeschränkung aufgenommen ist, wird unter den gegenwärtigen gesellschaftlichen Gewohnheiten nur in ganz außerordentlich seltenen Fällen von praktischer Bedeutung sein; in ungleich höherem Maße würde die Bestimmung im siebenzehnten und noch im achtzehnten Jahrhundert Gewicht gehabt haben, wenn sie zu jener Zeit gegolten hätte. Denn damals scheint die Wiederverheirathung eines Witwers, zumal in den höheren Gesellschaftskreisen, fast ein Gebot der Sitte gewesen zu sein. Mit einer für unsere Anschauung anstößigen Eile sehen wir zahllose Rathsherren oft schon wenige Monate nach dem Tode ihrer Gattinnen zur zweiten, dritten, vierten Ehe schreiten. Und sehr häufig waren es Witwen einstmaliger Collegen, welche sie heimführten; wie denn Rathsherrenwitwen auch sonst zu jener Zeit von Ehecandidaten sehr begehrt waren, da dem neuen Gemahl, wenn er sonst rathsfähig war, mit der Witwe gleichsam ein Anrecht auf einen Rathsstuhl zuwuchs.

Unter den erst durch das jetzige Gesetz bestimmten absoluten Wahlhindernissen liegt ohne Zweifel der Nachdruck auf den Schwiegerverwandtschaften. Wir haben keinen Grund zu der Annahme, daß die Gegenwart für diese etwa eine lebhaftere Empfindung hätte, als die ältere Zeit. Nein, auch im fünfzehnten Jahrhundert rief die durch Heirath begründete Verwandtschaft jenen respectus parentelis hervor, der leicht einmal mit dem öffentlichen Interesse in Conflikt gerathen kann und den man deshalb zwischen den Mitgliedern der höchsten Regierungsbehörde nicht statuiren will. Daß im Jahre 1430 der Rathsherr Johann von Minden, obwol er ein Tochtermann des Bürgermeisters Johann Vasmer war, dennoch der ihm amtlich obliegenden schweren Pflicht gemäß als einer der Blutherren bei dem Vogtsgerichte fungirte, welches Vasmer zum Tode verurteilte, hat nicht allein den stärksten Unwillen des Bürgermeisters, sondern auch das Staunen der Mitwelt erweckt. Man erachtete ohne Zweifel die aus der Schwiegerverwandtschaft entstehenden Herzensbeziehungen für gleichwerthig mit den durch Blutsfreundschaft begründeten. Allein, wenn die demokratischen Gesetzgeber von 1428 sich nicht veranlaßt gesehen hatten, die von ihnen zuerst eingeführte Beschränkung in der Wahlfreiheit auch auf die Schwägerschaften auszudehnen, so konnte es dem vollmächtigen Rathe von 1433 um so weniger einfallen, seinem Selbstergänzungsrechte diese engere Schranke zu setzen.

So blieb, wie vieles auch die Gewalt der Thatsachen im Laufe der Jahrhunderte zur Ergänzung der alten Verfassung that, doch jene Lücke bestehen, durch welche der Geist der Familiencoterien, der mit einem rein aristokratischen Regimente unzertrennlich ist, ungehemmt in die Regierungsgewalt eindringen konnte. Und wenn der neuere Gesetzgeber die erwähnten Exclusivbestimmungen in die Lücke einschob, so folgte er dem Gebote einer historischen Erfahrung, die freilich zu verschiedenen Zeiten sich in verschiedener Stärke geltend gemacht, aber zu keiner Zeit gänzlich gefehlt hat.

Für die ältere Zeit mangelt uns zumeist die Kunde über die Verwandtschaft der Rathsmitglieder unter einander; wir können aus der Zeit vor 1428 wol mehrfach nachweisen, daß Vater und Sohn, zwei Brüder, auch zwei Vettern zusammen im Rathe saßen, sehr selten aber kennen wir auch die durch Heirathen vermittelten Verwandtschaften. Erst vom sechszehnten Jahrhundert an werden die Geschlechtsregister etwas vollständiger und gestatten uns einen intimeren Einblick in die Familienbeziehungen. Da gewahren wir denn alsbald, wie beispielsweise der jüngere Daniel von Büren gleichzeitig mit seinem Schwiegervater, dem Bürgermeister Meimer von Borken, und mit zwei Schwestermännern dem Rathe angehört; wie Bürens bekannter Gegner in den Hardenbergischen Streitigkeiten, Detmar Kenckel, den Gatten einer Schwester und den Sohn der andern neben sich im Rathe sieht. Und diese Beispiele ließen sich durch hundert andere vermehren, unter denen namentlich der Fall, daß der Schwiegervater gleichzeitig mit dem Schwiegersohn, nicht selten auch mit zwei Schwiegersöhnen, dem Rathe angehörte, häufig wiederkehren würde.

Zu keiner andern Zeit aber ist diese Erscheinung in einem solchen Maße hervorgetreten, wie um die Mitte des siebenzehnten Jahrhunderts. Das prägnanteste Beispiel und vielleicht auch das exorbitanteste, das jemals vorgekommen ist, läßt sich an der Persönlichkeit des Rathsherrn und Bürgermeisters Heinrich Meier aufzeigen, der von 1638—76 dem Rathe angehörte, seit Ende 1654 als Bürgermeister. Er hatte vier Schwestern, die sämmtlich an Rathsherren vermählt waren: nur einer dieser Schwäger war geraume Zeit, bevor Heinrich Meier zu Rathe gewählt wurde, gestorben, mit den drei übrigen hat er lange Jahre hindurch die Rathsmitgliedschaft getheilt. Als er ein Jahr nach seiner Wahl in den Rath sich mit Gesche von Rheden verheirathete, war sein Schwiegervater Nicolaus soeben zum Bürgermeister erkoren, ein Amt, welches derselbe noch sechs Jahre lang bekleidete. Der Bürgermeister hatte die Freude, noch einen zweiten Schwiegersohn, Franciscus Pirens, schon seit 1636 neben sich im Rathsstuhle zu sehen, während der Gatte seiner dritten Tochter, Hinrich Regenstorf, erst einige Jahre nach seinem Tode, 1649, zu Rathe erkoren wurde. Der Letztere war nach kurzer Amtsführung schon verstorben, als 1653 der älteste Frauenbruder Heinrich Meiers und des Franz Pirens, Johann von Rheden, in den Rath eintrat, und gleich nach dessen Tode im Jahre 1661 wurde der jüngere Bruder Diedrich von Rheden gewählt. So hat denn Heinrich Meier mit seinem Schwiegervater, mit drei Schwestermännern, mit zwei Frauenbrüdern und mit zwei Schwestermännern seiner Frau zusammen im Rathe gesessen. Dazu kommt noch, daß eine Schwester seiner Mutter an Meimer Schöne vermählt war, der von 1645—50 dem Rathe angehörte, eine andere an den 1659 verstorbenen Rathssyndicus Johann Wachmann senior. Einige noch entferntere verwandtschaftliche Beziehungen zu Rathsmitgliedern vervollständigen den Eindruck, daß der Rath gleichsam eine Familie bildete.

Und dieser Eindruck mußte sich wesentlich verstärken, als nun im Jahre 1654 Heinrich Meier und sein Schwestermann Wilhelm von Bentheim fast gleichzeitig auf den Bürgermeister-

stuhl erhoben wurden, auf welchem ein anderer Schwester=
mann Meiers, Liborius von Line, schon seit 1649 saß, und
als nur ein halbes Jahr später zum vierten Bürgermeister
sein Schwager Franz Pirens erwählt wurde. Die vier ver=
schwägerten Männer haben die höchste Würde der Republik
neun Jahre lang mit einander getheilt, bis Line zuerst von
ihnen durch den Tod abberufen wurde. Ein Jahr später
folgte ihm auch Pirens. Bentheim aber, welcher, wie neben=
bei erwähnt werden mag, den Bürgermeisterplatz seines
Schwestermanns Statius Speckhan eingenommen hatte, jenes
berüchtigten Schwedenfreundes, der im Verdachte der Con=
spiration gegen seine Vaterstadt 1654 hatte abdanken müssen,
Bentheim ist erst einige Jahre nach Heinrich Meier, 1679,
gestorben.

Es braucht kaum gesagt zu werden, daß die geschilderte
Zusammensetzung des Rathes, wenn sie nicht der Corruption
Thür und Thor öffnen sollte, unter gewöhnlichen Umständen
ein Maß persönlicher Tüchtigkeit und Objectivität bei den
Trägern der Regierungsgewalt voraussetzte, wie es zu allen
Zeiten selten gewesen ist. Auch in dem vorliegenden Falle ist
der Verdacht nicht ganz abzuweisen, daß bei den Raths=
wahlen das Interesse der Familie oftmals ausschlaggebend
war, denn bei den Wahlen von zwei Schwestermännern und
einem Frauenbruder Heinrich Meiers waren unter den vier
Wahlherren, welche nach dem Gesetze von 1433 das neue
Rathsmitglied creirten, jedesmal zwei Schwäger des Er=
wählten und in allen drei Fällen war Heinrich Meier einer
der Wahlherren; bei der Wahl Wilhelms von Bentheim
fungirte neben seinen Schwägern Line und Meier als dritter
Wahlherr sein Schwestermann Statius Speckhan.

Und dennoch sind wir nicht berechtigt, den Männern
jener Zeit den Vorwurf zu machen, daß sie nicht mit voller
Energie das Beste ihrer Stadt wahrgenommen hätten in den
schweren Kämpfen, welche Bremen eben damals gegen die
schwedische Großmacht zu bestehen hatte. Heinrich Meier ist

nicht ohne Grund als pater patriae geehrt worden, denn neben den beiden Syndikern, Johann Wachmann dem älteren und seinem gleichnamigen Neffen, gebürt ihm das größte Verdienst an der Erhaltung der Unabhängigkeit Bremens von der schwedischen Krone.

Sehr früh wurde in den jungen Männern, die durch Tradition oder Familienverbindungen vorbestimmt schienen, einmal einen Platz im Rathe einzunehmen, das öffentliche Interesse geweckt; schon als Studenten des Bremischen Gymnasiums begleiteten ein Meier, Wachmann, Bentheim in der Stellung von „Aufwärtern" oder Secretären die Rathsgesandtschaften an den Kaiser, an Wallenstein, zu den Lübecker Friedensverhandlungen. Durch ein lange fortgesetztes, gründliches Rechtsstudium gewannen sie dann eine unverrückbare Grundlage ihres Urteils über öffentliche Angelegenheiten, durch ausgedehnte Reisen im Auslande eine Welt- und Menschenkenntniß, welche ihren geistigen Horizont zum Nutzen des Gemeinwesens erweiterte. Eben die gefahrvollen Zeiten, in denen sie das Ruder des Staats zu führen berufen waren, mußten dem Familiencliquenwesen zum Trotz in ihnen die Sorge für das allgemeine Interesse wach halten und das private in den Hintergrund drängen, welches unter gesicherten Lebensverhältnissen des Staats freilich leicht über jenes den Sieg hätte gewinnen können. Nur in so ehrgeizigen und unklaren Köpfen, wie Statius Speckhan und Burchard Lösekann, welcher letztere übrigens dem Rathe nicht angehörte, gewann einmal der erhoffte persönliche Vortheil die Oberhand über das Allgemeinwol. Lösekann hat das, obwol er mit mehreren Rathsmitgliedern verwandtschaftlich verbunden war, wie bekannt, mit dem Tode büßen müssen. Wenn Speckhan die im wesentlichen gleiche, aber freilich unter einem feineren Gewebe etwas verborgene Schuld nicht in gleicher Weise zu sühnen hatte, so hat er dies nicht den Schwägerschaften im Rathe, sondern dem Schutze der schwedischen Krone zu danken gehabt.

Sobald aber die Gefahren für den Fortbestand der Unabhängigkeit der Stadt beseitigt und ruhigere Tage eingetreten waren, mußte sich doch manchesmal der Uebelstand fühlbar machen, der aus den vielfachen Verwandtschaftsbeziehungen der Rathsmitglieder unter einander erwuchs. Es ist nur der völligen Stagnation des öffentlichen Lebens im achtzehnten Jahrhundert zuzuschreiben, daß noch eine so lange Zeit verstrich, bis der Grundsatz sich Bahn brach, daß ebenso wie die nächsten Blutsfreunde auch die Männer, welche durch Heirath in einem der Blutsfreundschaft gleich zu achtenden Verhältnisse zu einem Mitgliede der Regierung stehen, von der sonst in der Regel allen Staatsbürgern offen stehenden höchsten Ehrenwürde ausgeschlossen bleiben sollen. Sie müssen sich diese capitis diminutio gefallen lassen, um die öffentlichen Geschäfte vor einer möglichen Schädigung zu wahren, selbst wenn im Einzelfalle jederman überzeugt wäre, daß sie im Zusammenwirken mit den verschwägerten Rathsherren gleich unbeirrt das Staatswol im Auge behalten würden, wie wir es im Großen und Ganzen von den Männern behaupten dürfen, die um die Mitte des siebenzehnten Jahrhunderts den alten Namen der Rathsverwandten in einem ganz besonderen Sinne verdienten.

III.
Peter der Große in Bremen.

Im Laufe einer tausendjährigen Geschichte hat Bremen manchen fremden Fürsten in seinen Mauern bewirthet, aber nie wol hat es einen wunderlicheren Gast bei sich gesehen, als den großen russischen Zaren, der mit dem offenen Sinne für die Civilisation des Westens den Barbarentypus seines Volkes verband.

Schon auf seiner ersten Reise durch Europa im Jahre 1697 hatte man seinen Besuch in Bremen erhofft, allein er hatte eine südlichere Reiseroute nach den Niederlanden gewählt und die Erwartungen der Bremischen Bevölkerung getäuscht. Um so größer war deren freudige Erregung, als zu Anfang December 1716 das Gerücht sich verbreitete, der Zar, der inzwischen erst seinen Weltruhm begründet hatte, werde diesmal von Lübeck und Mecklenburg her seinen Weg nach Holland über Stade und Bremen nehmen. König Georg I., der soeben in den faktischen Besitz der Herzogthümer Bremen und Verden gelangt war, beeilte sich seinem großen Verbündeten auf der Durchreise alle Ehren zu bezeigen, wie hätte Bremen unterlassen sollen, dem berühmten Feinde Schwedens, dessen drückende Nachbarschaft nun ihr Ende erreicht hatte, gleichfalls seine Huldigung darzubringen? Daß sich der Zar noch fortdauernd im Kriege mit Schweden und daß sich ein Theil der Stadt Bremen noch formell im schwedischen Besitze, auch der schwedische Generalgouverneur sich noch hier befand, konnte für den Rath, der sich neutral verhielt, nicht von Belang sein. Er beschloß sogleich, Peter dem Großen einen glänzenden Empfang zu bereiten und er fand für diesen Plan das bereitwilligste Entgegenkommen bei den Einwohnern der Stadt.

Er sandte Boten nach Stade, um Erkundigungen über die Zahl des Gefolges und über den Zeitpunkt der Ankunft seines erlauchten Gastes einzuziehen; er ließ die besten Häuser der Stadt zu Quartieren herrichten; Fische und Wildpret wurden bestellt und Ochsen geschlachtet, Wein und Branntwein angeschafft, das Menu für die kaiserliche Tafel und das Ceremoniell für den Empfang wurden festgestellt. Auf den Wällen postirte man noch einige neue Geschütze, stellte Pechfackeln für den Fall eines späten Eintreffens in den kurzen Wintertagen bereit und pflanzte vor der für den Zaren bestimmten Wohnung am Anschariikirchhofe Laternen auf, die man aus einer der wenigen Straßen nahm, welche sich schon damals des Vorzugs einer regelmäßigen Beleuchtung erfreuten. Die Zahl der reisigen Diener des Raths wurde durch Unteroffiziere auf 24 vermehrt; die Studenten und jungen Kaufmannsburschen machten sich in großer Zahl beritten und versahen sich für den feierlichen Empfang mit weißrothen Rosetten. Den Bauern der nächstliegenden Dörfer wurde angedeutet, daß sie auf die erste Order 300 Pferde für Seine zarische Majestät bereit halten müßten, den Bürgercompagnien, daß sie beim Empfange und beim Abzuge zu je zehn Spalier in den Straßen bilden sollten. Endlich wurde auch für den russischen Gast eine Säuberung der Straßen angeordnet, ein Luxus, den man sich dazumal nicht jeden Tag gestattete. Kurz die ganze Stadt war in regster Bewegung, das außerordentliche Ereigniß beschäftigte alle Gemüther.

Inzwischen waren die Boten aus Stade leider unverrichteter Dinge heimgekehrt; es war über die Reiseroute des Zaren nichts sicheres zu erfahren. So schwebte der Rath noch immer völlig im Ungewissen über das Eintreffen seines hohen Gastes, als am 9. December, Nachmittags 2 Uhr, plötzlich dessen Fourier, Graf Apraxin, am Rathhause anlangte und Pferde für seinen Herrn begehrte, der durch Bremen durchpassiren, zu Wahrthurm übernachten und von da am frühen Morgen weiter reisen wolle. Ein unerhörter Einfall! Der Einwand, daß in Wahrthurm ein Nachtquartier für die Majestät schlechterdings unmöglich sei, wies zwar der

Graf mit dem Bemerken ab, der Zar sei nicht hoffärtig, habe einmal mit seiner ganzen Suite in einem Pastorenhause übernachtet, aber der Rath war doch entschlossen, um keinen Preis einen solchen Schimpf auf seiner Stadt sitzen zu lassen. Durch ein klingendes Geschenk, dessen Annahme freilich der Graf hinterher ablehnte, gelang es, denselben zu gewinnen, daß er seinen Herrn zum Verweilen in der Stadt zu disponiren versprach.

Nun wurden die Trommeln gerührt und die Trompeten geblasen, damit die Bürgerwehr unter Waffen und die Feuerwerker an die Geschütze träten; drei Deputirte des Raths bestiegen eine vierspännige Kutsche und fuhren in Begleitung der 24 Diener und der für Se. Majestät bestimmten sechsspännigen Gallacarosse eilends zum Doventhor hinaus dem Zaren entgegen. Die berittenen Studiosen und jungen Kaufleute schlossen sich, von einem Wachtmeister geführt, mit zwei Trompetern und einem Paar Pauken zu Pferde der Empfangsdeputation an, welche auch von den 24 Einspännigern begleitet wurde.

Man war noch nicht bis Gröplingen gelangt, als man die zarische Cortege in vollem Galopp daherkommen sah. Alsbald hielt man stille: die Studenten rangirten sich auf der einen, die Einspänniger auf der andern Seite der Straße, die Trompeten und Pauken ließen sich hören und die Deputirten des Raths verließen ihre Kutsche, um dem Zaren im Namen der Stadt ein zierliches Compliment zu machen. Der Zar aber, nebst einem Popen, zwei andren Herren und einem Zwerge in einer offenen Chaise sitzend, hinter welcher seine gar alte unansehnliche Sänfte trabte, wollte sich nicht aufhalten lassen, sondern jagte en passant freundlich grüßend vorbei. Alsbald eilten die Rathsherren wieder zu ihrem Wagen zurück und gaben Order, auf das schärfste die Pferde anzusetzen, damit sie die zarische Majestät wieder einholten. Da aber Peter nicht nachgeben wollte, so jagten sie fast Wagen an Wagen, was die Pferde laufen konnten, neben einander her. Auch Studenten und Einspänniger, Trompeten und Pauken setzten sich, so gut es gehen wollte, in Gallop, was bei einer Zahl von über hundert Pferden, auf denen viele schlechte Reiter saßen, artig anzusehen war, denn dem einen entfiel der Hut, dem andern der Degen, dem dritten die Pistolen, mancher stürzte gar vom Pferde und kam auch wol unter die Räder, also daß es weit mehr einer confusen Flucht, als einer sollennen Einholung glich. Endlich aber ermüdeten die Bauernpferde vor dem Wagen des Zaren, zumal bei Walle die Straße von Wasser bedeckt war. So kamen Deputati Senatus und ihre Begleiter doch, wie sich gebürte, voran, und in leidlicher Ordnung konnte der Einzug in die Stadt geschehen; nur die Pauken waren weit zurück geblieben.

Während der Zug noch beständig in starkem Trabe durch die schon dunkelnden Straßen sich bis zu der Wohnung am Anschariikirchhofe bewegte, donnerten die Kanonen, die irrthümlich schon einmal zu früh abgeschossen waren, auf's neue von den Wällen; vor dem Hause des Gastes krachten bei der Ankunft die Salven der Grenadiere und vom Anschariithurm bliesen die Rathstrompeter. Bürgermeister und Rathsherren standen bereit, ihren Gast an der Hausthür zu begrüßen, aber wieder entwischte er, schnellen Schrittes in's Haus eilend, ohne im geringsten sich um seine Wirthe zu bekümmern.

Der Zar war offenbar in etwas nervöser Stimmung: er ließ alsbald ersuchen, man möge das Schießen vor seiner Wohnung einstellen und auf alle Fälle dafür sorgen, daß morgen früh um 3 Uhr Pferde zu seiner Weiterreise bereit seien, und daß keine Ceremonien dabei stattfänden. So mußten die Bürgercompagnien, deren jede im Abrücken vor dem Quartier des Gastes eine Salve hätte abgeben sollen, ihr Pulver auf der Pfanne behalten. Die Wachtposten aber, die vor dem Hause und in dem Hause aufgestellt waren, konnten doch nicht verhindern, daß fortwährend eine Menge

Volks sich an der Hausthür drängte und mancher auch ungebeten in die Wohnung hineinschlüpfte, um womöglich einen Blick von dem berühmten Reisenden zu erhaschen.

Der Zar hatte inzwischen zuerst einem Grafen von Aldenburg Audienz ertheilt und alsdann auch den Bürgermeister Köhne und seine Mitdeputirten empfangen. Er hörte die muthmaßlich ziemlich lange und ihm unverständliche Rede des Bürgermeisters entblößten Hauptes fast zur Hälfte an, dann aber wandte er sich ab und überließ es seinem Reichsvicekanzler, den Herren seinen Dank für die geschehenen Ehrenbezeugungen auszusprechen und die Stadt seiner Gnade zu versichern. Nachgehends trat auch die Gräfin von Aldenburg in's Zimmer und mit ihr drangen zahlreiche andere Frauen ein, unter denen sich sogar die Gemahlin des schwedischen Generalgouverneurs nebst einigen schwedischen Cavalieren befand. Sobald der Zar dies vernommen, ward er unwillig, begab sich in seine „Retirade" und wollte niemand mehr vorlassen. Er trank mit einigen seiner Begleiter ein Glas Wein und Branntwein und verlangte eine türkische Pfeife, die ihm sogleich gereicht werden konnte.

Um 5 Uhr begehrte er zu speisen. Aber wie hätte der Koch in so kurzer Zeit seine delikate Aufgabe lösen sollen? So verschmähte der Zar denn selbst das Diner, das erst um 7 Uhr für die vornehmsten Herren des Gefolges in der großen Vorderstube, für den übrigen Hofstaat oben auf dem Saale bereitet werden konnte. Herr Liborius von Line hatte die heikle Aufgabe übernommen, bei Tische namens des Senats aufzuwarten, aber er wurde angenehm dadurch überrascht, daß hier alles sehr manierlich, nicht anders als bei anderen europäischen Höfen zuging; nur die Gesundheit des Zaren wurde aus den großen Pokalen, im übrigen wenig Wein und gar kein Branntwein getrunken. Die Unterhaltung wurde meistens deutsch geführt, nur der Graf Apraxin sprach den Rathsherrn lateinisch an.

Nach der Mahlzeit zogen sich die russischen Herren alsbald zurück, ließen sich in der Hinterstube eine große Streu machen und lehnten selbst die ihnen angebotene Leinwand ab. Sie baten nur, man möge die vielen Leute aus dem Hause schaffen, damit sie Ruhe hätten und vor allem dafür sorgen, daß um 3 Uhr früh alles zur Abreise bereit sei.

Es war keine angenehme Aufgabe, in dunkler Decembernacht bei 250 Pferde für die zahlreichen Wagen des zarischen Reisezuges aus den benachbarten Gogräfschaften in die Stadt herein zu forcieren. Line hatte nach Ertheilung der nöthigen Aufträge kaum ein paar Stunden Schlafs gehabt, als schon lange vor 3 Uhr Graf Apraxin ihn aus der Ruhe störte und um Pferde ersuchte. Der Zar mußte sich doch noch einige Stunden gedulden, bis zur Abreise alles bereit war. Das ihm angebotene Frühstück wiederum verschmähend jagte er dann, ohne Abschied von seinen Wirthen zu nehmen, etwa um 4 oder 5 Uhr früh auf der Straße nach Delmenhorst davon. Einige Soldaten mußten bis an die Bremische Grenze mit Fackeln dem Zuge voranlaufen, den auch die Einspänniger des Raths bis dahin geleiteten. Die städtischen Straßen waren von den vor den Fenstern aufgestellten Lichtern erhellt und trotz der frühen Morgenstunde von zahlreichen Neugierigen besetzt. Eben deshalb befahl der Zar in scharfem Trabe zu fahren; erst als er auf die Weserbrücke kam, wo nur wenig Menschen zu sehen waren, wurden die Pferde gezügelt und der Zar begann mit seinen Begleitern sich fröhlich zu unterhalten. Ja er ließ sogar einen Augenblick Halt machen, um sich zu erkundigen, ob die Mühlen unter der Brücke auf Schiffen oder auf Pfählen lägen? Sein scharfes Auge für das Praktische war doch durch die nervöse Erregung, in der er sich befand, nicht getrübt.

Inzwischen donnerten die rings um die Stadt auf den Wällen postirten Kanonen ihre 130 Schüsse noch immer in die Nacht hinein, als der Zar und seine Begleiter schon längst die Stadt im Rücken hatten; sie klangen den Bewohnern wie ein Hohn auf ihre gehegten Erwartungen. Man sagte sich zum Troste, der Zar habe sich unter den wenigen Schweden, die noch in der Stadt waren, seines Lebens nicht sicher gefühlt, auch sei es in Stade und demnächst in Delmenhorst nicht minder confus als in Bremen hergegangen. Am bittersten enttäuscht waren diejenigen, welche auf einen klingenden Lohn für ihre Mühen gerechnet hatten, denn nicht einen Groten Trinkgeld hatte der gezwungene Gast in der Stadt zurückgelassen. Er ist auch wolweislich nicht wieder hierher zurückgekehrt.

IV.
Bremische Ehrenbürger.

Der Begriff des Ehrenbürgerrechtes, vermittelst dessen eine Stadt einen um sie verdienten Mann ideell in ihre Gemeinschaft aufnimmt, ist ein moderner. Er ist, wenn ich mich nicht irre, eine Erfindung der französichen Revolutionsmänner, welche bekanntlich Schiller, Monsieur Gille, den Dichter der Freiheit — wahrlich nicht der französischen Gleichheit — zum Ehrenbürger der Republik creirten. Sehr schnell ist neben anderen auch Bremen dieser von Frankreich gegebenen Anregung gefolgt. Der erste Ehrenbürgerbrief, welcher sich in den Acten unseres Archivs befindet, ist der im Jahre 1797 dem preußischen Minister und Directorialgesandten bei dem Niedersächsischen Kreise Christian Wilhelm von Dohm verliehene.

Aber es begegnet uns doch eine den modernen Ehrenbürgerbriefen ähnliche Verleihung nachweislich zweimal in sehr viel früherer Zeit. In unsern Bürgerbüchern findet sich zum 13. September 1636 die Notiz, daß ein Ehrenvester hochweiser Rath domino Johanni Coch, als Professori der hebräischen Sprach, bei dessen Abzuge nacher Franecker sein für vielen Jahren ererbtes Bürgerrecht nicht allein auf seine Person, sondern auch auf seine Hausfrau und Kindere perpetuiret und solches diesem Buche zu inseriren befohlen habe. Es war freilich schon damals, wie später, ein übliches Verfahren, daß hiesige Bürger, welche nach auswärts verzogen, sich ihr Bremisches Bürgerrecht conservirten, um daraus für sich selbst oder für ihre Kinder einmal Nutzen zu ziehen; aber diese Conservirung geschah stets nur auf besondern Antrag und auf eine kurz bemessene Reihe von Jahren, auf drei, vier, fünf, höchstens einmal auf acht Jahre, nach deren Ablauf der Antrag wiederholt werden mußte. Der vorstehend notirte Fall ist der einzige, in welchem die Erhaltung des

Bürgerrechts dem Auswandernden und seiner Familie ohne Antrag als freie Gunst und für immer zugesagt wurde. Er ist nur zu verstehen als eine Anerkennung, welche der Rath einem berühmten Gelehrten erweisen wollte. Johann Coccejus, denn unter dieser latinisirten Form seines Namens ist er berühmt geworden, war erst 33 Jahre alt, als er vom hiesigen Gymnasium an die Universität Franecker berufen wurde, um von dort vierzehn Jahre später nach Leiden überzusiedeln, aber seine ebenso umfassende, wie damals ungemein seltene Kenntniß der orientalischen Sprachen hatte ihn bereits zu einer Celebrität gemacht. So ehrte der Rath den Scheidenden, indem er ihm und seinen Kindern für Lebenszeit den durch Geburt ererbten Rechtsschutz mit auf den Weg gab.

Im Jahre 1698 am 13. April, heißt es in einem spätern Bürgerbuche, hat Amplissimus Senatus dem königlich Dänemarkischen Drosten zu Delmenhorst Herrn Cordt Vit von Witzleben und dessen Kindern das Bürgerrecht geschenkt. Dieser Fall steht den modernen Ehrenbürgerbriefen offenbar noch viel näher. Es handelte sich hier einem stadtfremden Manne gegenüber um eine ehrende Anerkennung freundnachbarlicher Dienste, und man müßte diese Verleihung für völlig gleichwerthig mit ähnlichen unsers Jahrhunderts halten, wenn nicht dem ideellen Momente ein praktisches beigemischt wäre, dessen Fehlen in den späteren Ehrenbürgerbriefen diesen erst ihren wahren Charakter als Auszeichnung verleiht. Wie Coccejus und seinen Kindern, so wollte man auch den Kindern Witzlebens, wenn nicht ihm selbst, durch die Schenkung des Bürgerrechts gewisse Rechte erhalten oder geben, welche nur Bürgern zustanden. Die Schenkung oder die beständige Bewahrung des Bürgerrechts geschieht allerdings wegen der besonderen Verdienste der beliehenen Persönlichkeiten, aber doch zu eventuellem praktischem Nutzen derselben.

Ein solcher stand doch nicht mehr in Frage, als man Herrn von Dohm, allerdings auch für seine männliche Descendenz protestantischer Confession, das große Bürgerrecht mit Handlungsfreiheit darreichte wegen seiner Verdienste um die endlich nach langen Mühen durchgesetzte Zulassung Bremens zum Niedersächsischen Kreistage als eigener Kreisstand. Wenn sich in diesem Ehrenbürgerbriefe noch ein praktischer Gesichtspunkt zu erkennen giebt, so hat derselbe nicht sowol den Vortheil das Beschenkten, als den des Schenkers im Auge. Die Hoffnung durch die höchste Form der Anerkennung dem Gemeinwesen dauernd das Wolwollen eines einflußreichen Mannes zu sichern, hat in unserm Jahrhundert in der That mehrfach bei Verleihung des Ehrenbürgerrechts mitgewirkt. Es war kein Geringerer als Smidt, der diesen Gedanken als berücksichtigenswerth empfahl, wie wir sogleich sehen werden.

Die überwiegende Mehrzahl der Ehrenbürgerbriefe, welche Bremen im laufenden Jahrhundert ausgestellt hat, sind durch Smidt angeregt worden. Sie sind meist Denkmale der geistigen und politischen Strömungen, in welchen der leitende Bremische Staatsmann sich jedesmal bewegte. Gleich die erste derartige Auszeichnung, welche unter seinem Einflusse geschah, bestätigt es.

Nachdem das alte deutsche Reich durch Niederlegung der Kaiserwürde förmlich zu Grabe getragen war, hat Smidt in den bedrohlichen Zeiten vor der Einverleibung der Hansestädte in Frankreich sich ernstlich bemüht, die alte Gemeinsamkeit der Interessen unter ihnen wieder zu beleben, um sie durch Vereinigung widerstandsfähiger gegen Gefahren zu machen. In diesem Bestreben begegnete er sich mit dem ausgezeichneten Franzosen Charles von Villers, der seit dem Ende des vorigen Jahrhunderts als Flüchtling in Lübeck lebte. Villers hatte sich namentlich im Herbste 1809 um die Hansestädte verdient gemacht durch seine Theilnahme an den Hamburger Conferenzen, in welchen, auf Befehl Napoleons, unter Vorsitz Reinhards die künftige Stellung der Hansestädte zum französischen Kaiserreiche erörtert wurde. Gleich nach dem Schlusse derselben, am 22. December 1809, verlieh der Senat auf Smidts Vorschlag an Villers das Ehrenbürgerrecht. Er wollte dadurch zugleich — und auch darin erkennt man einen echten Zug des Smidt'schen Geistes — die Verdienste ehren, welche sich Villers „um die deutsche Literatur in freimüthiger Bekämpfung vieler Vorurteile des Auslandes gegen die Eigenthumlichkeiten der deutschen Nation" erworben hatte.

Als das, was die Bemühungen des wackern Villers nicht hatten retten können, die Unabhängigkeit der Hansestädte, durch die glorreiche Erhebung des Volkes wieder gewonnen wurde, brachte Bremen, nach dem im Frühjahr 1813 von Hamburg gegebenen Vorbilde, seinem Befreier, General von Tettenborn, am 24. November 1813 durch das Ehrenbürgerrecht seinen Dank dar. Der General, dessen Sinn ebensosehr wie auf den Ruhm, den ihm seine glänzenden Waffenthaten brachten, auf materiellen Gewinn gerichtet war, ist der einzige unter unsern Ehrenbürgern gewesen, welcher die ihm erwiesene Anerkennung ganz gegen den Sinn der Verleiher finanziell auszubeuten versucht hat. Am 2. Januar 1814 schrieb er von Tönningen aus an den Freiherrn vom Stein: „Nach dem Beispiele von Hamburg hat auch die Stadt Bremen mir ihr Bürgerrecht verliehen; eine ansehnliche Summe, mit welcher man dasselbe, um mich in Stand zu setzen durch Ankauf daselbst auch Eigenthümer zu werden, begleiten wollte, schlug ich aus, um nicht den Leuten Gelegenheit zu geben, durch ihre mißbilligenden Reden, wie damals über die Annahme des Geschenks von der Stadt Hamburg, das Gefühl des Unwillens, den ich empfinden mußte und den dergleichen nicht werth ist, zu erneuern. Gleichwol ist das Bürgerrecht ohne Grundeigenthum gewissermaßen unvollständig. In der Stadt befinden sich mehrere Häuser, die Eigenthum der französichen Regierung waren, besonders eines, wo sich die Regie befand, dessen Besitz mir sehr wünschenswerth wäre; wenn Ew. Excellenz die Verfügung darüber treffen wollten, so könnte ich ohne weiteres mich in Besitz davon setzen, da die Sache weiter keinen An=

stand hat." Es braucht kaum bemerkt zu werden, daß das Geldgeschenk, welches die Regierungscommission Tettenborn angeboten hatte — es waren nur 3000 Thaler — keineswegs den von ihm vorgegebenen Zweck hatte, wie es denn auch nicht zweifelhaft sein kann, daß der General nicht begierig nach dem Grundstück war, welches Stein ihm mit einem Federzuge als gute Prise zuweisen sollte, sondern nach dem Verkaufserlöse des sehr werthvollen Gebäudes. Es versteht sich von selbst, daß Stein das begehrliche Ansinnen von der Hand wies. Indes war Tettenborn nicht so kleinlicher Natur, daß er diesen Miserfolg seiner Speculation Bremen nachgetragen hätte. Er hat noch im Jahre 1814 in seiner Eigenschaft als Bremer Bürger Smidt in Paris einen nützlichen Dienst erwiesen.

Diese Erfahrung und die Erinnerung daran, wie manchesmal Dohm und Villers unaufgefordert das Interesse Bremens gefördert hatten, wirkten mit dazu, daß Smidt zu Anfang des Jahres 1816 aus einem zufälligen Anlasse, dem Gerüchte nämlich, der Großherzog von Mecklenburg-Schwerin habe den Wunsch geäußert, das Bürgerrecht der Stadt Genf zu besitzen, in eine Erörterung über die Vortheile des Ehrenbürgerrechts eintrat. Er meinte, wenn eine kleine Republik einem vornehmen oder berühmten Ausländer ihr Ehrenbürgerrecht ertheile, so werde dadurch das zarteste Verhältniß von Clientel und Patronat begründet, indem es der wechselseitigen Delikatesse anheimgestellt bleibe, anzunehmen, daß man sich in dem einen oder in dem andern Falle befinde. In jedem Falle werde der Ehrenbürger fortan in der Ehre der Republik auch seine Ehre sehen und unwillkürlich in sein Gemüth die Verpflichtung aufnehmen, dieselbe in vorkommenden Fällen zu schützen und zu vertheidigen. Er meint, daß die kleinen Republiken dadurch einen Vortheil gewinnen, den die monarchischen Staaten schon durch die Verleihung von Orden sich verschaffen können, und daß es daher zweckmäßig sei, sich dieses Mittels von Zeit zu Zeit zu bedienen, „um uns hie und da einen Freund zu machen, der uns unter Umständen nützlich sei und dessen ehrenvolle Auszeichnung für andere ein Sporn werde, sich gleichfalls Verdienste um uns zu erwerben."

Unter diesen Gesichtspunkten wurden im Jahre 1816 auf Smidts Vorschlag der Freiherr vom Stein und der Oberst von Lützow zu Bremischen Ehrenbürgern ernannt. Dem Ersteren gegenüber galt es vornemlich, dem Danke für die unsterblichen Verdienste Ausdruck zu geben, welche sich Stein um Deutschland überhaupt, wie um die Wiederherstellung Bremens insbesondere erworben hatte, aber Smidt betonte bei seinem Vorschlage doch auch, daß der Freiherr, obwol er sich in's Privatleben zurückgezogen habe, dennoch einen großen Einfluß in Frankfurt behaupte und Bremen auch künftig nützlich sein könne. Und dem Obersten von Lützow sollte nach seiner Meinung durch den Ehrenbürgerbrief nicht allein dafür gedankt werden, daß er in seiner ruhmvollen Kriegerschaar auch einer Anzahl junger Bremer sich treulich angenommen hatte, sondern Smidt erwog dabei zugleich die Möglichkeit eines erneueten Krieges gegen Frankreich, und daß alsdann das Bremische Bürgerrecht einen gewissen Anspruch auf Führung des Bremischen Contingents durch Lützow begründen werde.

Aber der Gesichtspunkt eines künftig für das Bremische Gemeinwesen zu erhoffenden Nutzens, der sich in den beiden vorliegenden Fällen als illusorisch erwies, ist doch in der Folge nicht immer maßgebend gewesen. Die Natur des Ehrenbürgerbriefes als einer reinen Auszeichnung für erworbene Verdienste trat schon bei dem nächsten ungemischt hervor, als der Senat im Jahre 1825 den Hauptmann Heinrich Böse bei seiner Uebersiedelung von Bremen nach Bederkesa in gerechter Würdigung der Verdienste, welche sich derselbe zur Ehre Bremens im Freiheitskampfe erworben hatte, zum Ehrenbürger ernannte.

Wenn bis hierher nur politische oder kriegerische Verdienste die Verleihung der höchsten Auszeichnung hervorgerufen hatten, so traten in der folgenden langen Friedenszeit andere Beweggründe häufiger in den Vordergrund. Als nächster Ehrenbürger reiht sich an Böse wieder ein Fremder, der hanseatische Generalconsul in London James Colquhoun, welcher gelegentlich seiner Anwesenheit in Bremen im Jahre 1828 wegen seiner einsichtsvollen und thätigen Wirksamkeit zur Förderung des Bremischen Handelsflors mit dem Bürgerrechte beschenkt wurde. Noch im gleichen Jahre aber diente der Ehrenbürgerbrief nochmals zur Anerkennung einer politischen Thätigkeit, man kann fast sagen als eine politische Demonstration, indem er dem königlich sächsischen Geheimrath Hans Georg von Carlowitz für seine erfolgreiche Leitung der Verhandlungen verliehen wurde, die zum Abschlusse des mitteldeutschen Handelsvereins geführt hatten. Man erkennt hier wiederum die Gedankenrichtung, in welcher sich Smidt bewegte, der in dem engen Zusammenwirken der deutschen Klein- und Mittelstaaten einen der wichtigsten Faktoren zur Erhaltung des deutschen Bundes sah.

Der nächste Ehrenbürgerbrief galt ganz anderartigen Verdiensten, er steht in seinen Motiven vereinzelt unter den übrigen; er wurde im Jahre 1832 dem großen Kanzelredner Bernhard Dräseke verliehen als ein Scheidegruß bei seinem Uebertritt aus dem hiesigen Kirchendienste in die Stellung eines preußischen Bischofs. Sechs Jahre später wurde die Auszeichnung nicht aus völlig freier Entschließung Bremens, sondern auf Vorschlag Hamburgs und gleichzeitig von den drei Hansestädten, dem ehemaligen Hamburgischen Consul in Venezuela Georg Gramlich zu Theil, als Dank für die von ihm, als provisorischem und unbesoldetem Geschäftsträger der Hansestädte bei dem Abschlusse eines Handelsvertrages mit Venezuela uneigennützig geleisteten Dienste.

Die erst in unserm Jahrhundert lebhaft gewordenen direkten Handelsbeziehungen zu Amerika gaben im Jahre 1847 nochmals Anlaß zur Ertheilung des Ehrenbürgerbriefes: er wurde dem hiesigen Consul der Vereinigten Staaten Ambrose Dudley Mann bei seiner Rückberufung nach Washington verliehen wegen seiner vielfachen Bemühungen um die Förderung des Bremischen Handels und eines beschleunigten Schiffahrtsverkehrs mit Nordamerika.

Dann folgten die stürmischen Revolutionstage mit ihrem Nachspiel, den Bremischen Verfassungswirren. Auch sie haben eine Erinnerung in unserer Ehrenbürgerrolle zurückgelassen. Im Jahre 1855, nach endlicher Beseitigung jener Wirren wurde mit der höchsten Auszeichnung der Republik beehrt Julius Gottlob von Nostitz und Jänkendorf, königlich sächsischer wirklicher Geheimrath und Bundestagsgesandter, Referent in der Bremischen Verfassungsangelegenheit, wegen seiner erfolgreichen Wirksamkeit für die Wiederbefestigung des die Staaten Deutschlands verknüpfenden politischen Bandes nach den Erschütterungen einer bewegten Zeit und das Verdienst, welches er sich dadurch wie um das gesammte Vaterland, so auch insbesondere um den Bremischen Freistaat erworben hatte.

Es war das letzte Mal, daß Smidts politische Auffassung in einem Bürgerbriefe Ausdruck fand.

Nach seinem Tode ist bis heute die Auszeichnung noch viermal beschlossen worden. Im Jahre 1859 wurde sie zweimal Söhnen unsrer Stadt zu Theil, die sich in der Fremde in hervorragendem Maße der Förderung der Bremischen Handelsinteressen angenommen hatten, zuerst auf Anregung der Handelskammer dem in London ansässigen Daniel Meinertzhagen, sodann auf Anregung des Ministerresidenten Schleiden dem Bremischen Generalconsul in Baltimore Albert Schumacher.

Ihnen endlich reihen sich die beiden Ehrenbürgerbriefe aus dem Jahre 1871 an, deren Verleihung einem allgemeinen Gefühle der Bremischen Bevölkerung entsprach. Unvergessen sind: der Bürgerbrief des Fürsten Bismarck, der ein Zeugniß sein soll der hohen Verehrung, mit welcher auch in unsern Mauern, wie überall im neugeeinten Vaterlande, sein Name dankbar gefeiert wird, uns selber aber ein dauerndes Gedächtniß an die freudige und stolze Erhebung einer großen Zeit, und der des Grafen Moltke, der die dankbare und hohe Verehrung bezeugt, welche auch in unserer Mitte ihm und seinem Wirken gezollt wird. Niemals ist so rein, wie in diesen letzten Ehrenbürgerbriefen, der Gedanke hervorgetreten, daß durch ihre Verleihung die Stadt vor allem sich selber ehre. Die Bürgerschaft sprach dies mit den Worten aus: „Es erfüllt uns mit freudigem Stolze, die beiden Männer zu den Genossen unseres Gemeinwesens zu zählen, welche in so hervorragender Weise die glücklich errungene Einigung und Machtstellung unseres Vaterlandes zu fördern gewußt haben."

Druck von Carl Schünemann. Bremen.

www.ingramcontent.com/pod-product-compliance
Lightning Source LLC
Chambersburg PA
CBHW050904300426
44111CB00010B/1379